■2025年度中学受験用

藤村女子中学校

4年間スーパー過去問

●収録内容一覧

入試問題と解説・解答の収録内容

年度・入試	科目	
2024年度　２月１日午前一般	算数・国語	実物解答用紙DL
2024年度 特待生	算数・国語	実物解答用紙DL
2024年度 適性検査型	適性検査Ⅰ・適性検査Ⅱ （解答のみ）	実物解答用紙DL
2023年度　２月１日午前一般	算数・社会・理科・英語・国語 （英語は解答のみ）	実物解答用紙DL
2023年度 ２月１日午前適性検査型	適性検査Ⅰ・適性検査Ⅱ （解答のみ）	実物解答用紙DL
2022年度　２月１日午前	算数・英語・国語 （解答のみ）	実物解答用紙DL
2022年度 ２月１日午後奨学生	算数・社会・理科・英語・国語 （英語は解答のみ）	実物解答用紙DL
2021年度　２月１日午前	算数・英語・国語 （解答のみ）	
2021年度 ２月１日午後プレミアム	算数・社会・理科・英語・国語 （英語は解答のみ）	
2021年度 ２月１日適性検査	適性検査Ⅰ・適性検査Ⅱ・適性検査Ⅲ （解答のみ）	

～本書ご利用上の注意～　以下の点について，あらかじめご了承ください。

★別冊解答用紙は巻末にございます。実物解答用紙は，弊社サイトの各校商品情報ページより，一部または全部をダウンロードできます。

★編集の都合上，学校実施のすべての試験を掲載していない場合がございます。

★当問題集のバックナンバーは，弊社には在庫がございません（ネット書店などに一部在庫あり）。

合格を勝ち取るための
『スーパー過去問』の使い方

本書に掲載されている過去問をご覧になって，「難しそう」と感じたかもしれません。でも，多くの受験生が同じように感じているはずです。なぜなら，中学入試で出題される問題は，小学校で習う内容よりも高度なものが多く，たくさんの知識や解き方のコツを身につけることも必要だからです。ですから，初めて本書に取り組むさいには，点数を気にしすぎないようにしましょう。本番でしっかり点数を取れることが大事なのです。

過去問で重要なのは「まちがえること」です。自分の弱点を知るために，過去問に取り組むのです。当然，まちがえた問題をそのままにしておいては意味がありません。

本書には，長年にわたって中学入試にたずさわっているスタッフによるていねいな解説がついています。まちがえた問題はしっかりと解説を読み，できるようになるまで何度も解き直しをしてください。理解できていないと感じた分野については，参考書や資料集などを活用し，改めて整理しておきましょう。

このページも参考にしてみましょう！

◆どの年度から解こうかな　「入試問題と解説・解答の収録内容一覧」

本書のはじめには収録内容が掲載されていますので，収録年度や収録されている入試回などを確認できます。

※著作権上の都合によって掲載できない問題が収録されている場合は，最新年度の問題の前に，ピンク色の紙を差しこんでご案内しています。

◆学校の情報を知ろう!!「学校紹介ページ」

このページのあとに，各学校の基本情報などを掲載しています。問題を解くのに疲れたら息ぬきに読んで，志望校合格への気持ちを新たにし，再び過去問に挑戦してみるのもよいでしょう。なお，最新の情報につきましては，学校のホームページなどでご確認ください。

◆入試に向けてどんな対策をしよう？「出題傾向＆対策」

「学校紹介ページ」に続いて，「出題傾向＆対策」ページがあります。過去にどのような分野の問題が出題され，どのように対策すればよいかをアドバイスしていますので，参考にしてください。

◇別冊「入試問題解答用紙編」

本書の巻末には，ぬき取って使える別冊の解答用紙が収録してあります。解答用紙が非公表の場合などを除き，（注）が記載されたページの指定倍率にしたがって拡大コピーをとれば，実際の入試問題とほぼ同じ解答欄の大きさで，何度でも過去問に取り組むことができます。このように，入試本番に近い条件で練習できるのも，本書の強みです。また，データが公表されている学校は別冊の１ページ目に過去の「入試結果表」を掲載しています。合格に必要な得点の目安として活用してください。

本書がみなさんの志望校合格の助けとなることを，心より願っています。

株式会社　声の教育社　編集部

藤村女子中学校

所在地	〒180-8505 東京都武蔵野市吉祥寺本町2-16-3
電　話	0422-22-1266
ホームページ	https://www.fujimura.ac.jp
交通案内	JR中央線・京王井の頭線　「吉祥寺駅」より徒歩5分

トピックス

★吉祥寺だからできる女子教育に取り組みます。
★自己表現・自己探求・自己研鑽のオリジナル授業で「生きる力」を伸ばします。

創立年 昭和7年　女子校　高校募集あり

2024年度応募状況

募集数			応募数		受験数	合格数	倍率
1日	午前	15名	2科	12名	12名	12名	1.0倍
			得意1科	3名	3名	3名	1.0倍
		15名	適性検査	1名	1名	1名	1.0倍
1日	午後	10名	国語1科	5名	5名	5名	1.0倍
		若干名	自己アピール	7名	7名	7名	1.0倍
2日	午前	2日	2科	4名	0名	0名	—
2日	午後	4日 計10名	2科	7名	4名	4名	1.0倍
3日	午後	3日	特待2科	10名	9名	2名	4.5倍
4日	午前	10名	2科	4名	1名	1名	1.0倍
11日	午後	若干名	1科	4名	3名	3名	1.0倍

※国語1科は国語1科目表現力入試

入試情報（参考：昨年度）

・2月1日午前
　2科（国語・算数）または得意1科（国語・算数・社会・理科・英語から選択）
　適性検査型入試（適性Ⅰ・適性Ⅱ）
・2月1日午後
　国語1科目表現力入試（日本語リスニング・200字程度の作文）
　自己アピール入試（プレゼンテーション）
・2月2日午前
　2科（国語・算数）
・2月2日午後
　2科（国語・算数）
・2月3日午後　特待生入試
　2科（国語・算数）
・2月4日午前
　2科（国語・算数）
・2月11日午後
　1科（国語・算数・英語から選択）

教育方針

創立以来の「心身ともに健全にして知・徳・体」の建学の精神をもとに，個性・可能性を伸ばし，将来にわたって伸び続けるための育成。

3年間の学びで主体的に学ぶ姿勢の土台を作り，高校のアカデミッククエストコース，キャリアデザインコース，スポーツウェルネスコースの3コース制につなげます。

アカデミッククエストコース（特進）
圧倒的な基礎学力×3年間の個別進路サポートで難関大学合格を目指します。

キャリアデザインコース（進学）
自分を見つけ・向き合い・表現し，推薦入試から適性進路を目指します。

スポーツウェルネスコース
15つの多種多様な実習を通じてアクティブな学びを目指します。

編集部注―本書の内容は2024年4月現在のものであり，変更されている場合があります。正式な情報は，学校のホームページ等で必ずご確認ください。

出題傾向＆対策

◆基本データ（2024年度２月１日午前一般）

試験時間／満点	50分／100点
問題構成	・大問数…５題 計算１題（５問）／応用小問１題（５問）／応用問題３題 ・小問数…19問
解答形式	途中式を記入する形式になっている。必要な単位などはあらかじめ印刷されている。
実際の問題用紙	Ａ４サイズ，小冊子形式
実際の解答用紙	Ａ３サイズ

◆出題傾向と内容

▶過去３年の出題率トップ３
１位：四則計算・逆算20%　２位：割合と比，角度・面積・長さ９％
▶今年の出題率トップ３
１位：四則計算・逆算23%　２位：角度・面積・長さ11%　３位：整数・小数・分数の性質９％

試験時間に対して標準的な問題量になっています。

出題内容を見ていくとあらゆる分野からはば広く出題されていますが，計算力と基礎知識を問うものがほとんどです。

計算問題は，整数だけの四則混合計算，小数計算，分数計算，小数・分数の混合計算がよく出題されています。

応用問題では，値段や面積，規則性に関するものがよく取り上げられており，公式に数値をあてはめるだけの問題のほかに，表を読み取る必要がある場合もあります。

◆対策～合格点を取るには？～

基礎力を問うものが大半をしめるので，教科書や問題集の例題をくり返し学習し，全分野の基礎をしっかり固めてください。割合，速さ，図形問題などで用いる公式は，自分でまとめて整理すると同時に，公式を利用する問題を選んでくり返し練習することで，ひと通り身につけてしまいましょう。

本校のような基礎重視型のテストでは，計算力が大きくものをいいます。しかし，計算力は短期間に向上させることはできません。長い期間続けて練習することにより，正確さとスピードを身につけましょう。

分野＼年度		2024	2023	2022		2021	
				午前	午後	午前	午後
計算	四則計算・逆算	●	●	●	●	●	●
	計算のくふう	○	◎	○	○	○	○
	単位の計算						
和と差	和差算・分配算	○					
	消去算						
	つるかめ算	○	○			○	
	平均とのべ						○
	過不足算・差集め算						
	集まり						
	年齢算						
割合と比	割合と比		◎			◎	○
	正比例と反比例			○			
	還元算・相当算			○		○	○
	比の性質						
	倍数算						
	売買損益				○		
	濃度						○
	仕事算				○		
	ニュートン算				○		
速さ	速さ			○		○	
	旅人算				○		○
	通過算						
	流水算				○		
	時計算						
	速さと比						
図形	角度・面積・長さ	●	○	◎	●	◎	○
	辺の比と面積の比・相似						○
	体積・表面積		○				○
	水の深さと体積		●	○			
	展開図		◎				
	構成・分割				○		
	図形・点の移動						
表とグラフ			◎	○			○
数の性質	約数と倍数	○		○			
	N進数						
	約束記号・文字式						
	整数・小数・分数の性質	●	○		○		
規則性	植木算						
	周期算						
	数列			○			
	方陣算						
	図形と規則	◎					
場合の数					○	○	
調べ・推理・条件の整理			○				
その他		○	◎				

※　○印はその分野の問題が１題，◎印は２題，●印は３題以上出題されたことをしめします。

社会 出題傾向＆対策

◆基本データ（＊2023年度２月１日午前一般）

試験時間／満点	理科と合わせて50分／50点
問題構成	・大問数…３題 ・小問数…25問
解答形式	記号選択と語句の記入が大半をしめているが，記述問題も出題されている。
実際の問題用紙	Ａ４サイズ，小冊子形式
実際の解答用紙	Ａ３サイズ

◆出題傾向と内容

●**地理**…2023年度は，学校周辺の地形図と長文からの出題でした。出題形式にかかわらず，都道府県に関する自然や気候，産業についての地理的知識が多く問われます。また，その都道府県にまつわる歴史に関する設問が出題されることがあります。このほか，世界遺産も出題されることが多い分野です。

●**歴史**…一つのテーマにもとづく形での大問が設定され，はば広く出題されています。また，それに加えて，都道府県にまつわる形での出題が見られることもあります。今年度は，大問のテーマに基づく自由記述が出題されていたことが，大きな変化でした。

●**政治**…日本国憲法や三権（国会･内閣･裁判所）のしくみとはたらきを中心に，基本的な内容が出題されています。時事問題をテーマにした形での大問となっていることも多く，ふだんから社会的なことがらへの関心を寄せているかを問う内容の場合，くわしい内容にまでつっこんだ問題が見られることがあります。

分野		年度 2023	2022	2021
日本の地理	地図の見方	○		
	国土・自然・気候	★	★	○
	資源	○		
	農林水産業			○
	工業			
	交通・通信・貿易			
	人口・生活・文化	○		
	各地方の特色		○	○
	地理総合			
世界の地理				
日本の歴史 時代	原始～古代	○	○	○
	中世～近世	★	○	○
	近代～現代	○	★	○
日本の歴史 テーマ	政治・法律史			
	産業・経済史			
	文化・宗教史			
	外交・戦争史			
	歴史総合			
世界の歴史				
政治	憲法	○	○	○
	国会・内閣・裁判所	○	★	
	地方自治			
	経済			
	生活と福祉		○	★
	国際関係・国際政治	○	○	○
	政治総合			
環境問題				
時事問題		★	○	○
世界遺産				
複数分野総合				★

※　原始～古代…平安時代以前，中世～近世…鎌倉時代～江戸時代，近代～現代…明治時代以降
※　★印は大問の中心となる分野をしめします。

◆対策～合格点を取るには？～

はば広い知識が問われていますが問題のレベルは標準的ですから，まず，基礎を固めることを心がけてください。教科書のほか，説明がていねいでやさしい標準的な参考書を選び，基本事項をしっかりと身につけましょう。

地理分野では，都道府県の位置と名前をしっかり復習した上で，白地図作業帳を利用して地形と気候をまとめ，そこから特ちょう的な産業のようす（もちろん統計表も使います）へと広げていくとよいでしょう。

歴史分野では，教科書や参考書を読むだけでなく，自分で年表をつくって覚えると学習効果が上がります。できあがった年表は，各時代，各分野のまとめに活用できます。本校の歴史の問題にはさまざまな分野が取り上げられていますから，この作業はおおいに威力を発揮するはずです。

政治分野では，日本国憲法の基本的な内容と三権についてはひと通りおさえておいた方がよいでしょう。また，時事問題については，新聞やテレビ番組などでニュースを確認し，国の政治や経済の動き，世界各国の情勢などについて，ノートにまとめておきましょう。

理科 出題傾向＆対策

◆基本データ（＊2023年度２月１日午前一般）

試験時間／満点	社会と合わせて50分／50点
問題構成	・大問数…４題 ・小問数…９問
解答形式	用語の記入や記述問題がまんべんなく出題され，計算問題も出題されている。
実際の問題用紙	Ａ４サイズ，小冊子形式
実際の解答用紙	Ａ３サイズ

◆出題傾向と内容

各分野からかたよりなく出題されています。時間内にすべて解き終わることができ，見直すことも十分可能でしょう。用語の記入の出題が多いですが，図へ記入させる問題や計算問題，記述問題も出されています。

●**生命**…植物の発芽と成長，心臓と血液のじゅんかんなど，植物や人体についての出題が多い傾向にありますが，過去には，メダカの特ちょうなども出題されています。

●**物質**…気体の性質，ものの燃え方，水溶液の性質，リトマス紙の色の変化，ものの溶け方，体積の変化，物質のすがたなどが取り上げられています。濃度に関する計算問題なども見られます。

●**エネルギー**…ふりこ，磁石，音の伝わる速さ，物体の運動，ものの温まり方，ばねののびなどが取り上げられています。

●**地球**…天体（恒星，惑星，衛星），太陽・地球・月（公転，日食，月の満ち欠け），気温の変化などが出題されています。

分野 ＼ 年度		2023	2022	2021
生命	植物	★	★	
	動物			
	人体			
	生物と環境			★
	季節と生物			
	生命総合			
物質	物質のすがた			
	気体の性質	○		
	水溶液の性質			○
	ものの溶け方		★	
	金属の性質			
	ものの燃え方			○
	物質総合			★
エネルギー	てこ・滑車・輪軸			
	ばねののび方	★		
	ふりこ・物体の運動		★	★
	浮力と密度・圧力			
	光の進み方			○
	ものの温まり方	★		
	音の伝わり方			○
	電気回路			
	磁石・電磁石			
	エネルギー総合			
地球	地球・月・太陽系	★	★	★
	星と星座			
	風・雲と天候			
	気温・地温・湿度			
	流水のはたらき・地層と岩石			
	火山・地震			
	地球総合			
実験器具				
観察				
環境問題				
時事問題				
複数分野総合				

※　★印は大問の中心となる分野をしめします。

◆対策～合格点を取るには？～

本校の理科の出題傾向は今後も変化していくことが予想されます。ただし，「生命」「物質」「エネルギー」「地球」の各分野から基礎的な問題が出されるという方針は続いていくでしょう。また，文章を書かせたり，図へかきこんだりするものも出題されているため，各分野をかたよりなく学習することが必要です。

「生命」は基本知識の多い分野ですが，山登りする気持ちで一歩一歩楽しみながら確実に力をつけてください。植物や動物，ヒトのからだのしくみや成長を中心に，知識を深めましょう。

「物質」では，気体や水溶液，金属などの性質に重点をおいて学習してください。そのさい，中和反応や濃度など，表やグラフをもとに計算させる問題にも取り組むように心がけてください。

「エネルギー」では，電気回路や磁石だけでなく，てんびんとものの重さ，てこ，滑車や輪軸，ばねの性質などについて，さまざまなパターンの計算問題にもチャレンジしてください。

「地球」では，太陽・月・地球の動き，季節と星座の動き，天気と気温・湿度の変化，流水のはたらき，火山や地層のでき方，化石，地震などが重要なポイントです。

出題傾向＆対策

◆基本データ(2024年度2月1日午前一般)

試験時間／満点	50分／100点
問題構成	・大問数…３題 文章読解題２題／知識問題１題 ・小問数…30問
解答形式	記号選択のほかに，文章中からの語句の書きぬき，文章中のことばを使ってまとめる記述，180～200字の作文も出されている。
実際の問題用紙	Ａ４サイズ，小冊子形式
実際の解答用紙	Ａ３サイズ

◆出題傾向と内容

▶近年の出典情報(著者名)
説明文：佐藤郁良　中村明　小川仁志
小　説：八束(つか)澄子　安東みさえ　福田隆浩

●**読解問題**…説明文・論説文では接続語・指示語，細部の読み取りに関することがら，筆者の考えや要旨，小説・物語文，随筆では場面のはあく，心情や理由の読み取り，主題などが問われています。

●**作文**…自分の意見を具体的にのべさせます。独立題として出される場合や，長文の内容と関連させて出される場合があります。

●**知識問題**…漢字の読み書きは，毎年必ず出されます(10問程度)。語句や文法は，読解問題の中で出されることがありますが，数は多くありません。

◆対策～合格点を取るには？～

読解力を養うには，やはり読書がいちばんです。しかし，読書だけでは入試問題を解く力はつきません。本書のような問題集で入試問題のパターンに慣れておきましょう。そのさい，設問の意図を考えながら取り組むようにします。

本校の特ちょうでもある作文問題に対しては，相手に伝わりやすい書き方を心がけることが重要です。「要点」から，「具体的に語る」という流れを意識し，短文をコツコツつなげて解答していきましょう。

毎年必出の漢字は，短時間でも毎日練習することが上達のポイント。トメやハネなど細かい部分に注意しながらていねいに書きましょう。

分野＼年度			2024		2023	2022		2021		2020	2019
			午前	特待生		午前	午後	午前	午後		
読解	文章の種類	説明文・論説文	★	★	★	★	★	★	★	★	★
		小説・物語・伝記	★		★	★	★	★	★	★	★
		随筆・紀行・日記									
		会話・戯曲									
		詩									
		短歌・俳句									
	内容の分類	主題・要旨	○	○	○	○	○	○	○	○	○
		内容理解	○	○	○	○	○	○	○	○	○
		文脈・段落構成	○		○	○	○				○
		指示語・接続語	○			○	○	○	○	○	○
		その他	○	○	○	○	○	○	○	○	○
知識	漢字	漢字の読み	○		○	○	○	○	○	○	○
		漢字の書き取り	○		○	○	○	○	○	○	○
		部首・画数・筆順									
	語句	語句の意味	○		○		○	○	○	○	
		かなづかい									
		熟語			○		○				
		慣用句・ことわざ	○			○	○	○	○		
	文法	文の組み立て									
		品詞・用法									○
		敬語									
	形式・技法		○		○		○	○		○	
	文学作品の知識										
	その他										
	知識総合										★
表現	作文		○	○	○	○	○	○	○	○	○
	短文記述										
	その他										
放送問題											

※　★印は大問の中心となる分野をしめします。

2024年度 藤村女子中学校

〔注意〕１．机の上には筆記用具以外のものを置かないでください(定規，コンパスなど)。
２．携帯電話，スマートフォン，電卓，計算機能付き腕時計などの電子機器類は電源を切ってかばんにしまってください。

【算　数】〈２月１日午前入試〉(50分)〈満点：100点〉

1 次の計算をしなさい。

(1) $27-18-2$

(2) ① $\left(1+\frac{1}{2}\right)-\left(1+\frac{1}{4}\right)$

② $1\frac{1}{2}-1\frac{1}{4}+1\frac{1}{8}-1\frac{1}{16}$

(3) $38.5\times80+0.385\times4000-385\times2$

(4) $0.75+\frac{1}{4}+\frac{1}{2}+1$

(5) $\{24-(5-1)\}\div3\times6$

2 次の問いに答えなさい。

(1) 下の表は，あるクラスの生徒 40 人に通学で電車とバスを使っているか調べた結果です。

[①] にあてはまる数を求めなさい。

	バスを使う	バスを使わない	合計
電車を使う	[ ]	[①]	20
電車を使わない	8	[ ]	[ ]
合計	13	[ ]	40

(2) 1 から 100 以下の整数のうち，4 の倍数は何個ありますか。

また，4 と 6 の公倍数は何個ありますか。

(3) 5 m のリボンから $\frac{2}{3}$ m の長さのリボンを 6 本切り取りました。

残りのリボンの長さは何 m ですか。

(4) ケーキを 3 個，クッキーを 6 個買ったところ代金の合計は 1800 円でした。ケーキの値段は，クッキーの 4 倍の値段です。ケーキの値段は何円ですか。ただし，消費税は考えないものとします。

(5) 1 円玉と 5 円玉がそれぞれ何枚かあります。合計金額は 138 円で，枚数は全部で 50 枚ありました。1 円玉，5 円玉はそれぞれ何枚あるか求めなさい。

3 次の問いに答えなさい。

(1) $\frac{7}{11}$ を小数で表すために，7÷11 を計算しました。下の計算は小数第３位まで計算したものです。

解答用紙の［　］にあてはまる数を答えなさい。

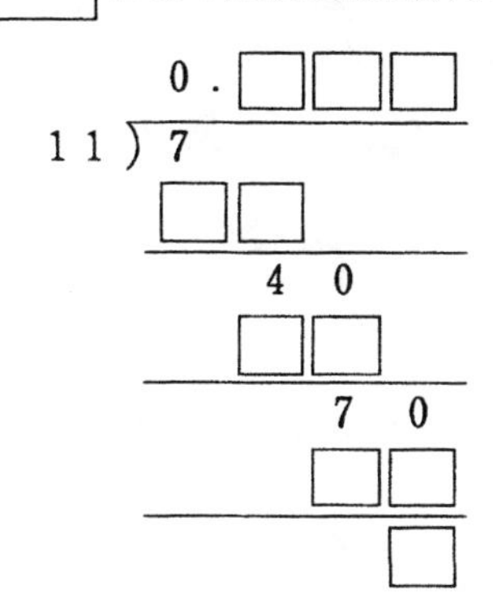

(2) 7÷11 を計算し，小数第８位を四捨五入したときの商は

0.［　］［　］［　］［　］［　］［　］［　］

です。解答用紙の［　］にあてはまる数を答えなさい。

(3) $\frac{7}{11}$ を小数で表そうとすると，7÷11 は何けたまで計算しても割り切れることはないので，

$\frac{7}{11}=0.6363\cdots\cdots$ と無限に続く小数になります。このような小数を無限小数といいます。

次の（ア）～（オ）までの分数を小数で表したとき，無限小数になるものをすべて求め，記号で答えなさい。

（ア）$\frac{1}{2}$　　（イ）$\frac{19}{10}$　　（ウ）$\frac{7}{9}$　　（エ）$\frac{4}{33}$　　（オ）$\frac{3}{8}$

4 右の図のように，マッチ棒を並べて三角形を1個，2個，3個，…と作っていきます。
三角形の個数を a 個，そのときのマッチ棒の本数を b 本とします。
このとき，次の問いに答えなさい。

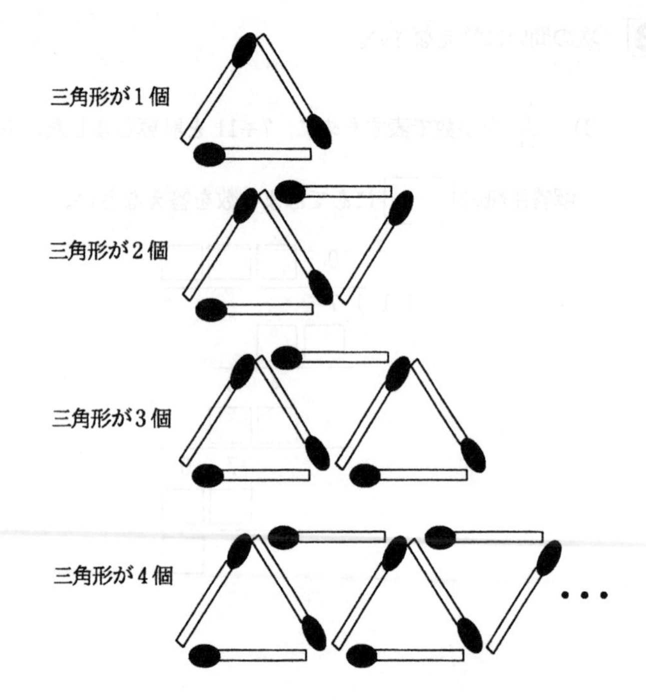

(1) a と b の関係を表にすると，下のようになります。
表のア，イ，ウにあてはまる数を答えなさい。

三角形の個数 a(個)	1	2	3	4	…	6	…	20	…
マッチ棒の本数 b(本)	3	5	7	ア	…	イ	…	ウ	…

(2) マッチ棒を100本使って三角形を a 個作ったときに，使わずに残ったマッチ棒の本数を c 本とします。このとき，a と c の関係を表にすると，下のようになります。
表のエ，オにあてはまる数を答えなさい。

三角形の個数 a(個)	1	2	3	4	…	オ
残りのマッチ棒の本数 c(本)	97	95	93	エ	…	1

5 たろうさんとはなこさんは，直角三角形を組み合わせて，四角形にすることを考えています。
たろうさんとはなこさんの話を読んで，次の問いに答えなさい。

たろう：【図1】のような底辺の長さが6cmの直角三角形は
　　　あといの角度をたすと［ア］度になるね。

はなこ：【図1】の三角形を4つ組み合わせて【図2】のように
　　　四角形ABCDをつくると，角Aは90度になるわね。

たろう：そうすると，<u>四角形ABCDは正方形になるね。①</u>

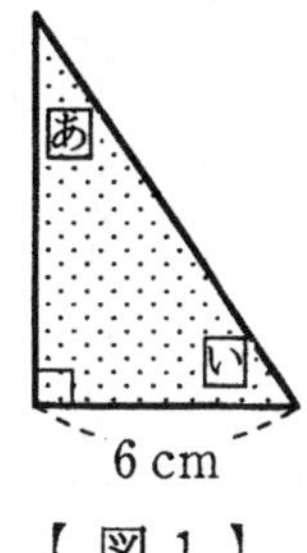

【図1】

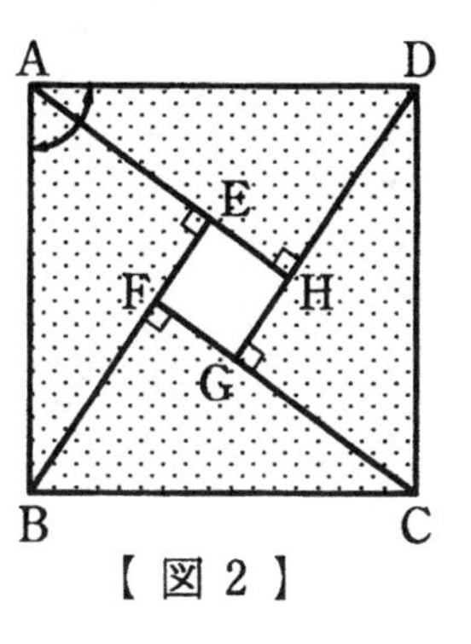

【図2】

(1) ［ア］にあてはまる数を答えなさい。

(2) <u>下線部①</u>について，正方形になる理由を答えなさい。

(3) 以下の会話文を読み，［イ］～［エ］にあてはまる数を答えなさい。

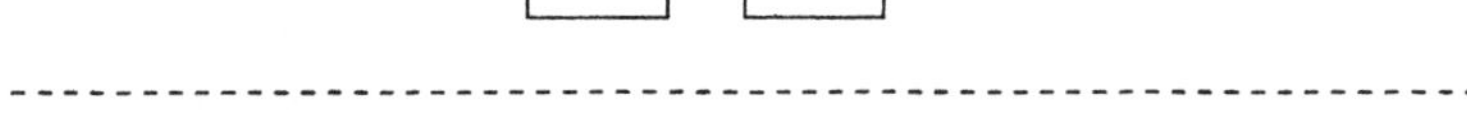

はなこ：【図2】の四角形ABCDのなかにある四角形EFGHも，
　　　4つの角はすべて90度で，EF，FG，GH，HEの
　　　4つの辺の長さもすべて同じだから正方形よね。

たろう：【図2】のAE，BF，CG，DHの4つの辺の長さは【図1】
　　　の三角形の底辺と同じ長さだから，すべて6cmになるね。

はなこ：先生から教えてもらったんだけど，四角形EFGHの面積は
　　　4 cm^{2}になっているみたいだよ。

たろう：このことから，【図1】の三角形のたての長さは［イ］cm
　　　だとわかるね。

はなこ：そうすると【図1】の三角形の面積は［ウ］cm^{2}になるわ。

たろう：四角形ABCDの面積も［エ］cm^{2}だとわかるね。

問三　――線①「歳時記」の説明としてふさわしくないものを次の中から一つ選び、記号で答えなさい。
ア　歳時記には文庫本サイズのものから辞書ほどのサイズのものまで様々あり、様々な季節にまつわる物語がまとめられている。
イ　歳時記では春・夏・秋・冬という四季に加えて一月のはじめの二週間を新年と呼び、季節が五つに分類されている。
ウ　歳時記では春分・夏至・秋分・冬至の前後一ヶ月半をそれぞれ春・夏・秋・冬とする分け方が、分類の基準になっている。
エ　歳時記には季節ごとに分類された季語が集められており、俳句を詠む人たちにとって欠かせないものになっている。

問四　――線②「このようなずれ」とはどういうことですか、四十字以内で説明しなさい。

問五　［A］に入る漢字二字の言葉を本文からぬき出して答えなさい。

問六　――線③「立秋」とありますが、筆者はこの「立」の意味を文中でどのように説明していますか、二十字でぬき出して答えなさい。

問七　――線④「おどろかれぬる」とありますが、どのようなことに「おどろ」いたのかを説明した次の文の空らんにふさわしい語句を、五字以内で答えなさい。

［　　　　］こと

問八　本文の内容に合っているものを次の中から一つ選び、記号で答えなさい。
ア　私たち日本人は生活の中で身につけるものを選んだり、和歌を作ったりする際、季節を先取りする感覚を大切にしている。
イ　季節は江戸時代まで四つに分類されていたが、現在はさらに細かく二十四に分けられ、それに合わせて人々は生活している。
ウ　昔から日本人は季節感を生活に取り入れることを大切にしてきたが、その素晴らしさに世界中の人々が気付きつつある。
エ　日本人は季節を感じられるものを和歌や俳句に取り入れてきたが、それが元となり春夏秋冬という四つの季節が生まれた。

　秋来ぬと目にはさやかに見えねども風の音にぞ④おどろかれぬる
という歌を残しています。「秋がやって来たということは、目にははっきり見えないけれど、風の音によってはっと気づかされることだ」という意味の歌で、まさしく立秋の季節感を表しています。
「立春」のことを「春立つ」、「立秋」のことを「秋立つ」とも言いますが、ここでの「立つ」は本格的な春や秋になったということではありません。春の気配や秋の気配がかすかに感じられるようになったという意味で理解した方がよいでしょう。［b］、季節を先取りする感覚が表れていると言えます。［Ⅳ］
　現代の服装選びなどもそうですが、少し季節を先取りした服装をした方がおしゃれに感じられます。それと同じような気持ちで、日本人は和歌や俳句を詠んできたのだと言えるでしょう。
　もう一つ気にしてほしいことは、どうして新年の季語だけが独立して分類されているのかということです。ここには、新暦と旧暦の違いが影響しています。
　旧暦と新暦はおおむね一カ月ずれていますので、旧暦の一月一日は新暦だと二月の上旬か中旬ごろにあたります。つまり、江戸時代には、お正月は立春とほぼ同時にやってきたわけです。今でも年賀状に「迎春」などと書くことがあるのは、こうした時代の名残です。ですから、江戸時代の歳時記ではお正月の季語も、春の季節に分類されていました。［c］、現代のお正月は新暦の一月、つまり冬の真っ只中にやってきます。これを春に分類することはできないため、新年の季語として独立した分類になっているのです。

（佐藤郁良『俳句を楽しむ』）

問一　［a］～［c］に入る言葉としてもっともふさわしいものを次の中からそれぞれ一つずつ選び、記号で答えなさい。
　ア　言わば　　イ　なぜなら　　ウ　しかし　　エ　果たして　　オ　あるいは

問二　次の一文は［Ⅰ］から［Ⅳ］のどこに入れるのがもっともふさわしいですか。一つ選び、記号で答えなさい。
　古来、日本人はそうしたささやかな季節の変化を敏感に感じ取り、和歌や俳句に詠んできたのです。

一日から十五日頃までのお正月の期間の季語は、新年の季語として独立して分類されています。

この分類は、［ａ］みなさんの生活実感と一致(いっち)しているでしょうか。二月はまだまだ寒い盛り、冬だと思っている人が多いのではないでしょうか。同様に、八月もまだまだ夏休みの真っ最中、暑くてとても秋だとは思えないのではないでしょうか。事実、気象庁の予報用語では、三月から五月を春、六月から八月を夏、九月から十一月を秋、十二月から二月を冬としており、歳時記の分類とは約一カ月、ずれているのです。

どうして、②このようなずれが生まれたのでしょうか。そもそも立春、立夏、立秋、立冬という言葉は、一年を二十四に分けた「二十四節気」にある言葉です。二十四節気では、春夏秋冬をさらに六分割し、

春	立春	雨水	啓蟄(けいちつ)	春分	清明	穀雨
夏	立夏	小満	芒種(ぼうしゅ)	夏至(げし)	小暑	大暑
秋	立秋	処暑	白露(はくろ)	秋分	寒露	霜降(そうこう)
冬	立冬	小雪	大雪	冬至(とうじ)	小寒	大寒

という二十四の季節に一年を分けています。およそ二週間で次の季節に移ることになります。初めて聞く言葉も多いかもしれませんが、春分・夏至・秋分・冬至の四つは聞いたことがあるでしょう。一年の中で最も昼が長いのが夏至、逆に最も昼が短いのが冬至です。昼と夜の時間がほぼ同じになるのが、春分と秋分です。つまり、二十四節気は［Ａ］の運行をもとにして作られているのです。［Ⅰ］

二十四節気では、春分を中心にして前後一カ月半ずつを春、夏至を中心として前後一カ月半ずつを夏、秋分を中心として前後一カ月半ずつを秋、冬至を中心として前後一カ月半ずつを冬と定めています。この分け方が、歳時記における季節の分類の基準になっています。［Ⅱ］

これを、私たちの生活にあてはめて考えてみましょう。立春(二月四日)頃は、まだまだ寒さは厳しい盛りですが、太陽の光はまぶしくなってきて、春の到来を感じさせてくれます。雪解けの進む地方では雪の間からふきのとうが顔を出し、都会でも梅が咲(さ)き始め、植物は確かに春の訪れを告げてくれています。［Ⅲ］

同様に③立秋(八月八日)頃は、昼間は耐(た)えきれない暑さの日もありますが、夜になると風に涼(すず)しさを覚えるようになり、まもなくすると蟋蟀(こおろぎ)や鈴虫などが鳴き始めるようになります。平安時代の歌人・藤原敏行(ふじわらのとしゆき)は『古今(こきん)和歌集』の中に、

問六　この文章についての生徒の会話を読み、［a］に入る人物名を本文からぬき出して答えなさい。また、［b］に入るもっともふさわしいものをア〜エから一つ選び、記号で答えなさい。

生徒A　この物語は［a］の視点で書かれているね。私も読みながら［a］としてその場にいるような気持ちになったよ。
生徒B　そのおかげで会話以外のところでも［a］の心情が丁ねいに表現されていて、［b］が効果的に読者に伝わるね。

ア　みんなを大切に思うあまり自分の本心を出せずにいる様子
イ　周囲の人々に対する感謝の気持ちが深まっていく様子
ウ　時間がたつにしたがって覚ごができあがっていく様子
エ　周りの人の言葉や行動によって気持ちが変化していく様子

問七　美月は勇気を出して陽菜を受け入れようとしています。あなたがこれまでに経験した誰かに勇気をあたえたり、勇気をもらったりしたできごとについて、百八十字以上二百字以内で改行せずに書きなさい。
〈注意〉書き出しの空らんはいりません。また、、や。や「などの記号はそれぞれ一字として数えます。

三　次の文章を読んで、後の問いに答えなさい。（一部問題の都合により省略、または変更しているところがあります。）

みなさんは、①歳時記(さいじき)を手に取ってみたことがありますか。歳時記は、俳句に用いられる季語を集めた本で、俳句を詠(よ)む者にとっては欠かせないものです。文庫本サイズの手軽なものから辞書ほどの大きさの大歳時記まで、さまざまなものがありますが、共通していることは春夏秋冬と新年の五つの季節に、季語を分類しているということです。
これを今の暦(こよみ)にあてはめると、春は立春(二月四日頃(ごろ))から五月五日頃まで、夏は立夏(五月六日頃)から八月七日頃まで、秋は立秋(八月八日頃)から十一月七日頃まで、冬は立冬(十一月八日頃)から二月三日頃までとなります。新年は冬の中に含(ふく)まれますが、一月

問三　━━━線②「やがて陽菜ちゃんの両手がそろそろとあがり、ためらうように空中をさまよったと思ったら、ゆっくりと母親の太い腰へと回された」とありますが、このときの「陽菜ちゃん」の気持ちの説明としてもっともふさわしいものを次の中から一つ選び、記号で答えなさい。

ア　美月の母親が真けんに自分のことを思って言葉をかけてくれているのを感じ、勇気を出して受け入れようとしている。
イ　美月とその母親は他人であると理解しながらも他に頼れる人は誰もいないことを実感し、仕方なく甘えようとしている。
ウ　美月の母親がかけてくれた言葉を理解しうれしく思う一方で、自分が甘えたら美月がどう思うだろうかと考え遠慮している。
エ　美月の母親の熱心さにとまどいながらも、その親切に対する感謝の気持ちは伝えなければならないと考えている。

問四　━━━線③「わたしも一歩をふみ出さなきゃ」とありますが、「一歩」を具体的に説明した部分を本文から十五字以内でぬき出しなさい。

問五　━━━線④「美月はごくりとつばを飲みこんだ」とありますが、このときの美月の様子の説明としてもっともふさわしいものを次の中から一つ選び、記号で答えなさい。

ア　池内さんの話を聞いて、この後どんな内容が続くのだろうかと期待し、その先が知りたい気持ちを抑えられずにいる。
イ　池内さんの話を聞いて、自分には知らないことがたくさんあるのだということを思い知らされ、がっかりしている。
ウ　池内さんの話を聞いて、陽菜ちゃんがこの先どんな人生を歩むことになるのかと心配し、悲しくなっている。
エ　池内さんの話を聞いて、高校卒業後すぐに自分一人の力で生活することがどれだけ大変なことかと想像し、緊張している。

（b）「全身を耳にして」
ア　緊張のあまりに体をこわばらせながら
イ　一つの言葉も聞き逃さないように集中して
ウ　目を閉じ聞くことだけに専念して
エ　余計なことを考えないように強く意識しながら

問二　――線①「あまりにも前のめりの母親の姿勢がこわかった」について
（1）「あまりにも前のめりの母親の姿勢」を説明した次の文の空らんにふさわしい語句を、本文中の言葉を用いて二十字以内で補いなさい。

知り合って間もない陽菜ちゃんに［　　　　］こと。

（2）「こわかった」とありますが、その説明としてふさわしいものを次の中から二つ選び、記号で答えなさい。
ア　陽菜ちゃんの気持ちも確認しないまま家族の一員にしようとしている母親の強引さにいらだっている。
イ　陽菜ちゃんがどのような人物かよく分からないのに母親が家族の一員として扱おうとすることを不安に思っている。
ウ　陽菜ちゃんには普段から何を考えているのか全くわからないためいつか悪いことをするのではないかと疑っている。
エ　陽菜ちゃんが自分たち親子の生活に深く入りこむことで何かが変わってしまうのではないかと心配している。
オ　陽菜ちゃんを一度家族として受け入れたあとに断るようなことがあったら母親を信じられなくなるとおそれている。

は大変なんです」

美月はごくりとつばを飲みこんだ。④たった三年後の自分にそんなことができるかというと、とても自信がない。

「なかには、がんばって大学に行く子もいますが、奨学金を受けても、学費から生活費までまかなわなきゃいけないですからね。アルバイトに明け暮れて、あまりのしんどさに挫折してしまう子も多いです。わたしたちとしても全力でサポートしたいとは思うのですが、なかなかそれも難しくて……」

今まで美月が想像もしたことのなかった世界だ。生きるって、なんて大変なんだろう。

「ですから、柴田さんや山辺さんのようにおっしゃってくださる方がいると、本当にほっとします。陽菜ちゃん、よかったねえ」

池内さんが、深ぶかとしたまなざしを陽菜ちゃんに向けたとき、

「コーノー、オオゾラオー、トンデー、トンデ、トンデ」

いきなり、ピーコの音痴な歌声が割りこんできた。「トンデ、トンデ、トンデ」と、こわれたレコードみたいにくりかえし、「あれっ」と自分で首をかしげている。

「え？　え？　今の、鳥ですよね？」

大げさにおどろいて立ちあがった池内さんに、美月も母親もついつい大きな声で笑ってしまった。陽菜ちゃんも下を向いてくすりと笑った。全員、泣き笑いだった。

（八束澄子　『団地のコトリ』）

問一　═══線（a）「居住まいを正す」、（b）「全身を耳にして」の意味としてもっともふさわしいものをそれぞれ一つずつ選び、記号で答えなさい。

（a）「居住まいを正す」

ア　その場の雰囲気を変えようとする
イ　相手の関心を自分に向けようとする
ウ　正座をして相手と正面から向き合う
エ　きちんとした姿勢に座りなおす

な瞳の色。そのたどりつけない暗さに、美月はおびえる。
否定的な側面が、いくつもいくつも美月の中で渦をまいていた。
要はこわかった。母親とのふたり暮らしに変化の生じることが。陽菜ちゃんを受け入れることが。
そんな自分の心の奥底の声にとまどって、美月は陽菜ちゃんへと、そっと視線をはわせた。
陽菜ちゃんは(b)全身を耳にして、母親の言葉を聞いていた。ほっぺたが真っ赤になっている。よく見ると、やせてせんべいみたいなうすっぺらいひざにおかれたこぶしがふるえていた。
だれにも動きのない数秒間が過ぎた。
②やがて陽菜ちゃんの両手がそろそろとあがり、ためらうように空中をさまよったと思ったら、ゆっくりと母親の太い腰へと回された。
「……陽菜ちゃん」
美月の口から思わず声がもれた。陽菜ちゃんは今、自分の殻をやぶろうとしている。きっとすごくこわいはずなのに。美月の何倍も何十倍もこわいはずなのに……。
——この子の勇気にこたえたい。もっといっしょにいたい。
熱い思いが胸の深いところからつきあげてきた。そこだけ熱をもって、やけどしそうだった。
③——わたしも一歩をふみ出さなきゃ。
じゃなきゃ、なんにもはじまらない。傷つけるかもしれない。逆に、傷つけられるかもしれない。だけど、それがなんだ。おそれていては、なんにもはじまらない。
そんな美月たち三人を静かに見守ってくれていた池内さんが、口を開いた。
「施設で育った子どもたちの一番の試練は、十八歳になったら施設を出なきゃいけないことなんですよ」
十八歳？　十八歳といえば、美月からすれば、たったの三年後だ。
「高校卒業と同時に、ぽんと社会に放り出されるんです。毎日慣れない仕事を必死にこなし、安いお給料の中からアパート代を支払ったり、食事をつくったり。家庭で知らず知らずのうちに身についているはずのことも、知らない子も多いですからね。それはそれ

二　次の文章を読んで、後の問いに答えなさい。（一部問題の都合により省略、または変更しているところがあります。）

美月親子は、病気で母親を亡くしてしまった陽菜が施設に入るまでの間、彼女を一時的に自宅に引き取り一緒に暮らしていました。いよいよ陽菜が施設に入る日になり、施設からやってきた職員の池内さんを交えて話をしています。

「陽菜ちゃん」
椅子の上で(a)居住まいを正すと、池内さんは正面から陽菜ちゃんに向き合った。
「お母さんのことは残念だったね。でもね、もしかしたらお母さん、最後の力でもって、柴田さんや山辺さんたちと陽菜ちゃんとをつなげてくれたのかもしれないよ」
池内さんの優しい声と言葉は、その場にいただれの胸にも深く浸透していった。最初に堰をきったように泣き出したのは母親だった。
「で、でも、陽菜ちゃんのお母さん、最後の日々を陽菜ちゃんと、い、いっしょに過ごせて、し、幸せだったと思うよぉ。最高の親孝行よ」
泣きながらしきりに陽菜ちゃんの背中をさすった。それから盛大にはなをすすりあげると、陽菜ちゃんを抱きしめ、ひとことひとこと区切るように言った。
「いい？　陽菜ちゃん。ここはあなたの実家だからね。柴田さんも、わたしたちも、待ってるからね。いつでも、帰っておいで」
――え、お母さん、そこまでいっていいの？
実家だなんて、いい過ぎじゃない？　もう少しで声をあげそうになった。①あまりにも前のめりの母親の姿勢がこわかった。
確かに美月も、陽菜ちゃんが妹だったらとは思う。だけど、思うだけだ。知り合ってまだ間がないんだよ。陽菜ちゃんの性格だってよく知らない。あとで裏切るようなことになったら、陽菜ちゃん、よけいに傷つくよ。
それに、それに、もし陽菜ちゃんが悪い子だったら、どうするの？　ときどき陽菜ちゃんが見せる、なにも映さないビー玉みたい

2024年度

藤村女子中学校

【国 語】〈二月一日午前入試〉(五〇分)〈満点：一〇〇点〉

一 次の――線の漢字の読みをひらがなに、カタカナを漢字に直しなさい。

① 先生から一列に並ぶよう言われた。
② 運を天に任せるつもりはない。
③ 見積もりの内訳を説明する。
④ 商売で利益を得る。
⑤ 上下水道がいまだに復旧していない。
⑥ 道にソって桜が植えられている。
⑦ 兄弟でも性格はコトなる。
⑧ 屋根から雨がタれる。
⑨ 人手不足のタイサクを立てる。
⑩ お祭りで大通りがコンザツしていた。

2024年度

藤村女子中学校　▶解説と解答

算　数　＜２月１日午前一般入試＞（50分）＜満点：100点＞

解　答

1 (1)　7　(2)　①　$\frac{1}{4}$　②　$\frac{5}{16}$　(3)　3850　(4)　$2\frac{1}{2}$　(5)　40

2 (1)　15人　(2)　**４の倍数**…25個　**４と６の公倍数**…８個　(3)　１m

(4)　400円　(5)　**１円玉**…28枚　**５円玉**…22枚　3 (1)　右図　(2)

0.6363636　(3)　（ウ），（エ）　4 (1)　**ア**　9　**イ**　13　**ウ**　41

(2)　**エ**　91　**オ**　49　5 (1)　90　(2)　４つの三角形は全部同じ大きさなので，四角形ABCDの４辺はすべて等しく，角Aは90度なので，４つの角もすべて直角である。よって，四角形ABCDは正方形になる。　(3)　**イ**　8　**ウ**　24　**エ**　100

（右図）

```
      0.636
11 ) 7
     66
      40
      33
       70
       66
        4
```

解　説

1　四則計算，計算のくふう

(1)　27－18－２＝９－２＝７

(2)　①　$\left(1+\frac{1}{2}\right)-\left(1+\frac{1}{4}\right)=1+\frac{1}{2}-1-\frac{1}{4}=1-1+\frac{1}{2}-\frac{1}{4}=\frac{1}{2}-\frac{1}{4}=\frac{2}{4}-\frac{1}{4}=\frac{1}{4}$

②　$1\frac{1}{2}-1\frac{1}{4}+1\frac{1}{8}-1\frac{1}{16}=\left(1+\frac{1}{2}\right)-\left(1+\frac{1}{4}\right)+\left(1+\frac{1}{8}\right)-\left(1+\frac{1}{16}\right)=1+\frac{1}{2}-1-\frac{1}{4}+1$ $+\frac{1}{8}-1-\frac{1}{16}=1-1+1-1+\frac{1}{2}-\frac{1}{4}+\frac{1}{8}-\frac{1}{16}=\frac{8}{16}-\frac{4}{16}+\frac{2}{16}-\frac{1}{16}=\frac{5}{16}$

(3)　38.5×80＋0.385×4000－385×２＝385×８＋385×４－385×２＝385×（８＋４－２）＝385×10＝3850

(4)　$0.75+\frac{1}{4}+\frac{1}{2}+1=\frac{3}{4}+\frac{1}{4}+\frac{2}{4}+\frac{4}{4}=\frac{10}{4}=\frac{5}{2}=2\frac{1}{2}$

(5)　$\{24-(5-1)\}\div 3\times 6=(24-4)\div 3\times 6=20\times\frac{1}{3}\times 6=20\times 2=40$

2　表，公倍数，四則計算，分配算，つるかめ算

(1)　バスを使い，電車を使う人は，13－８＝５(人)である。よって，電車を使い，バスを使わない人は，20－５＝15(人)と求まる。表をうめると，右のようになる。

	バスを使う	バスを使わない	合計
電車を使う	5	15	20
電車を使わない	8	12	20
合計	13	27	40

(2)　１から100以下の整数のうち，４の倍数は，100÷４＝25(個)ある。４と６の公倍数は12の倍数なので，１から100以下の整数のうち，12の倍数は，100÷12＝８あまり４より，８個ある。

(3)　$\frac{2}{3}$mの長さのリボン６本分の長さは，$\frac{2}{3}\times 6=4$(m)となるから，５mのリボンから$\frac{2}{3}$mの長さのリボンを６本切り取ったとき，残りのリボンの長さは，５－４＝１(m)となる。

(4)　ケーキの値段はクッキーの値段の４倍なので，ケーキ３個の値段は，３×４＝12より，クッキー12個の値段と等しい。代金の合計は1800円なので，クッキー１個の値段は，1800÷(12＋６)＝100(円)である。よって，ケーキ１個の値段は，100×４＝400(円)と求まる。

(5)　50枚がすべて１円玉であるとすると，50枚の合計金額は，１×50＝50(円)である。１円玉を５円玉に１枚かえるごとに，合計金額は，５－１＝４(円)ずつ増えるから，５円玉は，(138－50)÷４＝22(枚)となる。よって，１円玉は，50－22＝28(枚)である。

3　小数の割り算・無限小数

(1)　解答参照。

(2)　(1)の筆算を続けると，0.63636363…というように，商の小数点以下に６と３が順番に続くから，小数第８位を四捨五入すると，0.6363636となる。

(3)　(ア)は，$\frac{1}{2}$＝１÷２＝0.5，(イ)は，$\frac{19}{10}$＝19÷10＝1.9，(ウ)は，$\frac{7}{9}$＝７÷９＝0.77…，(エ)は，$\frac{4}{33}$＝４÷33＝0.1212…，(オ)は，$\frac{3}{8}$＝３÷８＝0.375なので，小数で表すと無限小数になるのは，(ウ)と(エ)である。

4　図形と規則

(1)　三角形の個数が１個増えるごとに，必要なマッチ棒の本数は２本ずつ増えるから，三角形が４個のときに必要なマッチ棒の本数は，７＋２＝９(本)，三角形が６個のときに必要なマッチ棒の本数は，９＋２×２＝13(本)，三角形が20個のときに必要なマッチ棒の本数は，13＋２×(20－６)＝41(本)と求まる。

(2)　三角形の個数が１個増えるごとに，残りのマッチ棒の本数は２本ずつ減っていくから，三角形が４個のときの残りのマッチ棒の本数は，93－２＝91(本)である。残りのマッチ棒の本数が１本となるときの三角形の個数は，三角形が４個のときより，(91－１)÷２＝45(個)多い。よって，三角形の個数が，４＋45＝49(個)のときである。

5　三角形を組み合わせた正方形

(1)　三角形の内角の和は180°なので，あ＋い＝180°－90°＝90°となる。

(2)　４つの三角形はすべて同じ大きさなので，AB＝BC＝CD＝DAである。(1)より，角Aは90°なので，同じように角B，角C，角Dもすべて直角である。よって，四角形ABCDは正方形になる。

(3)　四角形EFGHは正方形でありその面積は$4\,cm^2$だから，２×２＝４より，四角形EFGHの１辺の長さは２cmである。よって，三角形のたての長さは，６＋２＝８(cm)となり，三角形の面積は，６×８÷２＝24(cm^2)となる。したがって，四角形ABCDの面積は，三角形４個と四角形EFGHを合わせた，24×４＋４＝100(cm^2)と求まる。

国　語　＜２月１日午前一般入試＞（50分）＜満点：100点＞

解　答

一　①　なら　②　まか　③　うちわけ　④　りえき　⑤　ふっきゅう　⑥～⑩　下記を参照のこと。　二　**問１**　(a)　エ　(b)　イ　**問２**　(1)　(例)　自分たちの家を実家だと思うように言った　(2)　イ，エ　**問３**　ア　**問４**　陽菜ちゃんを受け入れること　**問５**　エ　**問６**　**a**　美月　**b**　エ　**問７**　(例)　幼いころから，何かと考えやものごとに対する意見・感じ方が友人と違っていた私は，周囲から「変わり者だ」と言われ続けてきたこともあり，自分から発信することに恐怖さえ感じていた。しかし，その話をきいた父親から「他人に左右されるなどこれ以上情けないことがあるか。お前はお前なのだから堂々としていろ」としったされたことで気持ちが奮い立ち，自らの中に強い芯を持たせ，自分らしくあろうと努めるようになった。　三 **問1**　a　エ　b　ア　c　ウ　**問2**　Ⅲ　**問3**　ア　**問4**　(例)　私たちが生活している中で感じる季節と歳時記の分類が約一カ月ずれていること。 **問5**　太陽　**問6**　秋の気配がかすかに感じられるようになった　**問7**　(例)　秋が来た　**問8**　ア

●漢字の書き取り

一 ⑥　沿　⑦　異　⑧　垂　⑨　対策　⑩　混雑

解説

一　漢字の読みと書き取り

①　複数のものが同じ方向に向き，整った形で位置につくこと。　②　仕事などを人にたのむこと。　③　細かい内容。　④　仕事などでもうけたもの。　⑤　もとの状態にもどること。　⑥　もとにするものに従って，並んで続くこと。　⑦　ちがっていること。　⑧　しずくになって下に落ちること。　⑨　場面ごとにあわせてとる方法。　⑩　たくさんの人が集まってこみあうこと。

二　出典：八束澄子『団地のコトリ』。美月親子は病気で母親を亡くした陽菜が施設に入るまでの間，彼女を自宅に引き取り，一緒に暮らしていた。陽菜が施設に入る日，母親がいつでも帰っておいでと陽菜に言うのを聞いた美月は不安を感じるが，次第にもしものときは陽菜を受け入れる覚ごを固めていく。

問1　(a)「居住まい」は座っている姿勢という意味。　(b)　体中の感覚すべてを聞くことに集中させている状態という意味。

問2　(1)「前のめり」とは積極的に物事を行うことだが，不要なことや無理なことをやりすぎようとしているときの様子についても言う。ここでは前に「あまりにも」とついていることから，美月の目にやりすぎようとしていると見えていることがわかる。美月は少し前で母親の言葉について「いい過ぎ」と思っているので，母親の言葉が「いい過ぎ」であり，「あまりにも前のめり」な内容だということになる。その母親の言葉とは，陽菜に対する「ここはあなたの実家だからね」であり，これは陽菜に対して自分たちの家を実家だと思うように言ったものである。　(2)　直後から書かれていることが「こわかった」の内容である。「陽菜ちゃんの気持ちも確認しないまま」ということは書かれていないので，アは誤り。「もし陽菜ちゃんが悪い子だったら」という不安は書かれているが「いつか悪いことをするのではないかと疑っている」とまでは思っていないので，ウは誤り。「母親を信じられなくなる」ということは書かれていないので，オは誤り。「陽菜ちゃんがどのような人物かよく分からないのに」「何かが変わってしまうのではないか」という不安の内容は書かれているので，イとエが正解。

問3　あとに「陽菜ちゃんは今，自分の殻をやぶろうとしている。きっとすごくこわいはずなのに」とあることに着目する。ここに表現されているのは勇気を出して行動しようとしている様子である。イの「仕方なく甘えよう」という本心でない様子や，ウの「遠慮している」様子，エの「感謝の気持ちは伝えなければならない」という義務で行動している様子は合わない。「勇気を出して

受け入れようとしている」アが正解。

問４　それまで不安を感じてためらっていた美月の気持ちが変化した場面である。一歩をふみ出すというのは，不安を乗り越えてやるべき行動をやり始めるということ。美月は，母親が陽菜に「いつでも，帰っておいで」と言うのを聞いて，そんなことを言ってしまってだいじょうぶなのかという不安を感じていた。したがって，ここで美月が乗り越えるのは，「陽菜ちゃんを受け入れること」に対する不安である。

問５　直後の一文がこのとき美月が思った内容なので，そこにある「自分にそんなことができるかというと，とても自信がない」という，「高校卒業と同時に，ぽんと社会に放り出され」て生活することにおそれや不安をいだく気持ちで「ごくりとつばを飲みこんだ」ことがわかる。「この後どんな内容が続くのだろうかと期待」という気楽な様子ではないので，アは合わない。「がっかりしている」という自分の無知に対する失望ではないので，イは合わない。「陽菜ちゃんがこの先どんな人生を歩むことになるのかと心配し，悲しくなっている」という，陽菜への気持ちではないので，ウは合わない。

問６　**a**　この物語は，美月が見たり聞いたりしたものごとや，感じたこと，考えたことが書かれているので，美月の視点である。　**b**　この物語での美月の心情は，最初は陽菜を受け入れることへの不安，やがて受け入れることへの覚ご，そこから生きることの大変さへの緊張というように変化を重ねている。これに合うものはエ。「自分の本心を出せずにいる」わけではないので，アは合わない。「周囲の人々に対する感謝」は書かれていないので，イは合わない。単に「時間がたつにしたがって」誰の言葉や行動による影響もなく気持ちが変わっていったわけではないし，「覚ごができあがっていく」だけでは心情の変化として不足してもいるので，ウは合わない。

問７　今回は，本文の美月が「勇気を出して陽菜を受け入れようとして」いることをふまえて，「誰かに勇気をあたえたり，勇気をもらったりしたできごと」について書くことが求められている。自分がこれまでに誰かを励ましたり，逆に誰かに励まされたりした経験を思いだして，どんな行動ができずにいたのか，そしてどんな言葉や行動が勇気につながったかを書く。

三　**出典：佐藤郁良『俳句を楽しむ』**。俳句の季語について，それが集められた歳時記とはどのようなものか，季語の分類はどのようなものか，季語の季節と生活の中で感じる季節との違いなど，俳句の季語についてくわしく説明している。

問１　ａは，この文の最後が「でしょうか」という疑問の形になっていることに着目する。すると疑問を述べるときに使う「果たして」があてはまることがわかる。ｂは，前には「春の気配や秋の気配がかすかに感じられる」とあり，あとでは「季節を先取りする感覚」とある。これは，前の内容と同じ内容をちがった表現に言いかえて説明し直しているので，「別の言い方をすれば」という意味である「言わば」があてはまる。ｃは，直前には「江戸時代の歳時記ではお正月の季語も，春の季節に分類されていました」とあり，直後には「現代のお正月は新暦の一月，つまり冬の真っ只中にやってきます」という前の内容と反することが続いているので，前の内容と逆の内容を続けるときの接続詞「しかし」があてはまる。

問２　示された一文の中に，「そうした」という指示語が含まれていることに着目する。「そうしたささやかな季節の変化」とあるので，「ささやかな季節の変化」について書かれた内容のあとに入れるのがふさわしいことがわかる。ⅠとⅡの前には「ささやかな季節の変化」が書かれていない。

ⅢとⅣの前にはこれが書かれているが，Ⅳの前後での話題は「季節を先取り」するということなので合わない。季節の変化という話題にも合うⅢが正解である。

問３　歳時記の説明として「ふさわしくない」ものを選ぶ問題であることに注意する。アは「様々な季節にまつわる物語」ではないのでふさわしくない。イは最初の二つの段落に書かれた内容と合っている。ウは［Ⅰ］と［Ⅱ］にはさまれた段落に書かれた内容と合っている。エは最初の段落に書かれた内容と合っている。したがって，「ふさわしくない」ものとして正解なのはア。

問４　「このようなずれ」が指示語で始まっているので，「この」が指す内容を確認する。指示語が指す内容は基本的にすぐ前にあるので，前を見てみると，「歳時記の分類とは約一カ月，ずれているのです」と「ずれ」という言葉が使われた内容が書かれているので，確かにここを指示しているとわかる。ただし，意味がわかる答えにするためには，歳時記の分類とずれているのが何なのかも書く必要がある。段落の最初に「この分類は，果たしてみなさんの生活実感と一致しているでしょうか」とあるので，歳時記の分類とずれているのは，生活実感(生活している中で感じるもの)である。

問５　空欄に入る言葉をぬき出す問題である。「二十四節気は🄰の運行をもとにして作られている」とあり，二十四節気とは，春分・夏至・秋分・冬至などで季節を分けるものと書かれている。そして，春分などは昼の時間の長さをもとにしているとある。これらのことから，🄰の運行とは昼の長さに関係するものだとわかる。昼の長さに関係するものは，もちろん太陽の動きである。

問６　［Ⅳ］が最後についた段落の中で，「立春」や「立秋」のことが説明されており，「ここでの『立つ』は本格的な春や秋になったということではありません。春の気配や秋の気配がかすかに感じられるようになったという意味」とある。問われているのは「立秋」での「立」の意味なので，「秋の気配が」のところからぬき出すのがふさわしい。

問７　すぐあとにこの和歌の意味が書かれ，「おどろかれぬる」の意味は「気づかされる」となっているので，何に気づかされたのかをとらえる。和歌の意味から確認すると，「秋がやって来たということ」に気づかされる，とある。

問８　アは［Ⅳ］のあとの内容と合っている。イは現在の季節が「二十四に分けられ，それに合わせて人々は生活している」という点が誤り。これは二十四節気のことだが，現在の人々がそれに合わせて生活しているわけではない。ウは「世界中の人々が気付きつつある」という内容は書かれていないので合わない。エは「季節を感じられるものを和歌や俳句に取り入れてきた」ことで「春夏秋冬という四つの季節が生まれた」という内容が書かれている事実と反するので誤り。

2024年度 藤村女子中学校

〔注意〕1．机の上には筆記用具以外のものを置かないでください(定規，コンパスなど)。
2．携帯電話，スマートフォン，電卓，計算機能付き腕時計などの電子機器類は電源を切ってかばんにしまってください。

【算　数】〈特待生入試〉(50分)〈満点：100点〉

1 次の□にあてはまる数を答えなさい。

(1) $35-14+3\times8=\square$

(2) $5+7+9+11+14+16+18+20=\square$

(3) $56-\{(7+6)\times2\}=\square$

(4) $72\times\frac{1}{8}-\frac{8}{3}\times\frac{9}{8}=\square$

(5) $24\times30-24\times\square=240$

2 次の問いに答えなさい。ただし，数式を用いて理由もあわせて答えなさい。

(1) 次の3つの分数を大きい順に並べなさい。

$\frac{5}{8}$，$\frac{1}{2}$，$\frac{3}{4}$

(2) 8時32分52秒から［ア］時間［イ］分［ウ］秒進むと9時41分18秒になります。

［ア］～［ウ］にあてはまる数を求めなさい。この問題は理由を答える必要はありません。

(3) これまで150g入りだったおかしを10%増しで売っています。このとき，おかしは何g入りになっているか求めなさい。

(4) 長さ150mの列車が秒速30mで，長さ420mのトンネルを通過しました。この列車の先端がトンネルに入り始めてから，列車の最後尾がトンネルを抜けるのに何秒かかったか求めなさい。

(5) 42個のみかんを姉と妹で分けます。姉と妹に分けるみかんの個数の比を4：3とすると，それぞれ何個ずつになるか求めなさい。

(6) はなこさんはあめを13個，たろうさんは41個持っています。2人のあめの数を同じにするにはたろうさんがはなこさんにあめを何個あげればよいか求めなさい。

(7) 1Lのガソリンで12km走る自動車があります。384km走るために何Lのガソリンが必要か求めなさい。

(8)　次の図で色をつけた部分の面積を求めなさい。

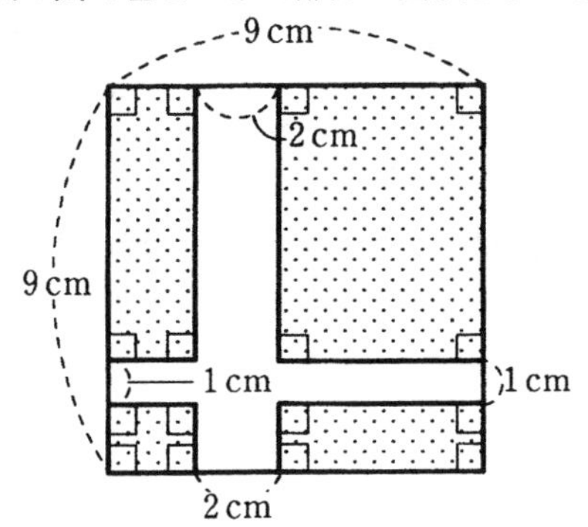

(9)　次の直方体の展開図を見て，以下の各問いに答えなさい。

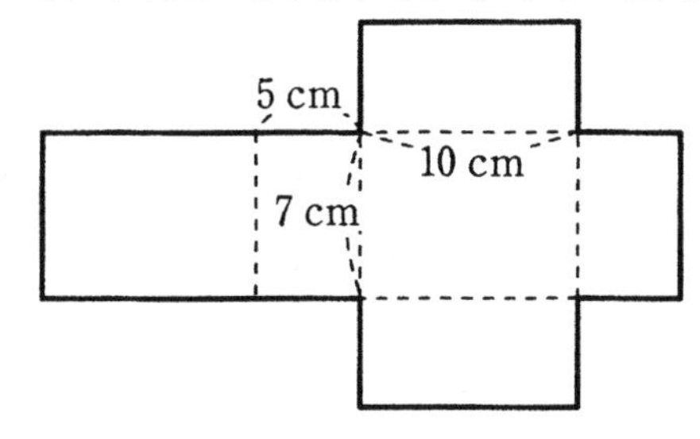

①　展開図を組み立ててできる直方体の表面積を求めなさい。

②　展開図を組み立ててできる直方体の体積を求めなさい。

(10)　104 ÷ 333 を計算したときの小数第 22 位はいくつになるか求めなさい。

(11)　下の図で太線になっている部分の長さがもっとも長いものを選び，記号で答えなさい。
ただし，方眼はすべて同じ大きさとする。

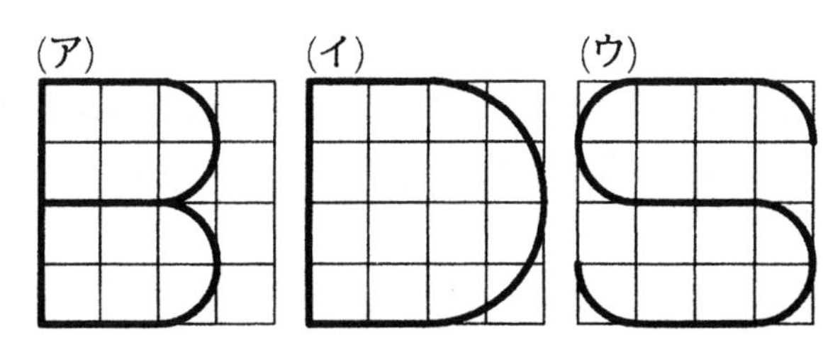

(12)　家から学校まで 750 m はなれています。姉は分速 70 m で家から学校に向かって，
妹は分速 55 m で学校から家に向かって同時に歩き出すと，2 人がすれちがうのは，
出発してから何分後になるか求めなさい。

(13)　車で家から図書館までの距離を往復しました。行きは時速 40 km で移動し，帰りは時速 60 km で移動しました。往復の平均の速さは時速何 km になるか求めなさい。

(14)　静水時の速さが時速 16 km の船があります。 この船が，ある川の上流と下流の 2 地点を往復するのに，行きは 3 時間，帰りは 5 時間かかりました。この川の流れの速さは時速何 km になるか求めなさい。

(15)　りんごは 1 個 250 円で，みかんは 1 個 120 円で売っているお店で，りんごとみかんを合計 15 個買うと，合計金額は 2970 円でした。りんごとみかんをそれぞれいくつ買ったか求めなさい。

(16)　ある商品に，仕入れ値の 3 割の利益を見込んで定価をつけました。しかし，あまり売れなかったので，定価の 1 割引きにして売ることにしました。そのときの売値が 1170 円でした。このときの仕入れ値を求めなさい。

(17)　はなこさんは，ある宿題を終えるのに 6 日かかります。ふじこさんは，その宿題を終えるのに 12 日かかります。2 人がその宿題を協力して取り組むと，宿題を終えるには何日かかるか答えなさい。

(18)　長イスに生徒が 4 人ずつ座ると長イスが 5 脚足りず，6 人ずつ座ると 2 人分の席が余ります。長イスは全部で何脚必要か答えなさい。

(19)　遊園地の入口に入場開始時刻に 100 人の行列ができています。その後も毎分 8 人の割合で行列に加わる人がいるとき，毎分 18 人ずつ入場させると，行列は何分でなくなるか求めなさい。

〔問題２〕――線①「食べるということに関連する動作が、自然と表に出てくるのです」とありますが、その理由を本文中から三十二字で抜き出して答えなさい。ただし、、や。や「などの記号はそれぞれ一字として数えなさい。

〔問題３〕――線②「ＡＩには10個の弱点」があるとありますが、どのような弱点があると考えられますか。本文の内容をふまえて自分で一つ考え、その弱点と、そのように考えた理由を書きなさい。

〔問題４〕あなたは、「子どもと大人の違い」とはどのようなところだと思いますか。違いを一つ挙げ、そのように考える理由を解答欄に書きなさい。

〈条件〉（１）理由は、文章で書いても、箇条書きでもかまいません。ただし、箇条書きの場合は「・」を書いてから書き始めること。

（２）解答欄には縦書きで書くこと。

※未曾有…今まで起こったことの無いこと。とてもめずらしいこと。
※コミットメント…責任を持つ、約束をすること。
※ザッピング…テレビのチャンネルをひんぱんに変えること。そこから、「切りかえる」という意味で用いられている。
※マニュアル…必要な手順や方法を記した文書。
※類推…似ている点をもとにして、他を推測すること。

〔問題1〕次の図は本文の要点をまとめたものです。［ア］〜［ウ］にあてはまる漢字二字の語をそれぞれ本文中からぬき出しなさい。

哲学：二千数百年の歴史があるが「新しい［ア］」でもある。
・日々進化している
・思考法として見直されつつある

【なぜ見直されつつあるのか】
◎誰でもできる［ア］であるから。
◎人類が［イ］の問題に直面するたび、哲学は期待に応えて、常に［ウ］な答えを出してきたから。
←
・宗教が支配する世界において人間はどう生きればいいのか
・王が支配する世界においてどのような社会が理想なのか
・インターネット社会をどう生きるか

これらの弱点は、哲学するうえで不可欠の要素と言っても過言ではありません。現に私たちは何かひとつ簡単な質問を受けただけでも、常識に照らし合わせたり、自分ならどうしたいか考えたり、過去の経験に結びつけたり、それによって喜怒哀楽を感じたり、さまざまな想像をしたりするものです。

しかも、これらを同時に、かつ瞬時に行ないます。それが計算という名の機械の思考とはまったく異なる、人間の「思考」なのです。だとするならば、ＡＩは人間のように哲学することはできません。

では、ＡＩなりに哲学できるか?

もちろん、ＡＩは高度な思考ができます。でも、それは哲学とは呼べません。なぜなら、哲学とはもともと人間に備わった能力をフルに生かして行なう営みとして定義され構築されてきたものだからです。単なる記号の論理操作とは異なります。仮に、表面上似たようなことをしたとしても、それは哲学ではありません。

「中国語の部屋」という思考実験があります。中国語をまったくわからない人を部屋に入れ、小さな窓から中国語で質問の書かれた紙を入れます。部屋のなかにいる人には1冊のマニュアル※だけ渡しておき、それに従(したが)って、答えを書いてもらいます。マニュアルにはこの文字に対しては、こう答えるということしか書かれていません。ですから、中国語を理解せずとも、まるで記号を操作するゲームのように回答が可能です。しかし、回答を見た外の人たちは、あたかも中国語を理解する人がなかにいるようにしか思えない。

これは、アナロジー※(類推)です。コンピューターは意味を理解していなくても、表面的にはいくらでも回答可能です。しかし、その回答を生み出すために行なわれた営みを「哲学」と呼ぶことはできません。それはあくまで「哲学もどき」にすぎません。

ＡＩには「哲学」はできない。そして、ＡＩにはできない哲学こそ、人間の最大の武器になる。これが私の結論です。

(小川仁志『ＡＩに勝てるのは哲学だけだ』)

※哲学…人生や世界、宇宙の本質を論理的な思考や原理によって解明しようとする学問。
※ポテンシャル…将来の可能性や内に秘めた能力。

哲学とは人間の全人格的営みだからです。これは、長年哲学をしてきた私の経験からも言えることです。

　哲学をしてきた経験とは、けっして哲学研究の経験のことではありません。哲学実践の経験です。とりわけ、「哲学カフェ」の経験が大きく影響しています。哲学カフェとは、市民が街の集会所やカフェなどに集まり、その日のテーマを決めて、対象となる事柄の本質についてみんなでじっくり考え、言語化していくものです。

　まさに哲学をする場、つまり哲学の実践の場です。研究以外の実践する哲学のことを、哲学プラクティスと言いますが（そういう名称の学会もあります）、哲学カフェ以外にも、小中学校での哲学教育や哲学カウンセリングなども含まれます。

　私はこうした活動を長年続けています。そこでは頭をフル回転させるのはもちろんのこと、全経験を総動員させる必要があります。何しろ思考のライブみたいなものですから。私の場合、ファシリテーター（進行役）を務めているのでなおさらなのですが、一般参加者もまた全身を使い、全経験を絞り出すようにして思考をしています。

　それは、哲学という営みがそこまでの※コミットメントを求めるものだからです。たとえば、「食べるとはどういうことか？」というテーマで哲学カフェをした時のこと。手を口に持っていったり、口をもぐもぐさせてみたりする人がいました。これは言いたいことを引き出すために、全身であがいている証拠です。①食べるということに関連する動作が、自然と表に出てくるのです。

　木や石のようにじっとしていても、脳は動きません。それは人間が身体を持った生きもので、頭（脳）と身体がつながっているからでしょう。ジェスチャーは脳の叫びなのです。逆に、ジェスチャーが脳を刺激することもあります。

　また、私が問いを投げかけるごとに、誰もが自分の経験を一気に※ザッピングして、それを元に、思考を組み立てている様子がうかがえました。「生命維持以外に何かを食べる時とは？」という質問に対しては、全員が何かを思い出すようなそぶりをしたあと、さまざまな経験を語ってくれました。

　古代ギリシアの時代から、人間はこうして哲学をしてきたのです。このような全人格的思考を「哲学」と呼んだのです。全身を使って、全経験を総動員して。

　②ＡＩには10個の弱点があることを指摘しました。この弱点はすべて人間にできることです。言わば人間はＡＩの弱点をすべて使って哲学しているのです。

二　次の【1】【2】の文章を読んで、後の問いに答えなさい。（一部問題の都合により省略、または変更しているところがあります。）

【1】

※哲学（てつがく）は二千数百年の歴史を持っていますが、実は新しい学問でもあります。これにはふたつの意味があります。ひとつは、哲学もまた日々進化していること。もうひとつは、哲学が思考法として見直されつつあることです。

ひとつ目の哲学の進化についてですが、これぞ哲学の※ポテンシャルです。哲学とは何か？　一言で言えば、深く考えることにすぎません。コンピューターを用いないといけないような複雑な計算もなければ、希少（きしょう）な薬品を使って実験する必要もありません。頭さえあれば誰（だれ）にでもできる学問です。

にもかかわらず、その学問が重宝され、最盛期を迎（むか）えた近代はもちろんのこと、現代においてもなお必要とされている。現にＡＩの登場により、哲学に大きな期待がかけられています。いったいなぜでしょうか？

それは、これまでも哲学はそうした期待に応えてきたからです。人類が未知の問題に直面するたびに、哲学は必ず答えを出してきました。たとえば、宗教が支配する世界において人間はどう生きればいいのか。王が支配する世界においてどのような社会が理想なのか。最近では、インターネット社会をどう生きるか。これらの難問に対して、哲学は常に明確な答えを出してきたのです。

だから、ＡＩの登場という※未曽有（みぞう）の問題に直面し、うろたえる人類が哲学に期待をかけるのも無理はありません。「はじめに」で断言した、最古の学問が最先端（さいせんたん）の技術に勝つとはそういう意味です。

誰でもできそうな学問なのに、すごい答えを出す。いや、誰でもできる学問だからこそ、すごい答えが出るのかもしれません。層（そう）が厚いのです。つまり、みなさんにもできるということです。ＡＩ時代をどう生きるか。哲学さえ身につければ、みなさん自身がその答えを自ら導き出すことができるのです。

【2】

哲学は人間にとって最強の思考であり、人間を人間たらしめている知と言ってもいい。その理由を一言で言えば、そもそも

〔問題1〕――線「それぞれの文化社会の中ではぐくまれた知識や感受性が、対象やそのことば自体に影響を与える」とほぼ同じ意味の部分を四十字以内で探し、最初と最後の五字をぬき出しなさい。

〔問題2〕次のことばについて、あなたがことばのイメージにふさわしいと思うものをア～エの中から一つ選び、記号で答えなさい。また、その理由を考えて書きなさい。

「はかない」

ア　トンボ　　イ　蜂（はち）　　ウ　蝶（ちょう）　　エ　蚊（か）

〔問題3〕次に挙げる動物の中から一つ選び、その動物に対して「プラスのイメージ」、「マイナスのイメージ」のどちらを持つか、あなたの経験をふまえて百八十字以上二百字以内で具体的に説明しなさい。ただし、書き出しの空欄はいりません。また、、や。や「などの記号はそれぞれ一字として数えなさい。

へび	ぞう	ねずみ	ねこ	うさぎ

やさしい愛すべき動物として描かれる。おとぎ話で金太郎の相撲の相手をする熊も例外ではない。
一方、「狼」ということばはその反対だ。グリム童話の『赤ずきん』をはじめとする物語やおとぎ話などで残忍な動物として描かれているため、多くの人はその語自体にも、とかく残忍な存在を意識してしまう。いずれも長い伝統として文化的に形成された固定観念がことばに反映した語感である。
日本文化では「蛍」という語は「蝉」以上にはかなさを感じさせる。「桜」ということばも、はなやかさの奥に、花期の短さから潔さを感じさせ、開花の時期から時に新しい旅立ちの象徴ともなる。
しかしこうした文化的伝統の中で醸成された語感というものは、当然、文化が違えば違ってくる。それだけに実際にその語を使うときには注意を要する。ヨーロッパでは「ふくろう」にいいイメージをもち、ナルシシストの連想から「水仙」にあまりいいイメージをもたないように、外国人に対してはこちらの意図と異なる印象を与えてしまう場合もある。
一方、同一民族で各世代による違いが大きい。「のらくろ」「サザエさん」「鉄腕アトム」「ドラえもん」と時代を彩る国民的漫画も変遷する。日本に生まれ育ってまさか『桃太郎』を知らない人はいないだろうが、酒呑童子や金太郎となるとどこまで通じるか、いささか不安になる。神武天皇の道案内をしたという熊野※の八咫烏の神話を知らない人には、烏はゴミをあさるずる賢い印象しかない可能性もあり、それが「からす」という語の印象にも反映する。

(中村明　『語感トレーニング―日本語のセンスをみがく55題』)

※芭蕉…俳人である松尾芭蕉のこと。
※神通力…超人的な能力。
※寓話…比喩によって教訓的な内容を描いた物語のこと。
※熊野の八咫烏の神話…日本を統一した神武天皇が戦のため東へ向かう時に、八咫烏が先導をしたことから、導きの神といわれている。

2024年度 藤村女子中学校

【国語】〈特待生入試〉（五〇分）〈満点：一〇〇点〉

一　次の文章を読んで、後の問いに答えなさい。（一部問題の都合により省略、または変更しているところがあります。）

　表現対象そのものが本来そなえている特徴や性格だけではなく、それぞれの文化社会の中ではぐくまれた知識や感受性が、対象やそのことば自体に影響を与える場合もある。

　「烏」は古来、日本では熊野の神の使いであった。「からすなぜなくの」で始まる童謡には、烏の子煩悩な姿が描かれている。種まくごんべえのライバルではあるが、親しみをこめて「烏勘左衛門」と人間扱いすることもある。「枯枝に烏のとまりけり秋の暮」という※芭蕉の句には水墨画の趣がある。このように例外的なプラスのイメージもあるが、肉食のこの黒い鳥は死体に群がる習性があったからか、昔からその鳴き声は不吉とされ、「からす」ということばに不吉な感じを抱く傾向がある。

　「狐」もお稲荷さまの使いで特に白狐は※神通力をもつとされたが、一般に※寓話や物語の中で古来あまり好意的に扱われてこなかった。「狐が憑く」は明らかにマイナスイメージだ。「狐と狸の化かし合い」でも、漫画などで丸顔に描かれる狸が愛嬌があって憎めない感じなのに対し、狐はとがった顔に描かれ、いかにもずるそうに見える。日本ではそういう思い込みが影響して、「きつね」ということばも何となく好感がもてない雰囲気となる。

　三日飼うと一生恩を忘れないといわれる犬は、『桃太郎』にも忠実な動物として登場する。『猿蟹合戦』では猿が悪賢い役を演ずる。鳥の姿に見えながら実は哺乳類であり、また夜行性でもあるこうもりは、そのために不信感を抱かれる。長い間のそういう扱いが「犬」や「猿」や「こうもり」といったことばのイメージにも反映する。

　人間社会の論理では、飛び道具である鉄砲を使ってしとめる狩人より、素手で立ち向かう熊のほうが凶暴だということになっているが、漫画の『こぐまのコロスケ』やミルンの童話『くまのプーさん』など、物語の世界に出てくる熊は、ちゃめで心

2024年度

藤村女子中学校 ▶解説と解答

算 数 ＜特待生入試＞（50分）＜満点：100点＞

解 答

1 (1) 45 (2) 100 (3) 30 (4) 6 (5) 20 2 (1) $\frac{3}{4}$，$\frac{5}{8}$，$\frac{1}{2}$ (2) ア 1 イ 8 ウ 26 (3) 165g (4) 19秒 (5) **姉**…24個 **妹**…18個 (6) 14個 (7) 32L (8) $56cm^2$ (9) ① $310cm^2$ ② $350cm^3$ (10) 3 (11) （ア） (12) 6分後 (13) 時速48km (14) 時速4km (15) **りんご**…9個 **みかん**…6個 (16) 1000円 (17) 4日 (18) 11脚 (19) 10分

解 説

1 四則計算，計算のくふう

(1) $35-14+3\times8=35-14+24=21+24=45$

(2) $5+7+9+11+14+16+18+20=(5+20)+(7+18)+(9+16)+(11+14)=25\times4=100$

(3) $56-\{(7+6)\times2\}=56-(13\times2)=56-26=30$

(4) $72\times\frac{1}{8}-\frac{8}{3}\times\frac{9}{8}=9-3=6$

(5) $24\times30-24\times\square=240$より，$720-24\times\square=240$，$24\times\square=720-240=480$ よって，$\square=480\div24=20$

2 分数の大小，時間，割合，通過算，割合と比，平均，面積，体積・表面積，周期算，長さ，旅人算，速さと比，流水算，つるかめ算，売買損益，仕事算，過不足算，ニュートン算

(1) $\frac{1}{2}=\frac{4}{8}$，$\frac{3}{4}=\frac{6}{8}$より，大きい順に並べると，$\frac{3}{4}$，$\frac{5}{8}$，$\frac{1}{2}$となる。

(2) 9時41分18秒を9時40分78秒として，9時40分78秒から8時32分52秒をひくと，78－52＝26(秒)，40－32＝8(分)，9－8＝1(時間)より，9時41分18秒は8時32分52秒から，1時間8分26秒進んだ時間である。

(3) 150gより10％増えた量は，150×(1＋0.1)＝150×1.1＝165(g)である。

(4) この列車の先端がトンネルに入り始めてから，列車の最後尾がトンネルを抜ける間に，この列車が進む距離は，420＋150＝570(m)なので，かかった時間は，570÷30＝19(秒)である。

(5) 42個のみかんを4：3に分けるので，姉のみかんの個数は，42÷(4＋3)×4＝24(個)となる。また，妹のみかんの個数は，42－24＝18(個)である。

(6) 2人の持っているあめは全部で，13＋41＝54(個)あるので，同じ個数にするには，それぞれが持っている個数を，54÷2＝27(個)にすればよい。よって，たろうさんがはなこさんに，41－27＝14(個)あげればよい。

(7) 1Lのガソリンで12km走る自動車が384km走るためには，384÷12＝32(L)必要である。

(8) 色をつけていない部分を，それぞれ正方形の端に移動させて考えると，色をつけた部分は，たてが，9－1＝8(cm)，横が，9－2＝7(cm)の長方形の面積と等しくなるので，面積は，8×

7＝56(cm^2)となる。

⑼ ① この直方体の面は，たて7cm，横10cmの面が2つ，たて7cm，横5cmの面が2つ，たて5cm，横10cmの面が2つあるので，表面積は，7×10×2＋7×5×2＋5×10×2＝140＋70＋100＝310(cm^2)となる。

② 展開図を組み立ててできる直方体は，たて7cm，横10cm，高さ5cmなので，体積は，7×10×5＝350(cm^3)となる。

⑽ 104÷333＝0.312312…というように，小数点以下は3，1，2の3つの数字がくり返し続くので，3，1，2を1つのまとまりとすると，小数第22位の数字は，22÷3＝7あまり1より，8番目のまとまりの1番目の数になるから，3である。

⑾ 方眼のたて横の長さを1cmとすると，(ア)の太線の長さは，1×10＋2×3.14÷4×4＝10＋6.28＝16.28(cm)，(イ)の太線の長さは，1×8＋4×3.14÷4×2＝8＋6.28＝14.28(cm)，(ウ)の太線の長さは，1×6＋2×3.14÷4×6＝6＋9.42＝15.42(cm)となる。よって，太線になっている部分の長さがもっとも長いのは(ア)である。

⑿ 2人は1分ごとに，70＋55＝125(m)ずつ近づくので，2人がすれちがうのは出発してから，750÷125＝6(分後)となる。

⒀ 家から図書館までの距離を1とすると，行きにかかった時間は，$1\div40=\frac{1}{40}$(時間)，帰りにかかった時間は，$1\div60=\frac{1}{60}$(時間)である。往復の距離は2になるので，往復の平均の速さは，$2\div\left(\frac{1}{40}+\frac{1}{60}\right)=2\div\left(\frac{3}{120}+\frac{2}{120}\right)=2\div\frac{5}{120}=2\times\frac{120}{5}=2\times24=48$より，時速48kmである。

⒁ 行きの速さと帰りの速さは5：3となる。静水時の速さ，行きの速さ，帰りの速さの関係を線分図に表すと右の図のようになる。行きの速さと帰りの速さの差は，川の流れの速さの2倍となるから，(5－3)÷2＝1より，川の流れの速さの比は1となる。静水時の速さの時速16kmが，比の，5－1＝4にあたるので，川の流れの速さは，時速，16÷4×1＝4(km)と求まる。

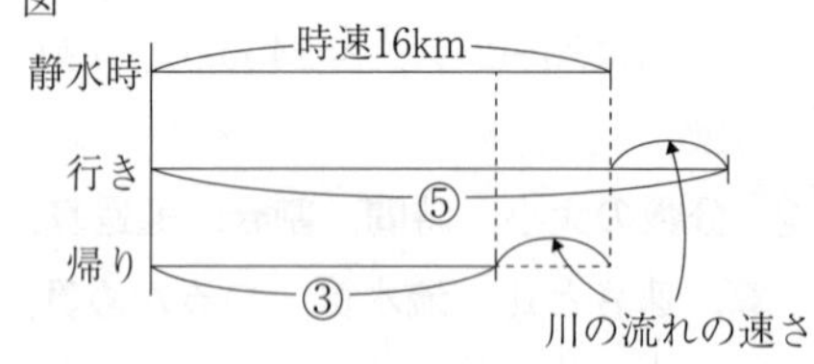

⒂ 15個すべてみかんを買ったとすると，120×15＝1800(円)である。みかんをりんごに1個かえるごとに，合計金額は，250－120＝130(円)ずつ増える。よって，りんごの個数は，(2970－1800)÷130＝9(個)で，みかんの個数は，15－9＝6(個)となる。

⒃ 定価を1割引きした値段が1170円なので，定価は，1170÷(1－0.1)＝1300(円)である。よって，仕入れ値は，1300÷(1＋0.3)＝1000(円)と求まる。

⒄ 宿題全体の量を1とすると，はなこさんが1日に行う宿題の量は，$1\div6=\frac{1}{6}$，ふじこさんが1日に行う宿題の量は，$1\div12=\frac{1}{12}$である。よって，2人で宿題を行うと，$1\div\left(\frac{1}{6}+\frac{1}{12}\right)=1\div\frac{3}{12}=1\div\frac{1}{4}=4$(日)かかる。

⒅ 4人ずつ座ったときは長イスが5脚足りないので，このとき足りないのは，4×5＝20(人分)の席である。6人ずつ座ったときは2人分の席が余るので，4人ずつ座ったときと6人ずつ座ったときの席の数の差は，20＋2＝22(席)となる。6人ずつ座ったときは4人ずつ座ったときより，1つの長イスあたり，6－4＝2(席)増えるので，長イスは，22÷2＝11(脚)あることがわかる。

(19)　毎分8人ずつ加わり，毎分18人ずつ入場させるので，行列に並んでいる人数は毎分，18－8＝10(人)ずつ減っていく。入場開始時に100人の行列ができているので，100÷10＝10(分)で行列がなくなる。

国　語　＜特待生入試＞（50分）＜満点：100点＞

解　答

一　**問題1**　文化的伝統～違ってくる　**問題2**　**記号**　（例）　ウ　**理由**　（例）　食べ物を探すために繊細な羽を使ってとびまわっているから。　**問題3**　（例）　私は，ねこについてプラスのイメージを持っている。私の家ではねこを飼っていないが，友だちの家ではねこを飼っていて，家に遊びに行くときに時々ねこを見かける。部屋で寝そべっていることが多いので，勝手気ままだと思っていたが，あるときねこがねずみをくわえていて，とても驚いた。友だちに聞いたら，ねずみの他に虫もよく捕まえてくると言っていた。それからはねこが家を守っているように思え，プラスのイメージに変わった。　**二**　**問題1**　**ア**　学問　**イ**　未知　**ウ**　明確　**問題2**　人間が身体を持った生きもので，頭(脳)と身体がつながっているから　**問題3**　**弱点**　（例）　あいまいさがわからない。　**理由**　（例）　人間ならあいまいな内容でも身ぶりや周りの状況などをまとめて正しい内容を推測することができるが，AIでは正しい内容を推測することができないと考えられるから。　**問題4**　**違い**　（例）　自分の興味のあることについて，すぐ行動に移すかどうか。　**理由**　（例）　子どものころは，自分が興味のあることについて，すぐ行動に移すことがあるが，大人になると，その行動によってどのような結果が起こりそうか，その結果に対して自分自身が責任を負えるのかどうかまでを判断した上で，慎重に行動しているように見えるから。

解　説

一　**出典：中村明（なかむらあきら）『語幹トレーニング――日本語のセンスをみがく55題』**。それぞれの文化的伝統の中で語感が醸成（じょうせい）されてきたことから，文化が異なる社会においては，ことばに対して異なる印象を与（あた）えてしまうことがあることを説明している。

問題1　ぼう線の内容を単純化すると，「知識や感受性が対象やことばに影響（えいきょう）を与える」である。この「知識や感受性」は「それぞれの文化社会の中ではぐくまれた」ものであるので，文化社会が異なれば「知識や感受性」が異なり，「対象やそのことば」にそれぞれ違（ちが）った影響を与えるということになる。つまり，文化が異なることがことばに影響するという意味の部分を見つければよい。「文化的伝統の中で醸成された語感というものは，当然，文化が違えば違ってくる」という部分がほぼ同じ意味になり，字数も三十六字で適している。

問題2　記号は，ア～エのいずれを選んでもかまわないが，選択肢（せんたくし）に対応する理由がしっかり書けていなければならない。選んだそれぞれの生き物について，なぜ「はかない」というイメージにふさわしいと思うのかを，自分の体験や見聞きしたことに基づいて書く。

問題3　動物は，どれを選んでもかまわない。選んだ動物が「プラスのイメージ」と「マイナスのイメージ」のどちらを持つと考えるのかをまずはっきりと書く。そして，選んだ動物に対してそのようなイメージを持つようになったきっかけや，そのイメージの根拠となる自分の知識や経験を書くようにする。ただし，「経験をふまえて」とあるので，きっかけや経験はあまりあっさりと流さずに，できるだけきちんと書かなければならない。

二 **出典：小川仁志『AIに勝てるのは哲学だけだ』**。AI時代をどう生きるかについて，二千数百年の歴史を持つ哲学を土台にして述べている。

問題１　図は本文の要点をまとめたものであり，空欄の前後の表現と同様の表現を本文から見つけ，見比べていくとよい。アは，前に「二千数百年の歴史があるが」「新しい」とあるので，本文の「二千数百年の歴史を持っていますが，実は新しい学問でもあります」と同様であり，「新しい」の直後に書かれた「学問」があてはまることがわかる。アはもう一つあり，その前は「誰でもできる」であるが，本文中には「頭さえあれば誰にでもできる学問です」という部分があるので，やはり「学問」があてはまる。イは，前には「人類が」，後には「の問題に直面する」とあるので，本文の「人類が未知の問題に直面するたびに」と同様であり，「未知」があてはまる。ウは，前には「常に」，後には「な答えを出してきた」とあるので，本文の「常に明確な答えを出してきた」と同様であり，「明確」があてはまる。

問題２　直前に「言いたいことを引き出すために，全身であがいている証拠」とあり，「食べるとはどういうことか？」を考えてその答えを出そうとすると，ただ頭の中で作業するだけではおさまらず，「食べる」につながる動作を，身体を使ってやらずにはいられない状態になるということがわかる。頭の中は身体と切り離されたものではなく，しっかりとつながっているということである。それが書かれている部分は次の段落にある「それは人間が身体を持った生きもので，頭(脳)と身体がつながっているからでしょう」である。理由を問われているので，最後の部分は「から」で終わらせるようにぬき出す範囲を決めていく。

問題３　本文の内容をふまえてとあるので，勝手に考えるのではなく，本文でAIにはできないもの，人間にしかできないもの，というように述べられていたものや，本文からそう推測できるものを書くようにする。「常識がわからない」「計算しかできない」「経験がない」「意志がない」「意味がわからない」「身体がない」「本能がない」「感情がない」「柔軟性がない」「あいまいさがわからない」などが考えられる。

問題４　「子どもと大人の違い」はもちろん年齢がまずあげられるが，それを書いても「理由」は「年齢が小さいのが子どもで，大きいのが大人だから」にしかならない。これは単に子どもと大人の区別を示したものであって，AIが出す解答でしかないのである。この問題は，哲学についての文章を読んだ上で答えるように指示されているものなので，AIが書くようなことを解答することを求められているのではなく，人間として備わった能力をフルに生かして考えなければならない。年齢という区別以外に，どのようなもの(こと)が大人なのか，子どもはどうなのか，自分の知識や体験などを生かし，考えて書くことが求められている。

2024 年度

藤村女子中学校

＊【適性検査Ⅰ】は国語ですので、最後に掲載してあります。

【適性検査Ⅱ】〈適性検査型入試〉(45分)〈満点：100点〉

1 **太郎**さんと**花子**さんが立方体について話をしています。

太　郎：ここに白色の立方体と黒色の立方体があるよ。この立方体を**図１**のように組み合わせて大きな立方体を作ったよ。

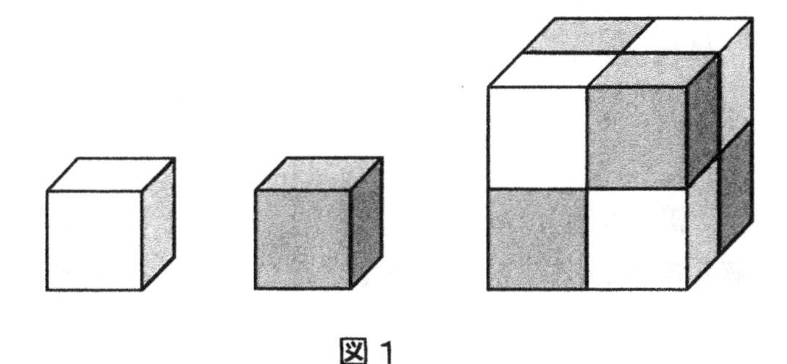

図１

花　子：白色の立方体と黒色の立方体が交互(こうご)に組み合わさっているわね。この立方体をどうするの。

太　郎：**図２**の点線で立方体を切断したとき、切断面の形や模様がどのようになるかわかるかな。

花　子：これだと、どのように切断するのかがわかりにくいわ。

太　郎：わかりやすくなるように、**図３**のような透明(とうめい)な立方体を用意したよ。立方体の頂点を、A、B、C、D、E、F、G、H、それぞれの辺の中点をI、J、K、L、M、N、O、P、Q、R、S、Tとしているよ。

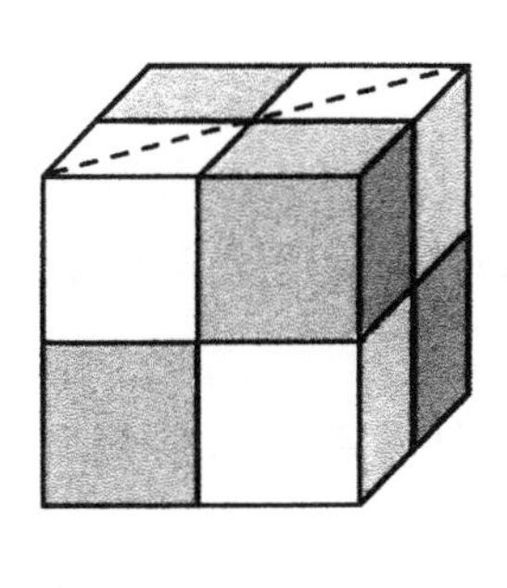

図２

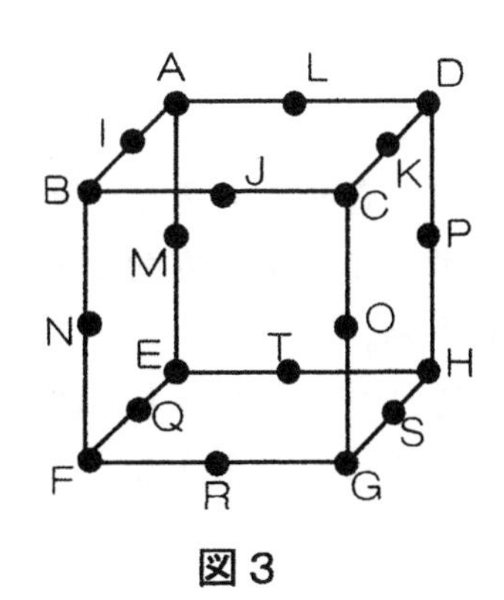

図３

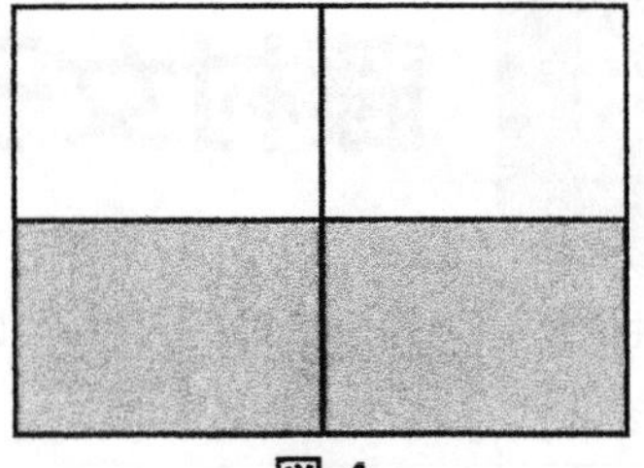
図4

花　子：**図2**のように切断するということは、Ｂ、Ｄ、Ｈ、Ｆの４点を通るように切断するということね。そうすると、切断面は長方形で、模様は**図4**のようになると思うわ。

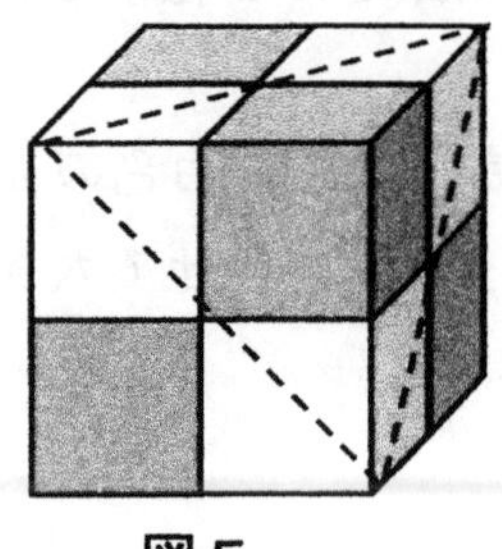
図5

太　郎：正解だよ。じゃあ、**図5**の点線で切断すると、どうなるかな。

花　子：**図3**で考えると、Ｂ、Ｇ、Ｄの３点を通るように切断するということね。切断面の形は正三角形になるわね。模様は、どうなるのかしら。

〔問題１〕　**図5**の点線で切断したとき、切断面の模様を解答用紙の図にかき入れなさい。解答用紙の図は正三角形で、●は各辺の中点です。

太　郎：今度は、１辺が１cmの白色の立方体を**図6**のように積んでいくことを考えるよ。**図6**のように積まれた立体の表面積を計算するときは、どう考えればいいかな。ただし、立体が置かれている面は考えないよ。

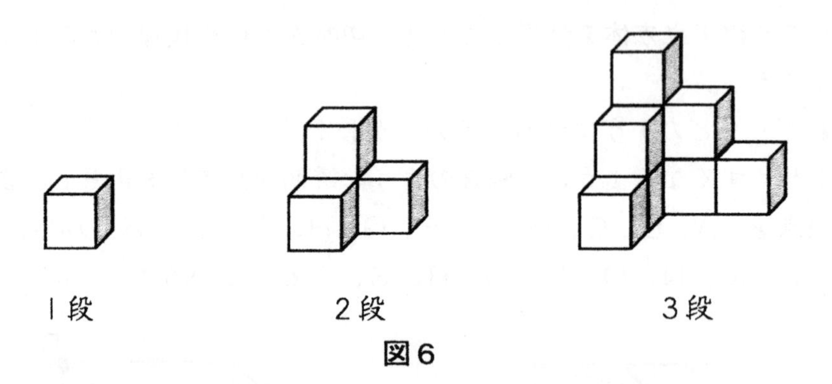

図6

花　子：つまり、底面を考えないということね。真上と前後、左右から見たときの図形を考えて、見た方向ごとに「正方形の面積×見えた面の数」をすればいいと思うわ。

太　郎：その通りだよ。じゃあ、**図6**の積み方で１０段まで積んだときの立体の表面積はいくつになるかな。

〔問題2〕　**図6**の積み方で１０段まで積んだときの立体の表面積が何cm^2かを求めなさい。また、その求め方を言葉や計算式を使って説明しなさい。ただし、底面は考えないものとします。

太　郎：最後は、**図7**のように、１辺が１cmの白色と黒色の立方体を交互に積んでいくよ。２０段目まで積んで、真上から見たときに、見えている黒色の部分の面積を考えてみて。

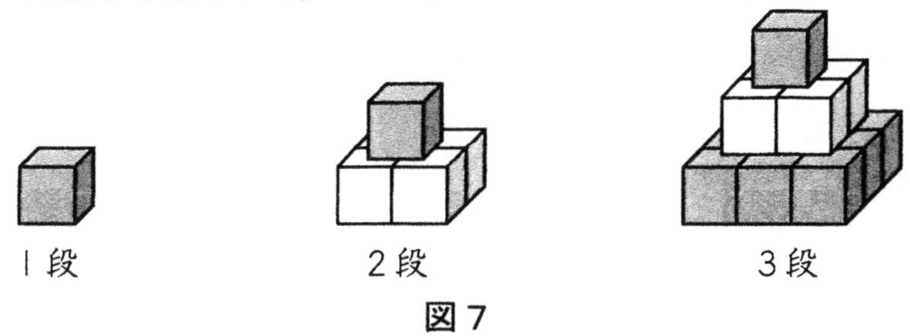

図7

花　子：これまでと同じように考えると、２０段目は白色の立方体で、その個数は２０×２０、１９段目は黒色の立方体で、その個数は１９×１９、１８段目は白色の立方体で、その個数は１８×１８となるから……。計算が大変そうね。

太　郎：**図8**のような真上から見た図形を用いて考えると、実はとても簡単に計算できるんだよ。ためしに、３段目と５段目の面積の差、５段目と７段目の面積の差を考えてみてよ。

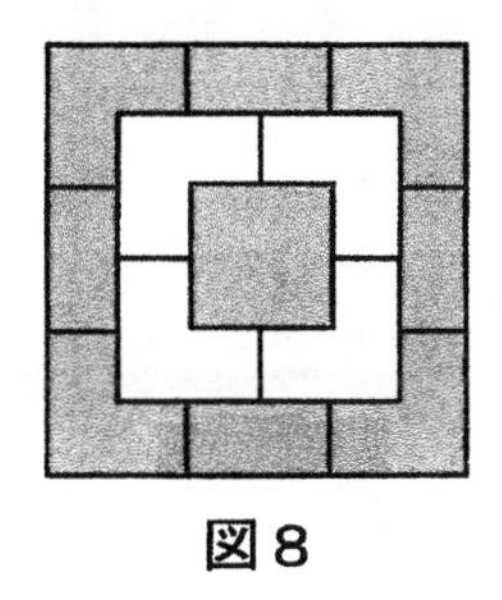

図8

〔問題3〕　２０段目まで積んで、真上から見たときに、見えている黒色の部分の面積が何cm^2かを求めなさい。また、その求め方を言葉や計算式を使って説明しなさい。

2 **太郎**さんと**花子**さんが、日本の貿易について調べています。

花　子：日本の貿易に関する**資料１**を見つけたわ。

太　郎：これは、輸出額と輸入額の移り変わりを表しているんだね。ぼくは、**資料２**を見つけたよ。

花　子：このグラフは何を表しているのかしら。

太　郎：このグラフは、日本の貿易総額の移り変わりを表しているんだ。貿易総額とは、輸出額と輸入額の合計のことだよ。

資料１　日本の輸出額・輸入額の移り変わり

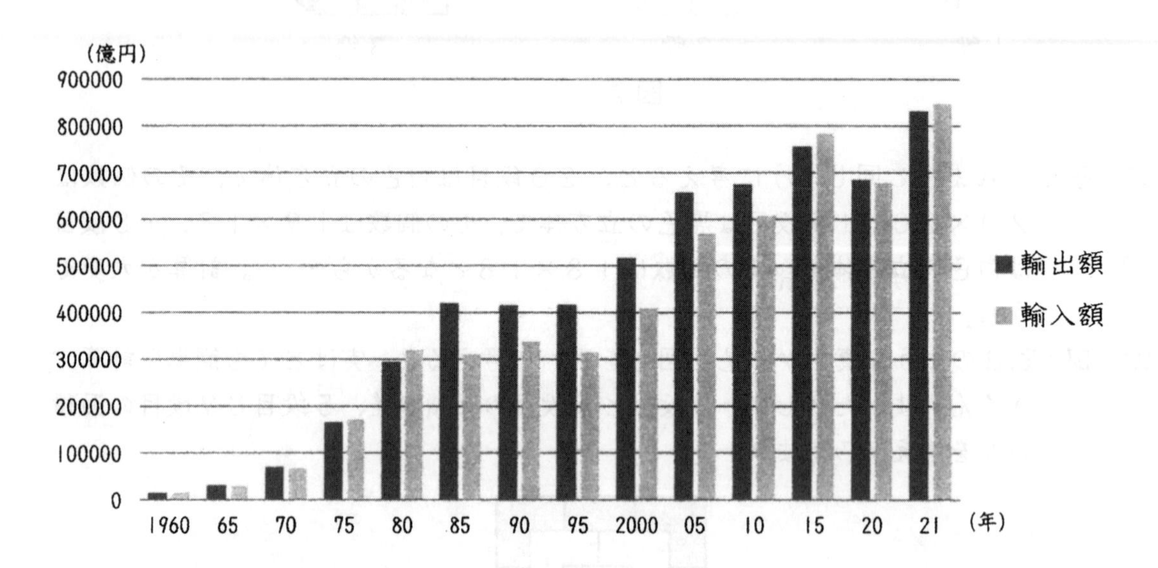

資料２　日本の貿易総額の移り変わり

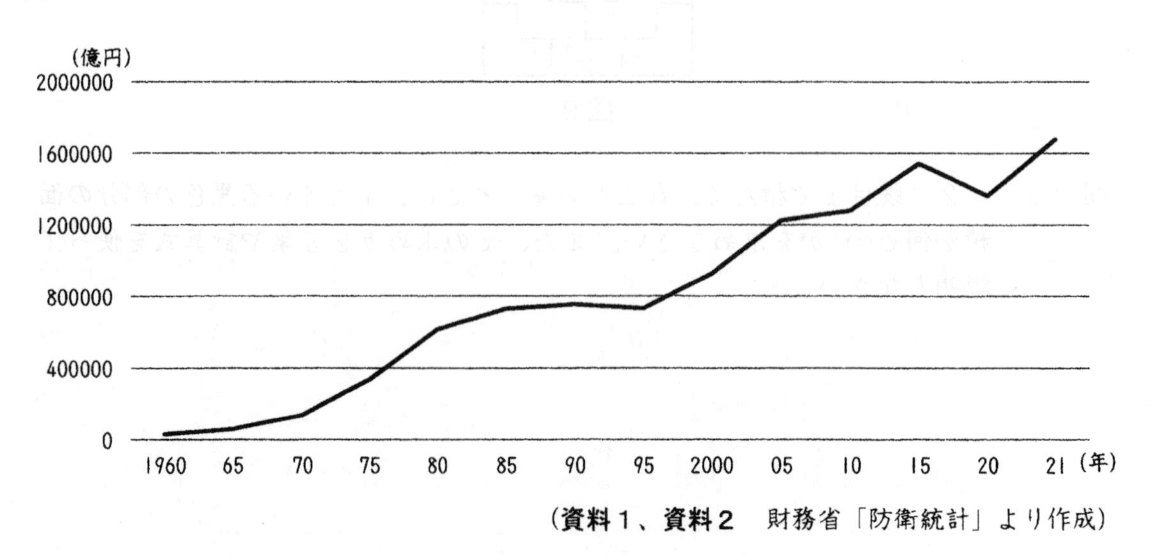

（**資料１**、**資料２**　財務省「防衛統計」より作成）

花　子：輸出額の方が多い年もあれば、輸入額の方が多い年もあるわね。

太　郎：そうだね。輸出額の方が多い状態を貿易黒字、輸入額の方が多い状態を貿易赤字というんだよね。**資料１**を見ると、①１９８５年から２０１５年にかけて輸出額と輸入額のバランスが変化しているね。

花　子：そうね。**資料２**を見ると、１９８５年から１９９５年の１０年間は、貿易総額がほとんど変化していないけど、１９９５年から２００５年にかけて、貿易総額が大きく増えているわね。

太　郎：本当だね。この期間に何があったのかな。

太郎さんと**花子**さんは、日本の貿易について調べた後、**先生**と話をしています。

花　子：１９８５年から１９９５年にかけて、貿易総額がほとんど変化していないにもかかわらず、１９９５年から２００５年にかけて、貿易総額が大きく増えているのですが、何か理由があるのですか。

先　生：おもしろい点に気がつきましたね。では、次の**資料３**を見てみましょう。

資料３　対アメリカ合衆国貿易、対中国貿易の移り変わり

年	アメリカ合衆国		中国	
	輸出（億円）	輸入（億円）	輸出（億円）	輸入（億円）
１９９０	１３０５６６	７５８５９	８８３５	１７２９９
１９９５	１１３３３０	７０７６４	２０６２０	３３８０９
２０００	１５３５５９	７７７８９	３２７４４	５９４１４
２００５	１４８０５５	７０７４３	８８３６９	１１９７５４
２０１０	１０３７４０	５９１１４	１３０８５６	１３４１３０
２０１８	１５４７０２	９０１４９	１５８９７７	１９１９３７
２０１９	１５２５４５	８６４０２	１４６８１９	１８４５３７
２０２０	１２６１０８	７４５３６	１５０８２０	１７５０７７
２０２１	１４８３１４	８９０３１	１７９８４４	２０３７７５

（「日本国勢図会２０２２/２３」をもとに作成）

太　郎：なるほど。②１９９５年から２００５年にかけて、貿易総額が大きく増えた理由がわかりました。

〔問題1〕　下線部①、下線部②のいずれか一つを選んで、**資料1～資料3**を参考にし、変化や理由について答えなさい。

花　子：そういえば、数年前まで、ＴＰＰ(ティピーピー)という言葉をよく聞いたのですが、これは何を表している言葉なのですか。

先　生：ＴＰＰとは、環太平洋経済連携協定(かんたいへいようけいざいれんけいきょうてい)の略で、太平洋を取り囲むいくつかの国々の経済の自由化を目的としたものです。この協定では、貿易の面では自由貿易を目指していて、関税を減らしたり、なくしたりしていくことなどが取り決められています。自由貿易化が進むと、日本の貿易がさらに発展していくという良い面がありますが、問題点もありそうですね。

花　子：そうなのですね。ちなみに、どのような国々が参加しているのですか。

先　生：オーストラリア、カナダ、シンガポール、チリ、日本、ニュージーランド、ブルネイ、ベトナム、ペルー、マレーシア、メキシコの１１か国です。また、２０２３年７月、ＴＰＰへのイギリスの加入に関する議定書が署名されました。

太　郎：関税とは、輸入品にかかる税金のことですよね。

先　生：はい。今まで日本では、米をはじめとしていくつかの輸入品には高い関税をかけていました。

花　子：そもそも何のために関税をかけているのですか。

先　生：日本の税収とする意味もありますが、最も大きな理由は日本の産業を守るためにあります。

太　郎：ちなみに、どのようなものに関税がかかっているのですか。

先　生：例えば、米は約２８０％といわれています。また、関税が時期によって変わるものもあります。バナナは、毎年４月１日から同年９月３０日までに輸入される場合は４０％、毎年１０月１日から翌年３月３１日までに輸入される場合は５０％です。

花　子：なぜ、時期によって関税率が変わるのですか。

先　生：このような仕組みになっている理由については、関税をかける理由を考えるとわかると思います。

〔問題2〕　自由貿易化が進むと、国内産業において、どのような問題が起こると考えられるか答えなさい。また、バナナの関税率が、時期によって変わる仕組みになっている理由を答えなさい。

3 **太郎**さんと**花子**さん、**先生**が電磁石について話をしています。

先　生：では、電磁石に関する実験を行いましょう。**図1**のように、中に鉄くぎが入ったストローに導線を巻いてコイルをつくり、次のような実験を行いましょう。

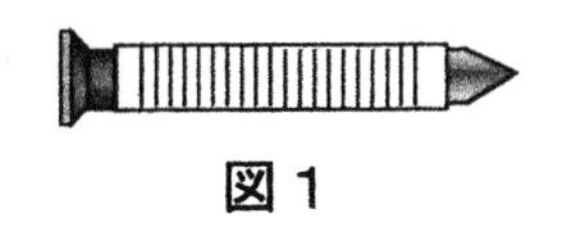

図1

二人は、次のような**実験1**を行いました。

実験1

手順1　コイルと新しい乾（かん）電池を**図2**のようにつなぎ回路を組む。

手順2　クリップの入った容器の中にコイルを入れて、ゆっくり回して引き上げる。

手順3　コイルにつり下げられたクリップの数を数える。

手順4　コイルの巻き数、電流の強さ、導線の太さを変えて、手順1～手順3をくり返し行う。

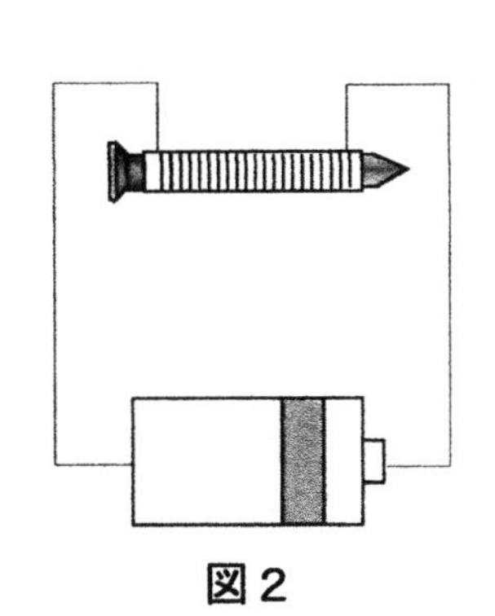

図2

実験1の記録は、**表1**のようになりました。

表1　実験1の記録

コイルの巻き数（回）	50	100	100
電流の強さ	直列に1個	直列に1個	直列に2個
導線の直径（mm）	1	1	2
クリップの数（個）	1	3	8

コイルの巻き数（回）	200	200
電流の強さ	直列に2個	直列に2個
導線の直径（mm）	1	2
クリップの数（個）	13	19

花　子：引き上げられたクリップの数が多いほど、強い電磁石だということですね。

先　生：はい。その通りです。

太　郎：ただ、この結果だけでは、コイルの巻き数、電流の強さ、導線の太さの中で、電磁石の強さとの関係がわからないものがありますね。

〔問題１〕（１）　太郎さんは、「この結果だけでは、コイルの巻き数、電流の強さ、導線の太さの中で、電磁石の強さとの関係がわからないものがありますね。」と言いました。電磁石の強さとの関係がわからないものを一つ選び、答えなさい。

（２）　（１）で選んだものがなぜわからないのか、その理由を答えなさい。

先　生：では、電磁石を使った別の実験を行いましょう。

二人は、次のような**実験２**を行いました。

実験２

手順１　**図３**のようにばねに鉄製のおもりをつるし、おもりの重さを変えて、重さとばねののびとの関係を調べる。

手順２　調べた結果をグラフにまとめる。

手順３　同じばねを使い、電磁石の鉄くぎをばねにつるした鉄製のおもりにつけ、鉄くぎを引き下げて鉄くぎがおもりからはなれるときのばねののびを調べる。

手順４　コイルの巻き数を変え、巻き数とばねののびの関係を調べる。

手順５　調べた結果をグラフにまとめる。

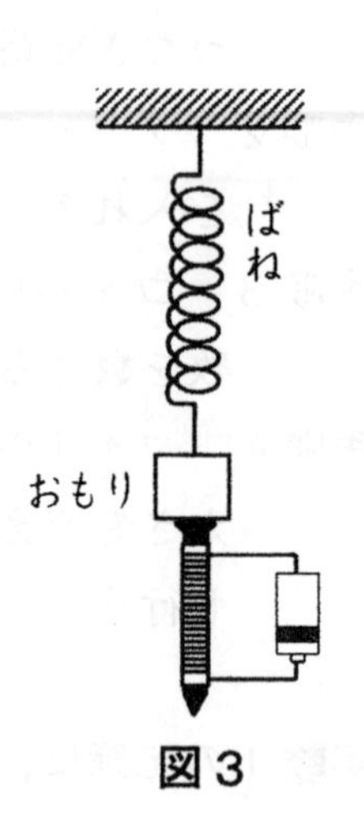

図３

実験２の記録は、**グラフ１**、**グラフ２**のようになりました。

グラフ１　おもりの重さとばねののび

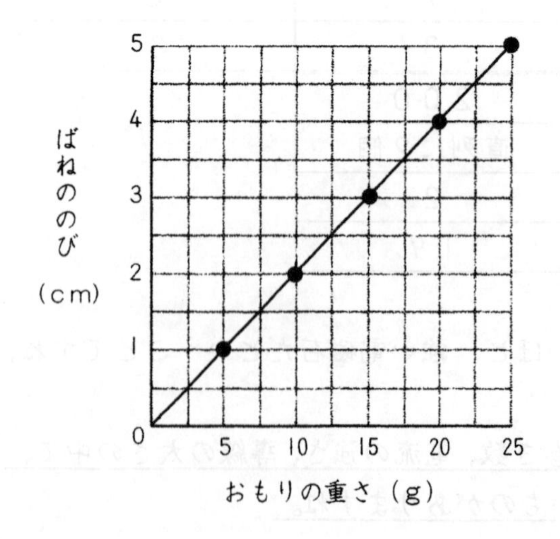

グラフ２　コイルの巻き数とばねののび

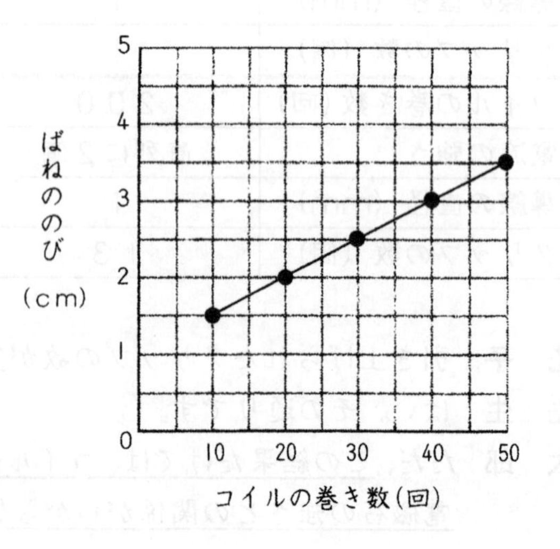

太　郎：コイルの巻き数が増えると、おもりを引き下げる力が強くなるから、ばねがのびるのですね。

先　生：はい。

花　子：ところで、身の回りで電磁石が利用されているものなどはあるのでしょうか。

先　生：ありますよ。例えば、工場でよく見かけられる**図４**のようなクレーンにも利用されています。

太　郎：このクレーンは鉄くずをつり下げていますね。でも、なぜ電磁石を使っているのですか。

図４

〔問題２〕（１）　コイルの巻き数が３０回の電磁石が引く力は何ｇのおもりの重さに等しくなるかを求めなさい。また、その求め方を言葉や計算式を使って説明しなさい。

（２）　太郎さんは、「なぜ電磁石を使っているのですか。」と言っています。**図４**のようなクレーンで電磁石を使っている理由を答えなさい。

〔詩2〕

ある日ある時　黒田三郎（くろださぶろう）

秋の空が青く美しいという
ただそれだけで
何かしらいいことがありそうな気のする
そんなときはないか
空高く噴（ふ）き上げては
むなしく地に落ちる噴水（ふんすい）の水も
わびしく梢（こずえ）をはなれる一枚の落葉さえ
何かしら喜びに満ちているように見える
そんなときが

〔問題1〕〔詩1〕・〔詩2〕からは、作者のどのようなメッセージが伝わってきますか。それぞれ二十五字以内にまとめて説明しなさい。

〔問題2〕比ゆを使うと、どのような効果を生むのですか。〔文章〕中のことばを使って七十字以内にまとめて説明しなさい。

〔問題3〕あなたが「何かしらいいことがありそうな気のする」、「何かしら喜びに満ちているように見える」と感じるのは、どんなときですか。具体的な例を挙げ、そのときのあなたの気持ちを三百六十字以上四百字以内で説明しなさい。

〈きまり〉
○題名は書きません。
○最初の行から書き始めます。
○段落を設けず、一ますめから書きなさい。
○、や。や」などもそれぞれ字数に数えます。これらの記号が行の先頭に来るときには、前の行の最後の字と同じますめに書きます。
○。と」が続く場合には、同じますめに書きます。この場合、。」で一字と数えます。

としているために、長くわたしたちの印象に残ることとなったとわたしは思います。反対に取り合わせのよいもの、美しく調和するものの比ゆに「天目に竹窓」ということわざがあります。天目は天目茶碗、竹窓は竹の格子のある窓で、両方とも茶室につきものです。茶碗と竹ではやはり遠く離れたものたちです。

せんだって、友人と寿司屋で食事をしていましたら、まだ見習いを卒業したばかりと見える若い板前のひとりが、あるまいことか包丁で指を切ってしまいました。すると友人がすかさず、

「これがほんとの出血サービスだ」

と言い、そのとっさの言葉の冴えに感じ入りました。「出血サービス」は比ゆで、出血するような、つまり採算のとれない犠牲を払った——ということなのですが、実際に血が出てしまったので、比ゆから比ゆが削ぎ落とされてしまい、それがかえって新鮮な言葉の迫力になって、わたしを打ったのだろうと思います。

この比ゆを、日常の会話でも効果的に使うと、表現が生きてきます。

「赤ん坊が激しく泣く」というより「赤ん坊が火がついたように泣く」、
「あの人はすごく酒が強い」というより「あの人はうわばみだよ」、
「政治家はうそつきが多い」というより「政治家は二枚舌が多い」、
といったほうが印象の強い表現になります。

アイヌ語に、「アムッアンキアン　ピリカポンペ」という、子どものかわいらしさをたたえる言い方があります。「首飾りにして胸に飾っておきたい、それほどかわいい子どもだ」という意味で、なんというすてきな比ゆであることでしょう。

以上の例でいうと、「火がついたように泣く」のように、「ように」がつく比ゆをシミリ（直ゆ）、「うわばみだ」と、「のよう」を省略した言い方をメタフォア（暗ゆ）と詩作上説明されています。比ゆは詩で古来重要な働きをしてきました。

ところでいつだったか、これもテレビで見たのですが、スポーツ評論家の佐々木信也さんが、こんな話をしていました。

「※フォークボールの投げ方を選手に教えるのに、球をこう握ってこうして投げるんだよと動作で見せるばかりでなく、カーテンのヒモを下へ引っ張るように——という例えで話してやると、印象強く、よりよく伝えることができる」

驚きました。フォークボールを投げるというような肉体的な技術は、その動きをやってみせることが最上の、それ以外にない教え方だと思っていましたが、そこに比ゆが大きな働きをするなんて！　それから、佐々木信也さんはまた、こんなことを言いました。

「主婦にゴルフのスウィングを教えるのに、はじめは背中に赤ちゃんを背負っているつもりで、落としちゃダメですよ。さあ打ったら次の瞬間赤ちゃんを振り落とせ！——と言うといい……」

わたしはゴルフというものをやったことがありません。でも、この説明を聞いてスウィングのこつが分かったような気がしました。比ゆの力です。

（川崎　洋『教科書の詩をよみかえす』一部表記改め）

〔注〕

※ニュアンス…言葉の微妙な意味合い。

※かもし出す…ある気分や感じを、それとなくつくり出す。

※フォークボール…野球で投手（ピッチャー）が投げる変化球の一種。

2024年度

藤村女子中学校

【適性検査Ⅰ】〈適性検査型入試〉（四五分）〈満点：一〇〇点〉

次の〔詩1〕・〔文章〕・〔詩2〕を読み、あとの問題に答えなさい。
（※印の付いている言葉には、本文のあとに〔注〕があります。）

〔詩1〕

紙風船　　黒田三郎

落ちて来たら
今度は
もっと高く
もっともっと高く
何度でも
打ち上げよう

美しい
願いごとのように

〔文章〕

この詩は、作者がある雑誌の依頼で、子どもが紙風船で遊んでいる一枚の写真につけたものだそうです。紙風船は打ち上げてもまたふわりふわりと落ちてきます。宇宙船の船内なら上がったままでしょうが。願いごとも多くの場合、すーっと落ちてきます。

この詩のいのちは、終わりの、

美しい
願いごとのように

というすばらしい〝比ゆ〟にあると言えるでしょう。

作者はこの詩について「風船はどんなに高く打ち上げても、それは地に落ちる」「願いごとの多くはむなしい」という※ニュアンスから、どうしたら抜け出すことができるかに努力したと述べています。この詩を読むと、いつも光さす空を見ていよう、紙風船が落ちてくるのに目をとめるより、何度も打ち上げるそのことに生きる証を見つけよう、というような祈りに似た詩の心が伝わってきて、励ましさえ感じます。

いつだったかテレビの料理番組で、料理の先生が「なるべく（産地が）遠くの味噌をあわせて（まぜて）使うと、おいしい味噌汁ができる」と話しているのを聞いて、言葉も同じだなと思いました。つまり、言葉もなるべく遠いものを比ゆで結ぶと、新鮮なハーモニーを※かもし出します。

「月とスッポン」ということわざがあります。二つのものがあまりに違いすぎる、不相応だという意味ですが、このことわざ自体、月とスッポンという非常に遠いものを結びつけて、「月とスッポンのようだ」

2024年度

藤村女子中学校　▶解　答

適性検査Ⅰ　＜適性検査型入試＞（45分）＜満点：100点＞

解　答

問題１　詩１　（例）　希望に向かって何度でもチャレンジしていこう。　**詩２**　（例）　ふとした瞬間に小さな幸せが感じられるものだ。　**問題２**　（例）　なるべく遠いものを比ゆで結ぶと新鮮なハーモニーをかもし出し，効果的に使うと表現が生きてくる。また，物事をわかりやすく伝えることができる。　**問題３**　（例）　私は，虹を見ることができたとき，何かしらいいことがありそうな気がする。見ようと思ってもなかなか見られるものではないので，偶然目にすることができたときは，何かラッキーなことが起こりそうな予感がして，うきうきした気持ちになる。それまで降っていた雨が上がり，青空に虹がかかると，いやなことが過ぎ去って何かうれしくなるようなことが待ち受けているように思えるのだ。また，雨上がりの町を歩いていると，目に入るいろいろなものが何かしら喜びに満ちているように見える。草花はたくさん水を浴びたあと，温かい日光を浴びることができ，何だかうれしそうだ。公園へかけていく小さな子どもたちは，雨が上がるのを待ちわびていたのだろう，みんな喜びに満ちた顔をしている。自転車やオートバイで配達の仕事をしている人も，ほっとした表情を浮かべている。そんな人たちの笑顔を見ていると，自然に私も笑顔になってくるのだ。

適性検査Ⅱ　＜適性検査型入試＞（45分）＜満点：100点＞

解　答

1　**問題１**　右の図

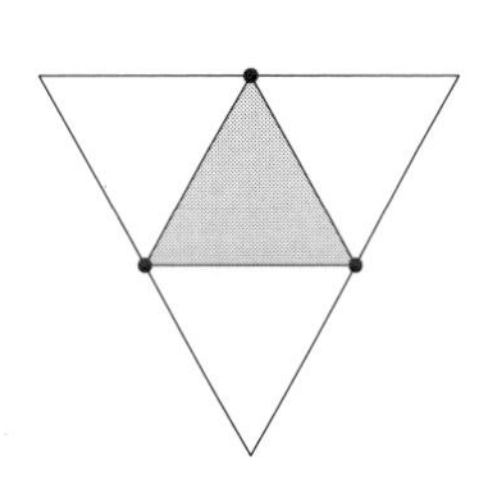

問題２　答え　239(cm^2)　**求め方**　（例）　真上から見たとき，見える正方形は19個で，前後左右はどこから見ても（１＋２＋３＋４＋５＋６＋７＋８＋９＋10＝）55(個)となる。よって，見えている正方形は，19＋55×４＝239(個)となるので，その表面積は239(cm^2)となる。

問題３　答え　190(cm^2)　**求め方**　（例）　角にある三角形は，段に関係なく４個である。正方形の半分となる部分(角を除いた部分)は，３段目では４個，５段目では12個となり，３段目と５段目の面積の差は正方形の半分の面積８個分，つまり４cm^2である。これは５段目と７段目の面積の差を考えたときも同様である。つまり，３段目から，次の黒色の立方体が積まれた段にいくたび，その面積は４cm^2ずつ増えていく。よって，求める面積は，１＋５＋９＋13＋17＋21＋25＋29＋33＋37＝190(cm^2)となる。

2　**問題１　下線部①を選んだ場合**　（例）　1985年から2010年までは貿易黒字が続いていたが，2015年に赤字になった。

下線部②を選んだ場合　(例)　1995年から2005年にかけて貿易総額が大きく増えたのは，中国との貿易が盛んになったから。

問題２　起こると考えられる問題　(例)　輸入品の価格が下がるので，国産品が売れなくなり，国内産業がおとろえてしまう。

このような仕組みになっている理由　(例)　国産品の出回る時期には関税の税率を高くして，国産品が出回っていない時期には関税の税率を下げるようにしているから。

3　**問題１**　(1)　電流の強さ　(2)　(例)　電流の強さ以外のコイルの巻き数，導線の太さの条件がそろっている実験がないから。

問題２　(1)　(例)　グラフ２から，コイルの巻き数が０回のときのばねののびを求めると１cmとなる。これは，おもりの重さだけのばねののびとなるので，グラフ１から５gのおもりとわかる。グラフ２から，コイルの巻き数が30回のときのばねののびが2.5cmで，グラフ１からこのときのばねののびにはたらく力の大きさは12.5gとなる。ばねを引く力は，おもりの重さと電磁石が引く力の和であるから，電磁石の引く力は，12.5－５＝7.5(g)となる。　(2)　(例)　電流を止めると磁力がなくなり，鉄くずを磁石から外しやすいから。

Memo

Memo

2023年度 藤村女子中学校

〈編集部注：この試験は算数・国語か算数・英語の２教科，または算数・社会・理科・国語の４教科を選択します。〉

〔注意〕携(けい)帯電話，スマートフォン，電卓(たく)，計算機能付き時計など電子機器類を使用してはいけません。

【算　数】〈２月１日午前一般試験〉（50分）〈満点：100点〉

1 次の計算をしなさい。

(1)　$1+3\times4-6\div2$

(2)　$0.75\div0.3-\frac{1}{8}\times16$

(3)　$\frac{1}{2}+\frac{2}{3}-\frac{1}{4}\times\left(2+\frac{1}{2}\right)$

(4)　$10\times10\times3.14+30\times30\times3.14$

(5)　$21\times\left(\frac{6}{7}+\frac{2}{3}\right)$

2 次の問いに答えなさい。

(1)　４ｍのテープを２つに切って，長さの比が２：３になるようにします。短い方は何cmですか。

(2)　０，１，８，９の４個の数字と小数点を使ってできる小数のうち，１に最も近い数を求めなさい。

(3)　50円切手と80円切手が合わせて35枚あり，合計の金額は1900円です。50円切手は何枚ありますか。

(4)　2つの三角定規を使ってできる，下の①の角の大きさを求めなさい。

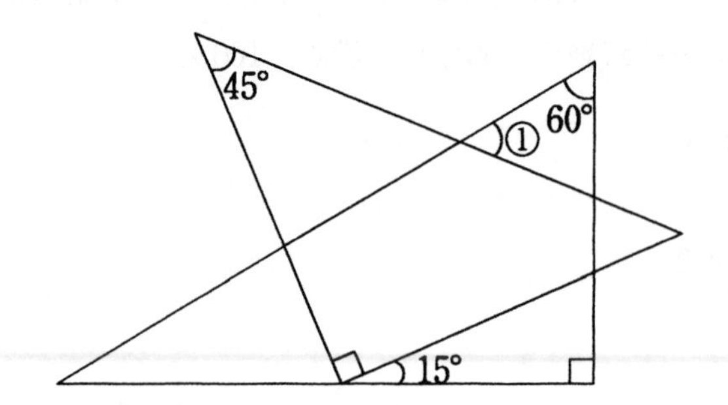

(5)　図アは図イの立方体の展開図です。①の面にあてはまるものを下の(A)～(H)の中から選び，記号で答えなさい。

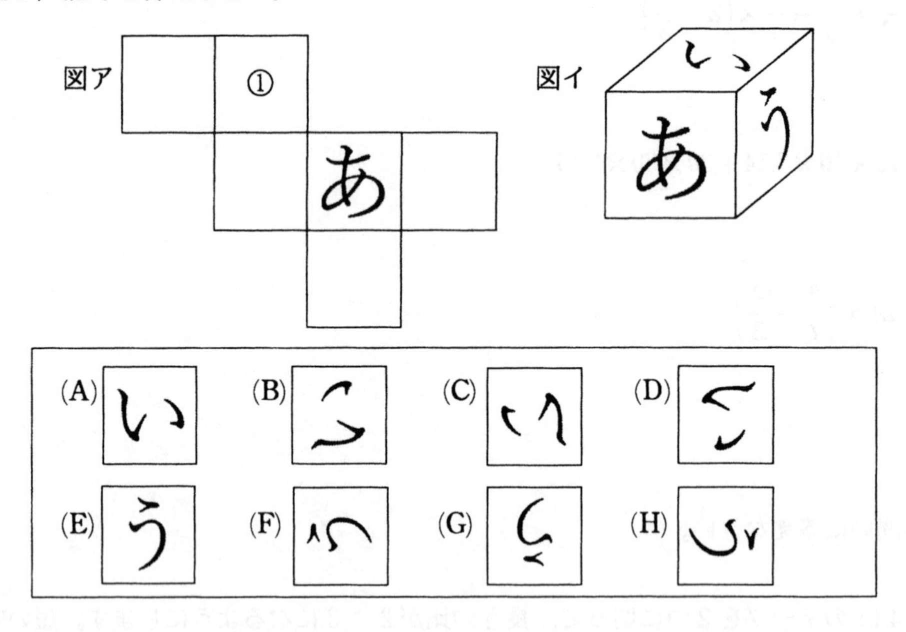

3 右の図は，底面の直径が 10 cm， 高さが 10 cm の円柱です。
この立体について，次の問いに答えなさい。ただし，円周率は 3.14 とする。

(1) この立体の体積を求めなさい。

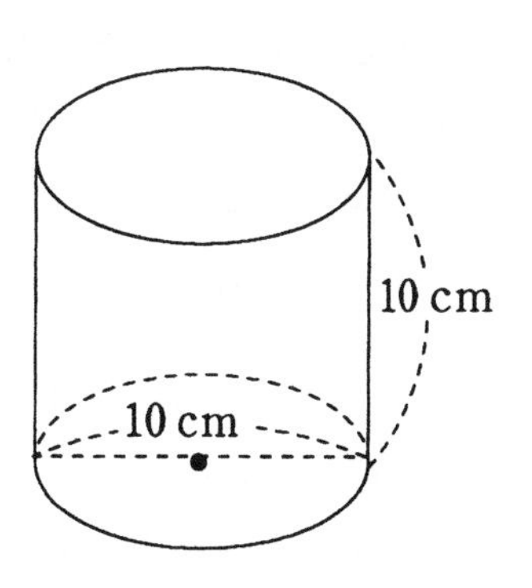

(2) この立体の展開図として最も近いものは，次の①～④のうちどれですか。番号で答えなさい。また，その理由を答えなさい。

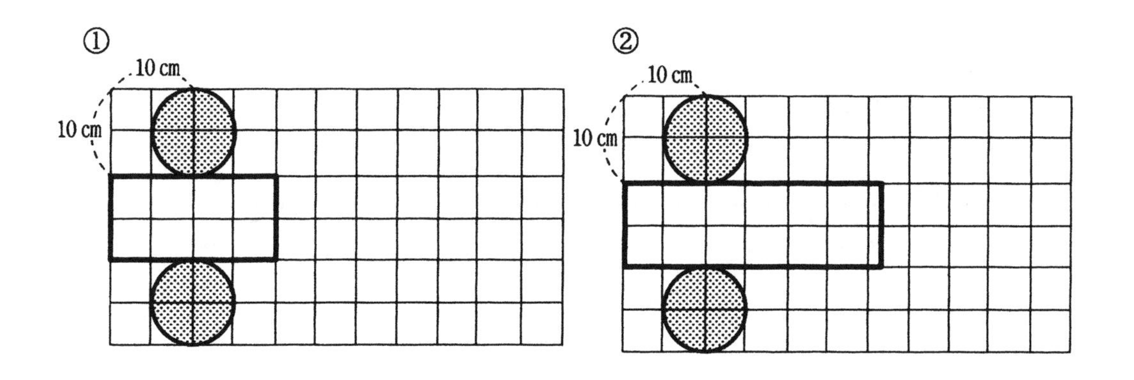

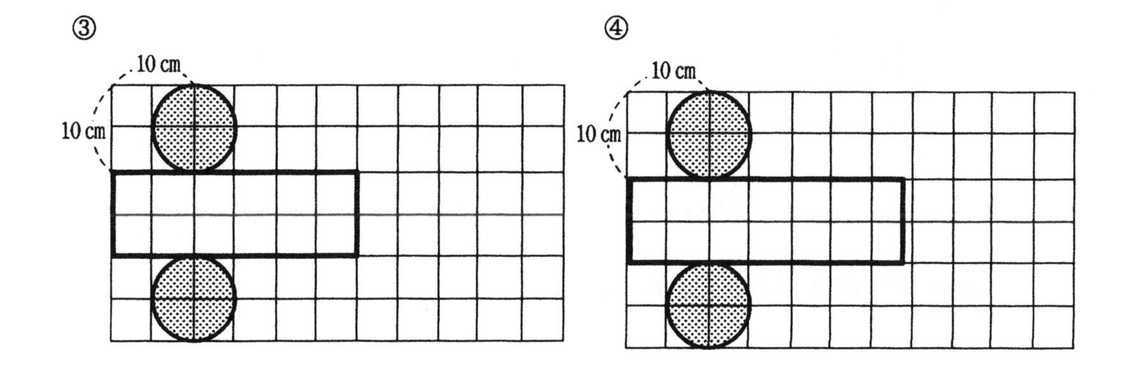

4 100 Lで満水となる水そうに，給水用のじゃ口とはい水用のじゃ口が１つずつついています。この水そうに［(ア)］Lの水が入った状態から，給水用のじゃ口を開けて一定の割合で水を入れていき，水を入れ始めてから10分後に水そうが満水になったので，はい水用のじゃ口を開け，毎分3.5 Lずつはい水をしました。ただし，はい水用のじゃ口が開いているときも給水用のじゃ口は開いたままでした。

そして水を入れ始めてから70分後に，水そうの水が満水の$\frac{2}{5}$の［(イ)］Lになったので，はい水用のじゃ口を閉じて，給水用のじゃ口だけが開いている状態にしました。

このように，給水→給水＋はい水→給水→……を４回満水になるまで繰り返していきます。このとき，次の問いに答えなさい。

下のグラフは，水を入れ始めてからの時間と水そう内の水の量の関係を表したものです。

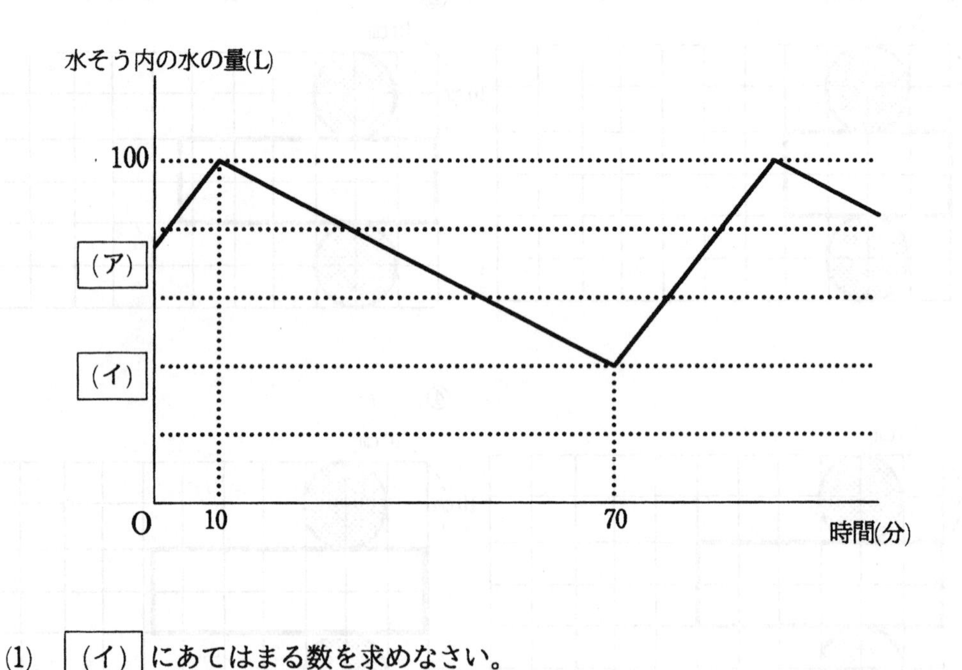

(1) ［(イ)］にあてはまる数を求めなさい。

(2) 水を入れ始めて10分後から70分後は，毎分何Lずつ水が減っていきますか。

(3) ［(ア)］にあてはまる数を求めなさい。

(4) ４回満水になるのは，水を入れ始めてから何分後ですか。

(5) 4回満水になったとき，給水用のじゃ口を閉め，はい水用のじゃ口だけ開いて水をはい水しました。

水そうが空になるのは，水を入れ始めてから何分後ですか。小数第1位を四捨五入して答えなさい。

5 次の[Ⅰ]，[Ⅱ]の文章を読み，それぞれの問いに答えなさい。

[Ⅰ] ふじ子さんは，お母さんからスーパーでハンバーグを買ってきてほしいと頼まれました。スーパーでは1個200gのハンバーグAと1個150gのハンバーグBが売っています。A，Bのハンバーグ1個の値段は，それぞれ100円と80円です。

重さを比べると，Aのハンバーグ3個の重さの合計とBのハンバーグ［あ］個の重さの合計が同じになります。ハンバーグを合わせてちょうど1kg買うとすると，Aだけを［い］個買うか，またはAを2個，Bを［う］個買えば，合わせて1kgになります。

(1) ［あ］，［い］，［う］にあてはまる数を求めなさい。

(2) Aのハンバーグ1個の値段をx円，Bのハンバーグ1個の値段をy円としたとき，次の問いに答えなさい。

① 正しい式をすべて選び，記号で答えなさい。

ア $x+y=20$　　イ $x-y=20$

ウ $y+x=20$　　エ $y-x=20$

② xはyより何%高いですか。または，安いですか。「［　］%高い」または「［　］%安い」のように答えなさい。

③ 次の［　］にあてはまる数を分数で答えなさい。

xはyの［　］倍である。

［Ⅱ］　ふじ子さんの家族は，お肉屋さんにハンバーグを買いに来ています。このお肉屋さんでは，牛肉ハンバーグと牛豚あいびきハンバーグ，豚肉ハンバーグの３種類があり，１個あたりの値段はそれぞれ，300円，200円，150円です。また，牛肉ハンバーグと牛豚あいびきハンバーグには，買う個数によって割引があり，それらは下の表の通りになっています。

ハンバーグの種類	１個あたりの値段	割引
牛肉ハンバーグ	300円	５個買うごとに400円引き
牛豚あいびきハンバーグ	200円	５個より多く買った分は，４割引き
豚肉ハンバーグ	150円	割引なし

例えば，牛肉ハンバーグを６個買うと，
　$300\times6=1800$ で，５個買うごとに400円引きなので，
　$1800-400=1400$ となり，1400円となります。
　牛豚あいびきハンバーグを７個買うと，
　まず，５個は１個あたり200円で買うので，$200\times5=1000$ で，
　残りの２個は，１個あたり４割引きの120円で買えるから，$120\times2=240$ で，
　合わせて $1000+240=1240$ となり，1240円となります。

ハンバーグを８個買うとすると値段はそれぞれ，牛肉ハンバーグが［え］円，牛豚あいびきハンバーグが［お］円，豚肉ハンバーグが［か］円になります。

(3)　［え］，［お］，［か］にあてはまる数を求めなさい。

(4)　次のふじ子さんとお母さんの会話を読んで答えなさい。

ふじ子：うちの家族はみんないっぱい食べるから，ハンバーグをたくさん買わなくちゃ。１個の値段は豚肉ハンバーグが一番安いから，全部豚肉ハンバーグを買えば，安く買えるよね。

お母さん：そうでもないわよ。いっぱい買うなら，［き］のほうが安くなることもあるのよ。

［き］に入るハンバーグの種類を答えなさい。また，その理由をかきなさい。

【社　会】〈２月１日午前一般試験〉（理科と合わせて50分）〈満点：50点〉

1　次の文章と地図、写真を見て、以下の問いに答えなさい。

藤村女子中学校がある武蔵野市は、都内でも数少ない水道を自前（じまえ）で供給している自治体です。水道水は**A．ダム**などに貯めた**B．河川**の水を使うことが一般的なのですが、武蔵野市の場合は市内にある27本もの井戸から汲（く）み上げた水と東村山浄水場・**C．埼玉県**の朝霞浄水場から供給される水を混ぜて、２か所ある浄水場から各家庭に送られています。井戸水が武蔵野市の水道水に占める割合は80%にものぼります。こうした井戸水は、遠く奥多摩や秩父の**D．山々**に降った雨が長い時間をかけて地面にしみこんで、武蔵野市の地下まで流れこんできたものです。なお、市内には境浄水場がありますが、この施設（しせつ）は東京都水道局が運営しており、ここでは主に**E．都心方面**へ送られる水道水を作っています。皆さんが**F．普段使っている水**はどこから来ているのでしょうか。こうした水の旅というのも探ってみると、面白そうですね。

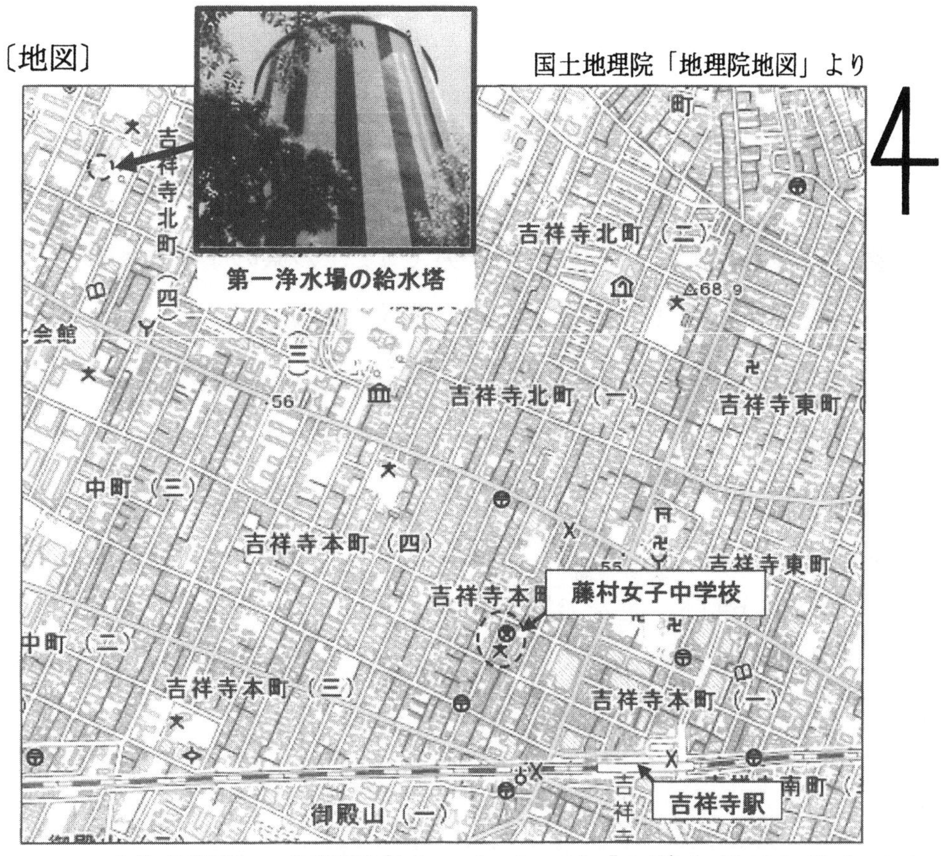

（参考資料：武蔵野市ホームページ「水道水ができるまで」）

問１　**下線部A**に関して述べた文として**誤っているもの**を以下から１つ選び、記号で答えなさい。

ア．ダムに貯めた水は上水や発電、農業用水・工業用水など様々な用途に使われる。
イ．水源林と呼ばれる森は降った雨をたくわえ、貯めておく機能があるため「緑のダム」と呼ばれる。
ウ．ダムは洪水による被害を防いだり、少なくするためにも重要な施設である。
エ．ダムの建設は自然環境（かんきょう）にまったく影響（えいきょう）を与（あた）えないので、ダムはとてもエコでクリーンな施設と言える。

問２　**下線部B**に関して、九州地方を流れている川として正しいものを以下から１つ選び、記号で答えなさい。

ア．多摩川　　イ．信濃川　　ウ．利根川　　エ．筑後川

問３　**下線部C**の県は海に面していない県です。この県のように海に面していない県を以下から１つ選び、記号で答えなさい。

ア．徳島県　　イ．長野県　　ウ．兵庫県　　エ．岩手県

問４　**下線部D**に関して、東北地方に連なる山地・山脈として、正しいものを以下から１つ選び、記号で答えなさい。

ア．奥羽山脈　　イ．紀伊山地　　ウ．赤石山脈　　エ．九州山地

問５　**下線部Ｅ**に関して、グラフを参考にし、東京の都心部に位置する区にはどのような特徴があると考えられますか。もっとも適するものを以下から１つ選び、記号で答えなさい。

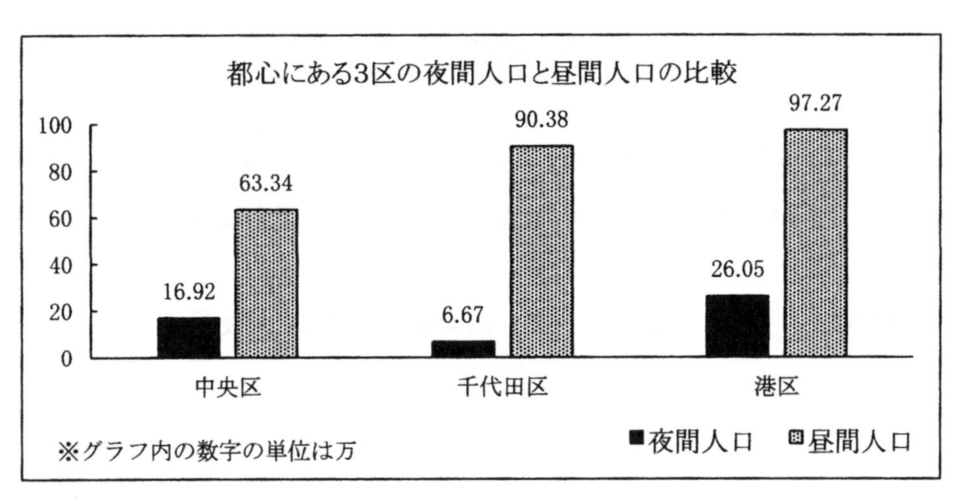

グラフは総務省統計局及び「東京都の統計」を参照して作成した。

ア．大規模な団地や宅地が多いため、夜間の人口が昼間の人口を上回っている。

イ．会社や商業施設、観光施設が多いため、夜間の人口よりも昼間の人口の方が多い。

ウ．農家の減少と少子高齢化の影響で、夜間の人口は昼間の人口より少なくなっている。

エ．交通の便が悪いこともあり、夜間の人口と昼間の人口はあまり変わらない。

問６　**下線部Ｆ**に関して、ＳＤＧｓの第６の目標には「安全な水とトイレを世界中に」というものがあります。人々が安全な水が得られないとどのようなことが起きると考えられますか。具体例を１つ解答欄(らん)に書きなさい。

問７　地図中の「第一浄水場の給水塔」は、「藤村女子中学校」から見て、どの方角にありますか。正しいものを以下から１つ選び、記号で答えなさい。

ア．南東　　イ．北西　　ウ．南西　　エ．北東

問８　地図の中には地図記号がみられますが、このうち◎は何を示すものですか。正しいものを以下から１つ選び、記号で答えなさい。

ア．郵便局　　イ．銀行　　ウ．消防署　　エ．市役所

2 次の文章を読み、以下の問いに答えなさい。

社会科の授業で歴史に興味を持ったことがきっかけで、NHKで放送されていた大河(たいが)ドラマ「鎌倉殿の13人」を毎週欠かさず見るようになりました。

この「大河ドラマ」と呼ばれる大型時代劇は1年周期で作品が変わることを知り、番組ホームページから過去の作品を調べてみることにしました。

問1 第61作目となった「鎌倉殿の13人」は、鎌倉殿の死後、彼の天下取りを支えていた家臣団13人による激しい内部抗争(こうそう)を題材とし、その中で権力を手中に収めたのが、もっとも若かった北条義時でした。

①「鎌倉殿」と呼ばれた鎌倉幕府を開いた人物の名前を答えなさい。

② 鎌倉幕府において、北条氏が就(つ)いた役職を以下から1つ選び、記号で答えなさい。

ア. 征夷大将軍　　イ. 摂政　　ウ. 執権　　エ. 関白

問2 記念すべき第1作「花の生涯(しょうがい)」は、江戸幕末に開国を主張したため、桜田門外で水戸浪士(ろうし)(※)の襲撃(しゅうげき)を受けた大老・井伊直弼の生涯を描いた作品です。彼が結んだ日米修好通商条約に関する文章として正しいものを以下から1つ選び、記号で答えなさい。

※浪士：仕(つか)える主人を失った武士

ア. アメリカ以外の国と同じ内容の条約は結ばなかった。

イ. 下田と箱館(函館)の2港のみ開港した。

ウ. 貿易を始めることを約束した。

エ. 小笠原諸島を獲得(かく)した。

問３　第14作の「風と雲と虹と」は、平安時代中期に関東地方に独立国を築こうと権力に立ち向かった平将門を中心に描かれており、大河ドラマの中では最古の題材を取り上げた作品です。この作品にある内容以前の出来事として**誤っているもの**を以下から１つ選び、記号で答えなさい。

ア．聖徳太子が十七条の憲法を制定した。
イ．元軍が２度にわたって九州北部を攻(せ)めてきた。
ウ．奈良の平城京に都を移した。
エ．中大兄皇子らが蘇我氏を滅(ほろ)ぼした。

問４　20世紀最後の作品となった第39作の「葵　徳川三代」は、関ヶ原の合戦から大坂の役を経て徳川300年の礎を築いた徳川家康・秀忠・家光の壮大な人間ドラマを描いた作品です。これに関して三代将軍・徳川家光が行った政治の内容としてふさわしいものを以下から１つ選び、記号で答えなさい。

ア．武家諸法度に、参勤交代の制度を付け加えた。
イ．寺社の勢力を奪うことを目的に、キリスト教を保護した。
ウ．百姓への支配を固めるために、検地や刀狩を行った。
エ．土地所有者に地券を交付し、地租を現金で納めさせた。

問５　大河ドラマは日本全国、様々な土地が舞台となっています。以下の作品①～③のタイトルの中にある下線部の地名について、それぞれ関係の深い県を地図中の記号**あ～お**から１つずつ選び、記号で答えなさい。

①**琉球**の風　DRAGON　SPIRIT

②利家とまつ～**加賀**百万石物語～

③**鎌倉**殿の 13 人

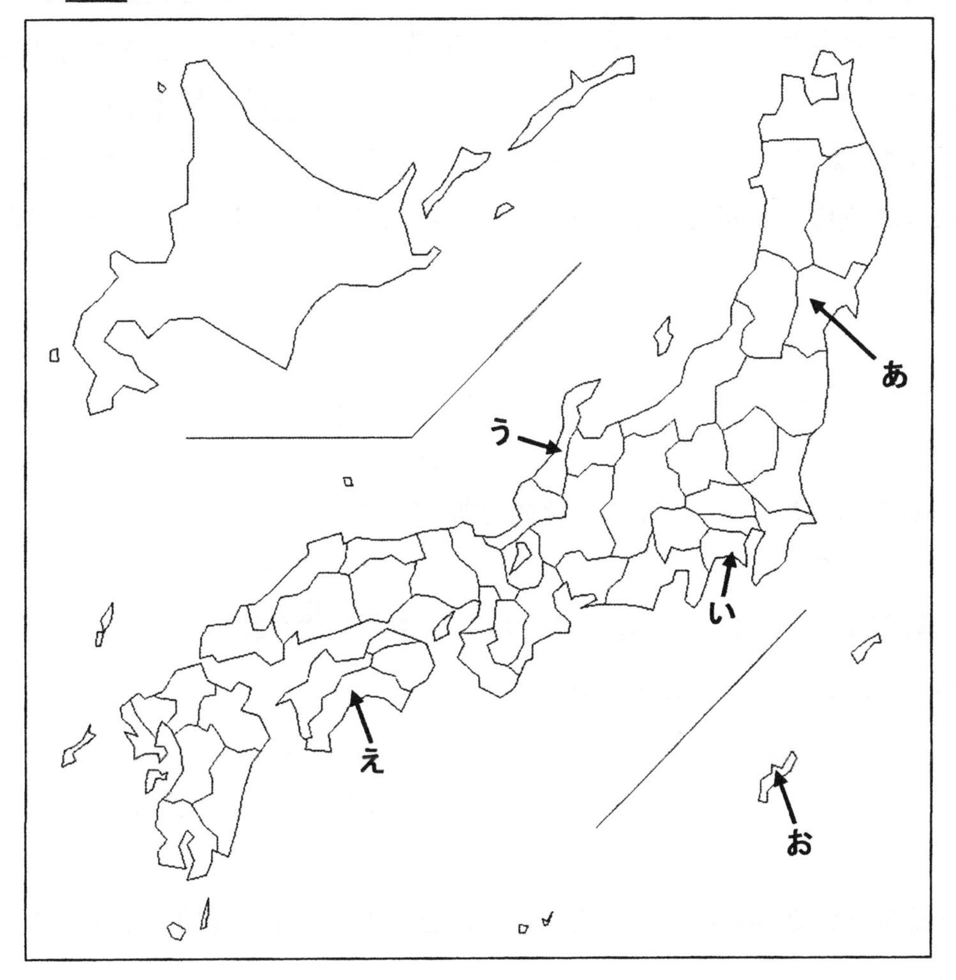

地図：CraftMAP

問６　もし、あなたが**女性を主人公とした大河ドラマ**を制作するとしたら、どんなタイトルをつけますか。その主人公となる女性を選んだ理由も答えなさい。

3 次の文章を読み、以下の問いに答えなさい。

昨年（2022 年）は様々な出来事がありました。２月には**A．北京**冬季オリンピックが開催され、日本は史上最多の 18 個のメダルを獲得することができました。一方で**B．ロシア**軍がウクライナに侵攻したというニュースが世界の注目を集めました。日本の近隣諸国でもあるロシアのこの行動に対して、日本国内でも**C．平和**を願う声が多くでました。３月にはウクライナの大統領が外国の要人として初の**D．国会**でのオンライン演説を行いました。４月は**E．国連**総長がウクライナ大統領と会談を行いました。５月は沖縄復帰 50 年と**F．日本国憲法**施行 75 周年という節目の月となりました。７月には**G．参議院議員選挙**が行われ、**H．与党**が議席数を伸ばす形となりました。８月は３年ぶりの行動制限がない夏休みとなり感染症対策をしっかりと行いながらも夏休みを楽しむことができました。

問１　**下線部A**が首都である国の名前を正式名称で答えなさい。

問２　**下線部B**に関して、現在の大統領を答えなさい。

問３　**下線部C**について、日本国憲法では第何条に記載(さい)されていますか。以下から１つ選び、記号で答えなさい。

ア．第１条　　イ．第９条　　ウ．第 13 条　　エ．第 25 条

問４　**下線部D**が持つ権力として正しいものを以下から１つ選び、記号で答えなさい。

ア．司法権　　イ．行政権　　ウ．立法権　　エ．生存権

問５　**下線部E**に関して、本部がある都市を答えなさい。

問６　**下線部F**に関する説明として**誤っているもの**を以下から１つ選び、記号で答えなさい。

ア．日本国憲法は 1946 年 5 月 3 日に公布され、その年の 11 月 3 日に施行された。
イ．日本国憲法の三大原則は国民主権、基本的人権の尊重、平和主義である。
ウ．日本国憲法では自由権や平等権など国民の様々な権利が認められている。
エ．日本国憲法では、天皇は内閣の助言と承認にもとづいて、国事行為を行うと定められている。

問７　**下線部G**について、参議院議員の選挙に立候補できる年齢として正しいものを以下から１つ選び、記号で答えなさい。

ア．満 18 歳以上　　イ．満 20 歳以上
ウ．満 25 歳以上　　エ．満 30 歳以上

問８　**下線部H**について、現在の与党となる政党の組み合わせとして適切なものを以下から１つ選び、記号で答えなさい。

ア．自民民主党　—　立憲民主党
イ．自由民主党　—　公明党
ウ．日本維新の会　—　国民民主党
エ．正しい組み合わせはない

【理　科】〈2月1日午前一般試験〉（社会と合わせて50分）〈満点：50点〉

1　ある寒い冬の夜に入浴をしようとバスタブに湯を入れた。次の各問いに答えなさい。

問1　湯に発泡(はっぽう)入浴剤を入れた。発生した気体を集め、石灰水に通したら、白く濁(にご)った。この気体は何か、下の①～⑤の物質の中から1つ選んで、記号で答えなさい。

① 酸素　　② 窒素(ちっそ)　　③ 水素

④ アンモニア　　⑤ 二酸化炭素

問2　しばらく時間がたつと、湯は上のほうはあたたかいが下のほうは冷たくなる。このようになる理由を、簡単に説明しなさい。

2　下の文章を読み、次の各問いに答えなさい。

中学1年生のこころさんは 11 月、近所の公園で遊んでいたところ、花壇(かだん)で図1のような半月状の黒いつぶをいくつも見つけた。こころさんはこれを何かの植物の種子であると考え、何つぶか拾って家に持ち帰ることにした。まず種子の中身を確認するため、水道水の入ったコップに数日間つけておき、種子をふやかしてから黒い皮をむいてみた。すると中には白色の葉のような形のものが見つかった。さらにこの植物の名前を調べるため、種子を発芽させ、部屋で育ててみることにした。

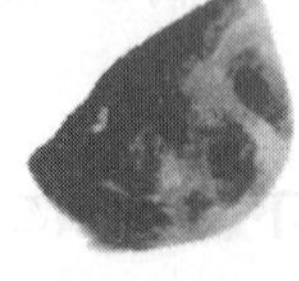

図1

問1　この植物の種子を発芽させるにはどのようにしたらよいか。植物の種子が発芽するための条件を、簡単に説明しなさい。

問2　発芽したこの植物の葉を虫メガネでよく見てみると、ヒトの血管のように広がる細かい筋が観察できた。この細かい筋の中には何が流れていると考えられるか。下の①～⑤の中から2つ選んで、記号で答えなさい。

① 光合成でつくられた栄養分　　② 花にたくわえている栄養分

③ 根から吸い上げた水分　　④ 気孔から取り入れた水分

⑤ 植物の体内に含まれる血液

問3　同じ形の葉を持つ植物を公園で探してみたところ、冬の期間はまったく見つからず、春になってようやく見つけることができた。このとき、冬の期間にこの植物が見つからなかった理由として考えられるものを、次の①～④の中から1つ選んで、記号で答えなさい。

① 冬の期間はくもりの日が多く、植物が光合成をしづらいから。

② 冬の期間は昆虫がたくさん活動するため、植物が食べられてしまったから。

③ 冬の期間は湿度が高く、植物の根が病気になりやすくなってしまうから。

④ 冬の期間は気温が低く、植物が生きるために必要なエネルギーが多くなってしまうから。

3 私たちが住んでいる地球は、太陽のまわりを回っている。また、この地球のまわりを、月が回っている。ある日の夜、月の観測をしたところ、図1のように見えた。次の各問いに答えなさい。

図1

問1　図1の状態から約1ヶ月後に見られる月の形は、どのように見えるか。次の①～④の中から1つ選んで、記号で答えなさい。

①

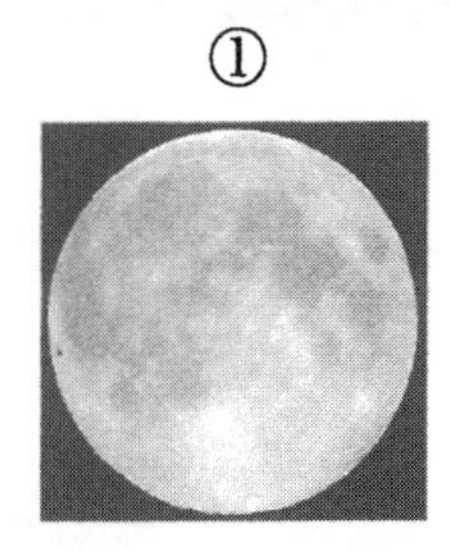

②

③

④

(何も見えない)

問2　現在、月には生き物が存在していないとされているが、それはなぜか。その理由をすでにわかっている月の環境から2つ説明しなさい。

4 下の表１は、バネにさまざまな重さのおもりをぶらさげたときのバネの長さの変化を示したものである。次の各問いに答えなさい。ただし、バネ・かっ車の重さは考えないものとする。

表１

おもりの重さ[g]	100	200	300
バネの長さ[cm]	12	14	16

問１　図１のように、バネの一方をかべに取りつけ、もう一方はかっ車に通して250 g のおもりをぶら下げた。このときのバネの長さは何cmか答えなさい。

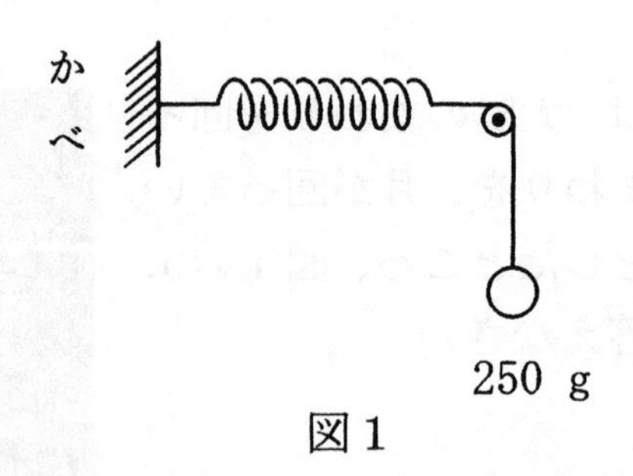

図１

問２　図２のようにバネの両はしを、かっ車に通して250 g のおもりをぶら下げると、バネの長さは15 cm になった。その理由を説明しなさい。

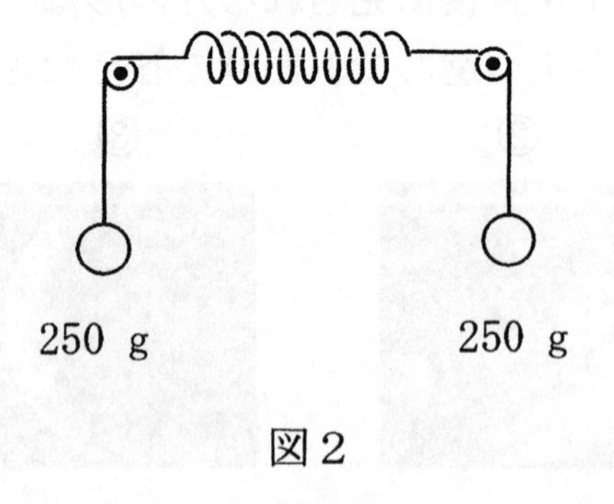

図２

【英　語】〈２月１日午前一般試験〉（50分）〈満点：100点〉

1 次のそれぞれの文の（　　）に入れるのに最も適切なものをア～ウの中から１つ選び、記号で答えなさい。

(1) Last year, I studied in the U.K.　I had a good time and learned about different (　　).
　ア　feelings　　イ　cultures　　ウ　ways

(2) Paul is busy these days.　He wants to spend time on his (　　) this Sunday.
　ア　storm　　イ　clock　　ウ　hobby

(3) A good breakfast gives you (　　) for the day.
　ア　stress　　イ　anger　　ウ　energy

(4) Lisa's dream is to be a movie (　　).　She wants to make good movies with famous actors.
　ア　teacher　　イ　director　　ウ　cook

(5) A: Does Emily have a boyfriend?
B: Sorry.　I can't tell you.　It's a (　　).
　ア　secret　　イ　tradition　　ウ　knowledge

2 次のそれぞれの文の（　　）に入れるのに最も適切なものをア～ウの中から１つ選び、記号で答えなさい。

(1) A: Do you often read books (　　) in English?
B: No, they are difficult for me.
　ア　written　　イ　writes　　ウ　writing

(2) My grandfather was born eighty years ago.　(　　) those days, there were no TVs or computers.
　ア　On　　イ　At　　ウ　In

(3) Aya (　　) to go to university and study math.
　ア　decided　　イ　realized　　ウ　delivered

(4) Mike often (　　) care of his grandmother.　She is ninety years old.
　ア　gives　　イ　takes　　ウ　makes

(5) A: Have you ever (　　) a baseball game in the U.S?
B: Yes, I have.
　ア　see　　イ　saw　　ウ　seen

3 次のそれぞれの文の（　　）に入れるのに最も適切なものを、下のア～オの中から１つ選び、記号で答えなさい。

(1) It's too (　　) here, so I can't read the newspaper.　I have to turn on the lights.

(2) Field Museum is a (　　) museum in Chicago.　A lot of people visit the museum every day.

(3) A: Who is your (　　) musician?
B: Michael Jackson.　I like him very much.

(4) A: I think love is more (　　) than money.
B: Well, I don't think so.

(5) Many Japanese people visit Asakusa every year.　There are tourists from (　　) countries, too.

ア famous	イ favorite	ウ important	エ dark	オ foreign

4 次のそれぞれの会話の（　　）に入れるのに最も適切なものをア～エの中から１つ選び、記号で答えなさい。

(1) Woman : I took a trip to Paris this winter.
Man　: That's nice!　How long did you stay there?
Woman : (　　)
ア It took eight hours from here.　イ For a week.
ウ One month ago.　エ I had a lot of problems there.

(2) Boy : Let's go to a movie next Saturday.
I hear "A Day in the Life" is really great.
Girl : (　　) I have a lot of homework.
ア I like that movie.　イ I hope not.
ウ Sorry.　I can't.　エ Yes, please.

(3) Man　: Excuse me.　Could you tell me the way to the hospital?
Woman : I'm sorry.　(　　)
ア It's on the second floor.　イ I'm a stranger here.
ウ Turn left at the second corner.　エ Don't miss it.

(4) Daughter : Dad, have you seen my watch?
Father　: (　　) I saw it this morning.
ア I don't know the time.　イ I know it's mine.
ウ I bought it for you.　エ It's on the table.

(5) Girl 1：Hi, Yoko.　I wanted to talk to you.
Girl 2：Sure.　What is it?
Girl 1：(　　　)　I'm sorry about that.
ア　I broke your CD.　　イ　I like your T-shirt.
ウ　I'll send a message to you.　　エ　It was my book.

(6) Woman：Have you decided where to go next summer?
Man　　：Yes, I'm going to Okinawa.
Woman：(　　　)　You'll like it.
ア　It took you two hours.　　イ　I've been there three times.
ウ　I have no idea about that.　　エ　You don't have to go there.

(7) Waiter　　：May I help you?
Customer：Yes.　I'd like a table for four.
Waiter　　：No problem.　(　　　)
ア　They are too many.　　イ　No table is available.
ウ　I made the table for you.　　エ　Come this way, please.

(8) Man　　：How about going to a zoo this afternoon?
Woman：(　　　)
Man　　：I'll see you at the station at two.　Is that OK?
ア　It's in front of the station.　　イ　It's nine in the morning.
ウ　Sounds good.　　エ　I'll be at the bus stop.

(9) Boy 1：You don't look so well.
Boy 2：I think I've caught a cold.
Boy 1：(　　　)
ア　I'm fine, too.　　イ　I caught it.
ウ　I'm afraid not.　　エ　That's too bad.

(10) Woman：It's starting to rain.　Shall I drive you to the station?
Man　　：(　　　)　The station is near here, so I can walk.
ア　I'm happy to hear that.　　イ　Let's go.
ウ　You can take a taxi.　　エ　No, thank you.

5 次の文章を読んで、あとの問いに答えなさい。(先頭に[*]の印のある語句には注がついています。)

It was a cold and snowy day in March 10 years ago. I was a junior high school student, and my *elder sister was a high school student. Her name is Erika. We were in the third grade at each school.

This is our story.

My sister always woke up earlier than I. She liked cooking. So, she woke up early and made me breakfast every morning. Her dishes were very delicious. She was good at cooking.

That day she made me a Japanese breakfast: big rice balls, roast fish and miso soup. They were very delicious. I always ate two rice balls, but that day I ate three rice balls. I found out that my favorite *ingredients were inside those rice balls.

We changed our clothes and went to school together. My school and hers were really close.

We had our *graduation ceremonies on March 5th, on the same day. It was our last day to attend school.

Erika was going to start university next month. Her university was far from our house, so she was going to start living alone. She said she wanted to be an English teacher. My dream was the same.

While we were going to school, she *suddenly asked me:

Erika : Are you OK, Jane?
Jane : Yes, of course. Why do you ask?
Erika : Because you look sad.
Jane : I'm fine, but I'm thinking about today's ceremony.
Erika : Is it about the graduation ceremony?
Jane : Yes, it is. My classmates will go to different schools, so I feel a little bit sad.
Erika : I see. I felt the same, but I changed my way of thinking.
Jane : How?
Erika : Friendships will not disappear, and I can make new friends in a new place. I'm looking forward to making new friends.

Jane：　I agree with you.　Actually, I'm worried about another thing.
Erika：　What?
Jane：　I want to live with you next year.
Erika：　You know, it is *impossible to live with me next year.　However, there is ①another way.
Jane：　Really?　What's that?
Erika：　Simple.　Go to the same university as me.　It will be difficult for you to get into my university, but if you study really hard, you might be able to do so.

She smiled.　I didn't know what that meant, but I thought that I wanted to try it.　I knew it would be a really big *challenge.

I didn't say anymore because I decided to do my best to get into the same university as my sister.

*elder　年上の　　*ingredient　具材　　*graduation　卒業
*suddenly　突然に　　*impossible　不可能　　*challenge　挑戦

(1)　次のア〜ウのJaneに関する文について、本文の内容に合うものには○、合わないものには×で答えなさい。

ア　Jane is Erika's little sister.
イ　Jane was a high school student.
ウ　Jane couldn't eat breakfast that day.

(2)　次のア〜ウの Erika に関する文について、本文の内容に合うものには○、合わないものには×で答えなさい。

ア　Erika was a junior high school student.
イ　Erika got up later than Jane that day.
ウ　Erika didn't make Japanese breakfast that day.

(3) Jane と Erika に関して、正しい組み合わせをア～エの中から１つ選び、記号で答えなさい。

	Jane's breakfast	Jane's dream	Erika's dream
ア	big rice balls, roast fish and miso-soup	English teacher	Japanese teacher
イ	big rice ball, fish soup and miso-soup	Same as Erika's dream	English teacher
ウ	big rice balls, roast fish and miso-soup	English teacher	English teacher
エ	big rice ball, fish soup and miso-soup	Same as Erika's dream	Japanese teacher

(4) 下線部①が表しているものをア～エの中から１つ選び、記号で答えなさい。

ア Jane が Erika とは違う夢を叶(かな)えるために、家から離れた大学に進むという方法。

イ Jane が Erika と同じ夢を叶(かな)えるために、高校で部活に力を入れるという方法。

ウ Jane が Erika と同じ大学に進むために、一生懸(けん)命勉強をするという方法。

エ Jane が Erika と違(ちが)う大学を選び、家に近い大学に進むという方法。

6 次の質問にあなたの考えとその理由２つを英語で書きなさい。ただし、語数はそれぞれ 20 語以上とする。「. 」「, 」などの記号は語数に含めません。

(1) What subject do you like?

(2) Do you often cook?

問七　――線⑤「大きな誤解」とありますが、それをわかりやすく説明している部分を本文中から三十字以内で探し、最初と最後の五字をぬき出しなさい。

問八　本文の内容に合っているものを次の中から一つ選び、記号で答えなさい。

ア　理想を持って努力を続けてもその努力が実ることはほぼ無く、それを繰り返すうちに人々は未来に希望を持てなくなってしまう。

イ　自分たちの意思とは関係なく動いていく社会の中にあっても、自分の理想を実現しようと前向きに生きる若者は少なくない。

ウ　自分自身をかけがえのない存在だと思えるようになるためには、身近にいる人々が希望をかなえてくれる必要がある。

エ　夢や将来の目標をかなえるのは自分であるという思いを持って、自ら行動する人だけがかけがえのない存在になることができる。

問二 ――線①「一見『現実主義』に見える見方」をする人たちには見えていないものがあると筆者は考えています。その見えていないものとは何か、筆者の考えを四十字以内で答えなさい。

問三 ――線②「『希望』がやせ衰えてきています」とありますが、ここに用いられている表現技法としてもっともふさわしいものを次の中から一つ選び、記号で答えなさい。

ア 対句法　　イ 比ゆ法　　ウ ぎ人法　　エ とう置法

問四 ――線③「□肉□食」の「□」にあてはまる漢字をそれぞれ答え、四字熟語を完成させなさい。

問五 ［　］に入る言葉としてもっともふさわしいものを次の中から一つ選び、記号で答えなさい。

ア ニッコリ　　イ キッチリ　　ウ ウットリ　　エ ガックリ

問六 ――線④「私はこんな『希望』を持つけれど、どうせ無理だよな」とありますが、このような意見を持つ人の行動や考え方のパターンにあてはまるものを次の中から二つ選び、記号で答えなさい。

ア 自分に関係の無いところで、社会の流れは決まっていくものだ。
イ 将来の経済的な不安が大きすぎて、夢や目標など持てそうにない。
ウ 生きていく上で何より大切なことは、人々から信頼されることだ。
エ 人々が助け合い信頼し合って、よりよい社会にするのが理想だ。
オ 自分が意見を述べても、世の中が大きく変わることはない。
カ もし宝くじが当たったら、そのお金を使って社会を変えていきたい。

たしかに、あなたは大切なお客さんだと扱われたことは間違いないと思います。それはとてもハッピーなことだし、喜ぶべきことだと思います。

しかしそこにある誤解は、かけがえのない存在として「扱われた」ときに、自分をかけがえのない存在だと思うという、「お客さん」意識です。私の希望は、誰かに「かなえてもらう」ものなのだという意識です。

こういう意識を持っている人は、期待されたように扱われないと、すぐにキレたりします。オレが金を払ってるのに、なんでお前はオレの希望をかなえないんだよと、いわゆるクレーマーのように、相手の非をぜったい許さず、お前のせいでオレは被害を受けたと言いつのるのです。

それは徹底的に、受け身の「かけがえのなさ」だということが分かるでしょう。「かけがえのなさ」とは、そのように他の人から扱ってもらったときに感じるものだ、誰かが私たちに与えてくれるものだ、と。

しかし、未来の希望は、誰か他の人がかなえてくれるものなのでしょうか？　私たちは、「こんな未来だったらいいな」と思うだけで、あとは宝くじが当たるのを待つように、ただただ当籤の通知がくるのを、首を長くして待つだけなのでしょうか？

大きな誤解は、私たちの未来の希望は、誰かがかなえてくれるのだ、と思ってしまっているところにあるのです。

「かけがえのない」人とは、未来の希望に向かって自ら行動する人です。誰かがかなえてくれるだろうという「お客さん」ではなく、「私が未来を創りだしていくのだ」という意識をもって、行動していく人なのです。

誰かが私のために、いい世の中にしてくれないかなあ、ではなく、私がいい世の中を創りだしていくという決意をもった人、そして実際に新たな未来を創造していく人がまさに「かけがえのない」人であるということは、言われてみれば誰でもその通り！と思うのではないでしょうか。

私は未来にこんな希望を持っているけれど、でも現実の流れがこうなってるからねえ……では、私はそこにいてもいなくても世界の流れはまったく同じということになってしまいます。誰か私以外の人が世界の主役であって、私はいてもいなくてもいい。それではまさに私は交換可能な、どうしてもいい存在になってしまいます。

かけがえのない人とは、未来を創造していくという意識をもち、行動していく人なのです。

（上田紀行『かけがえのない人間』）

問一　[a]、[b] に入る言葉としてもっともふさわしいものを次の中からそれぞれ一つずつ選び、記号で答えなさい。

ア　若者　　イ　理想　　ウ　存在　　エ　現実　　オ　未来

私自身は、愛と思いやりに基づく社会がいいにきまっていると思う。でも現実の流れは反対の方向に行っているわけだから、私がどう思っていようが、それを実現するのは無理なんじゃないですか、というわけです。

これからの未来を担う若者が、いったいどうしたことだ！と［　　］してしまいますが、この発言を聞いて、若者世代以外でも「私も同じように思っている」と感じる人も多いのではないでしょうか。

しかし、私はこの発言に私たちが頷いてしまうところに、大きな問題を感じるのです。

④私はこんな「希望」を持つけれど、どうせ無理だよな。それは、この前宝くじを買って、それが当たってくれという希望を持つけれど、それは無理だよなというのなら、分かります。しかし、私たちの社会を信頼に基づく社会にしたい、人を苦しめる□肉□食の社会を変えていきたいといった、人間にとって根本的な「希望」について、最初からそれは無理だと決めているのはなぜでしょうか。

そこには、世界の流れは誰（だれ）かが決めているのであって、私が希望を述べたところで、どうなるものでもないという意識があります。結局宝くじと同じで、当籤（とうせん）番号は誰かが決めてくれるのであって、私にはどうしようもないというのです。そして、宝くじのように、私の希望がかなう確率は、限りなく低いと思ってしまっているのです。

世界の流れは誰かが決めてくれる。そして私の希望がかなう確率は限りなく低い。そう思って生きている人の「かけがえのなさ」はいかばかりでしょうか。私の希望なんてどうせかなうわけない、と思って生きている人は、当然、とても自分自身をかけがえのない存在だと思えないでしょう。

そう考えてみると、「かけがえのなさ」は、私たちの未来への希望にも深く関わっていることが分かると思います。未来への希望とは、私たちにとって、まさに「かけがえのないもの」なのです。

しかし、どうして多くの人たちは、未来への希望という「かけがえのないもの」を失ってしまっているのでしょうか。

それは⑤大きな誤解に基づいています。

多くの人は、私たちの希望が誰か他の人によってかなえられると思っているのです。そして希望が他人によってかなえられたときに、自分が「かけがえのない存在」として扱（あつか）われていると思うのです。例えば、レストランに行って窓際の席を希望したら、ウエイトレスさんが窓際の席を取ってくれた。ああ、かけがえのない存在だと思われたなあ、と。なじみの電気屋さんに行ったら、値札よりも値段をサービスしてくれた。ああ、かけがえのないお客だと思われているんだなあ、と。

三　次の文章を読んで、後の問いに答えなさい。（一部問題の都合により省略、または変更しているところがあります。）

それは理想主義だよ、という人がいます。だって、そんなこと言ったって、[a]には戦争が起こっているじゃないか。格差社会になっているじゃないか。人間同士の憎しみは消えないじゃないか。いくらそうやって、[b]を掲げても、社会はそんなふうにはならないよ、というのです。

しかし、そういった①一見「現実主義」に見える見方のほうが、実は現実を見ていないのです。確かに人類の歴史を見れば、常に戦争があり、差別もあり、暴力がありました。しかし、そこには常に平和を唱える人たちがいて、差別に反対する人がいて、暴力をなんとかなくしていこうと努力する人たちがいました。そういう人たちがいたからこそ、戦争も差別も暴力もこの規模で止まってきたのです。理想を持つ人たちのチカラが、現実を変えてきたということを忘れてはいけません。

そしてもう一つ、そういった議論は、人間のいちばん根本的な「現実」を無視しています。それは人間は「希望」を持たなければ生きていけない存在だということです。人間の根本にはイマジネーションがあります。ものを想う力、ここにはないものを想像する力、といってもいいでしょう。現実の世界にありながら、「こうあってほしい」と希望を持つことは人間存在の核心なのです。逆に、「希望」がなければ生きていけないのが人間という存在なのです。

しかしその②「希望」がやせ衰えてきています。

ひとつには、これまで述べてきたように、若者たちを中心として、経済的に恵まれず、将来の人生設計もままならぬ人たちが生まれています。そして、中高年でリストラされた人、老後の不安に怯える人など、将来の希望を持つことのできない人たちが増加しています。「希望格差」社会と言われるゆえんです。

もう一方で、「希望」を持つ力が衰えているのを感じます。

この③□肉□食の世の中、格差が開いていくような世の中で、私たちが生きることを支えてくれるような信頼を取り戻さなければならない、などと若い学生たちに言ったりすると、「でも先生、いまはそういう世界の流れだから、いくらそう言ったところで、変わらないじゃないですか」と言う学生がいて、多くの学生がその発言に頷くのです。

では、君はそんな社会がいいと思ってるの？と聞くと、「それは当然、みんなが信頼しあって、助け合うような社会に決まってるじゃないですか」と言って、また多くの学生が頷くのです。

ウ　親しくない同級生の事情を全て理解して助けることは不可能なのに、美月が必要以上に麗衣奈に近づいて共感しようとすることを食い止めるため、安心させる言葉を伝えた。
エ　麗衣奈よりも美月の家庭の方が複雑でさびしい思いをしているのに、麗衣奈に同情して万引きに付き合わされたことを悲しく感じたため、気楽にさせる明るい言葉をかけた。

問六　――線④「美月ちゃんはため息をついた」とありますが、この文からわかる美月の気持ちとしてもっともふさわしいものを次の中から一つ選び、記号で答えなさい。
ア　おかあさんが美月の問題行動にあきれて、叱ることもしなくなったことをさびしく感じている。
イ　おかあさんが美月よりも兄に愛情を注ぎ、美月を無視することに納得できない怒りを覚えている。
ウ　おかあさんが美月の友人関係に怒って、話しかけてくれなくなったことを腹立たしく感じている。
エ　おかあさんが美月に全く興味が無く、美月の存在を軽く扱っていることを悲しく感じている。

問七　次の会話は、この本文を読んだ上で、生徒たちが話し合っている様子です。本文の特ちょうを説明したものとしてもっともふさわしいものを次の中から一つ選び、記号で答えなさい。
ア　生徒A「基本的には志保が語る物語だけれど、ときおりお母さんや美月の視点でも語られているから、登場人物がそれぞれの場面でどのような気持ちでいるかよく読み取れるね。」
イ　生徒B「『ごっそり』とか、『ぱきっと』のような、音や物事の状態を表す言葉がたくさん使われているよ。このおかげで状況が想像しやすくて、読みやすい文章になっているね。」
ウ　生徒C「美月が関西弁を話すことで、彼女の率直な気持ちがよく表れているなあ。常に正しい意見を冷静に主張する志保との違いから、二人の関係性もよく見て取れるね。」
エ　生徒D「母親には言い返しているけれど、美月との会話では常に聞き役でいることから、志保の中で母親よりも友人の優先順位が高くなっていることがわかるね。」

問八　あなたが美月の親だとしたら、どのように関わってあげたいですか。理由もふくめて、百八十字以上二百字以内で改行せずに書きなさい。
〈注意〉書き出しの空らんはいりません。また、、や。や「　などの記号はそれぞれ一字として数えます。

問一 〰〰線aからcの意味を次の中からそれぞれ一つずつ選び、記号で答えなさい。

a「とうぶん」 ア わずかに イ 今のところ ウ しばらく エ ほどなく

b「さも」 ア いかにも イ すかさず ウ 完全に エ そして

c「うんと」 ア けん命に イ たびたび ウ しきりに エ たくさん

問二 本文には「　　」でくくられていないママのせりふがあります。ぬき出して、最初と最後の五字を書きなさい。

問三 ――線①「この言葉は最初から言おうと思っていたのだ」とありますが、この文について説明したものとしてもっともふさわしいものを次の中から一つ選び、記号で答えなさい。

ア ママは最初から、志保に美月が万引きに関わっていることを伝えようと考えていたということ。

イ ママは最初から、志保が友だちと付き合うことをやめるように説得しようとしていたということ。

ウ ママは最初から、志保と麗衣奈の間に交流があるかどうかを聞こうと考えていたということ。

エ ママは最初から、志保が悪い人間とつきあっていないかどうか確かめようとしていたということ。

問四 ――線②「あたしのせいだ」とありますが、なぜですか。四十字以内で書きなさい。

問五 ――線③「だいじょぶだよ」とありますが、この時の志保の気持ちを説明したものとしてもっともふさわしいものを次の中から一つ選び、記号で答えなさい。

ア 親しくない同級生の事情なんてわからないし知りたくもないのに、聞いた話をそのまま全て信じる美月にいら立ちを覚え、話を早く終わらせるため、つき放したような言い方をした。

イ 麗衣奈の家庭の事情は麗衣奈にしか解決することができないのに、美月が聞いた話に同情して、万引きの手伝いをさせられていることに怒りを覚えたため、もう麗衣奈と関わらないように説得した。

「③だいじょぶだよ、美月ちゃんが心配しなくたって。麗衣奈さんってすごくタフそうじゃん。生きるちからありそうじゃん。友だち、めっちゃ多いし。」

「うん、そうやね。」

麗衣奈さんはきっとだいじょうぶ、そう言うしかなかった。どうせあたしには彼女のことはわからない。

麗衣奈さんばかりじゃなく、同級生のそれぞれがかかえている事情をぜんぶわかってあげるなんてできっこないし、ぜんぶに共感するのもむりにきまっている。助けになってあげるなんてさらにむりな話だ。

みんなそれぞれの家の中で、せいいっぱい立ちむかっていくしかないのだ。

父親とか母親とか敵だか味方だかわかんない相手と、派手にやりあったり地味に反抗したりしながら。

でも、どちらにしたって子どもに勝ち目はなさそうだけれど。

「それよか、美月ちゃんは平気？　叱られなかった？」

美月ちゃんは平気だと言った。怖いはずのおとうさんにはぜんぜん叱られていないのだと。

「おかあさん、このことはおとうさんに言うてないんやて。内緒やて。」

「よかったね。」

喜んだあたしに、美月ちゃんはそうでもなさそうな声で答えた。

「あんなぁ、おかあさんなぁ、おとうさんに知られたくないんよ。母親がちゃんと見てないからだって言われたないんよ。くやしいんやろね、そう思われるのが。うちが何したって関係あらへん。」

美月ちゃんの声はかぼそい。

「※このあいだ警察に行ったばかりで、もう疲れたんやろな、もうあきれたんやろな。」

この家はお兄ちゃんがいるだけでいい。うちのことはどうでもいい。でもそれってラッキーやろ。叱られるよりは無視される方がラクやもん。な、それってラッキーやろ。

それから、④美月ちゃんはため息をついた。キシリと、ベッドのスプリングの音が聞こえてきた。

（安東みきえ『満月の娘たち』）

※このあいだ警察に行ったばかり…志保と美月は幽霊屋敷探検に行って、不法侵入のため警察に補導された過去がある。

美月ちゃんったら、ばかだな。

なんで中山麗衣奈(れいな)さんたちにふらふらくっついていっちゃったんだろう。でも麗衣奈さんたちの仲間って妙(みょう)に仲がよさそうな気がする。家族みたいに親しい感じがする。

うらやましくなっちゃうかもしれない、さびしい時には。

さびしがりだからな、美月ちゃんは。

だから放課後、あたしのところに来たのかな。つきあってあげればよかったのに。②あたしのせいだ。

そんなふうにぐるぐる考えていたら疲(つか)れてしまった。

それで思いきって電話をした。

美月ちゃんはすぐに出た。そして、何も言わないうちに中山麗衣奈さんたちのことをかばい始めた。

「ね、志保、麗衣奈さんたちを悪く言わんといてな。あの子ら、そんな悪い子たちとちゃうから。」

「うん。」

「警備員さんにこの子は関係ないて、麗衣奈さん、ちゃんと言うてくれはったんやから。」

「うん。」

「うちだけはちがうて言うてくれたんやから。」

「けど、美月ちゃんはほんとに関係なかったんでしょ。」

「そんなことない。みんなの紙袋、用意したの、うちやもん。」

「紙袋？」

「だって麗衣奈さん、ポリ袋しかない言うんやから。紙袋持ってないて言うんやから。デパートとか買い物行かないからないんやて、紙袋。」

「そういうことじゃなくて――。」

「そいでな、麗衣奈さんな、紙の袋もおふくろもないってシャレ言うてけらけら笑うんよ……ほんとにいつもいないんよ、おかあさん。ほんでな、ときどきは帰ってきはるんやて。お金を置いてってくれはるんやて。」

「そういう家って、麗衣奈さんのとこだけじゃないと思うよ。」

「でもな、麗衣奈さんたら、いっつもおかあさんのこと気にしてるんよ。嫌(きら)われたくない思うてるんよ。おかあさんのこと、大好きやて。」

美月ちゃんは、そのあとしばらくだまってしまった。

「それじゃ美月ちゃんは？　今、家にいるって？」
「知らない。でもたぶん家でしょ。とうぶんはどこにも出してもらえないんじゃないかな。」
ママはまた手もとに目をもどし、お茶を湯呑みにそそぎながらつぶやく。美月ちゃんったら、なにがあったのかしらね。なんでそんな子たちとつきあうようになっちゃったのかしらね。やんちゃな子たちだって聞いたし。
それから、さもたった今思いついたみたいに、頭も上げずにさらりと言った。
「志保はだいじょうぶだよね。そういう子たちとつきあったりしてないよね。」
①この言葉は最初から言おうと思っていたのだ。それが証拠にママは淹れたお茶を飲まずに、まちがってパセリを口に入れたのだから。あまり好きでもないはずのパセリをごっそりと。
「ねえそれ、本気で言ってる？」
あたしはママの顔をにらんだ。
「そんなに自分の娘が信用できない？」
ママは目をふせてパセリをかみ続けている。砂場のじゃりでも食べているような顔で。
「そういうことじゃないのよ。」
「つきあってないよ。」
どなるように言った。
「ママが信用してくれなくてもいいけど。」
まだ食事のとちゅうだったけれど、折れる勢いで箸をテーブルにばんと置いて席を立った。
かまわない。どうせ箸は折れていた。

自分の部屋にひきあげた。
ベッドにころがって美月ちゃんのことを考えた。
どうしているのだろう。
今頃、うんと叱られているだろうな。
美月ちゃんの家はおとうさんも厳しいから。そうでなくても出来のいいお兄ちゃんと比べられて叱られることが多いから。

二 次の文章を読んで、後の問いに答えなさい。（一部問題の都合により省略、または変更しているところがあります。）

そんなやりとりのあとだったから、ママは話す気になったのかもしれない。あたしの横っつらをちょこっとはりとばすかわりに。
お茶を淹れながら、びっくりするようなことをさらりと言ってのけたのだ。
「美月ちゃん、万引きの疑いで連れていかれたんだって。警備の人に。」
「え？」
驚いて、あたしは口にくわえていた箸の先をぱきっと折ってしまった。
「いつ？　なに、それ。」
口に残った箸のかけらをぺっと吐いた。
「モールで、今日の夕方。」
美月ちゃんは、放課後に何人かと連れだってショッピングモールの店に行ったそうだ。そこで女の子たちが洋服やらアクセサリーやらを紙袋に入れたところを店の警備員に見つかり、事務室に連れていかれたというのだ。
美月ちゃんのおばちゃんとママは仲がいい。ママだけが知っている情報なのだろう。
「うそだよ、そんなの。直接ママが見たわけじゃないでしょ。信用なんてできないよ。」
「そうだね、うそだったらいいよね。」
「そんなのはなんかのまちがいにきまってんじゃん。」
「そう。志保、美月ちゃんはちがうの。」
きゅうすをことんと置くと、テーブルをはさんであたしを正面から見据えた。
「美月ちゃんはつかまったけどね、実はなんにもとってなかったんだって。うつっていた防犯カメラでわかったらしいのよ。」
「どういうこと？」
「無理やりに誘われたんじゃないの？　一緒にいた子たちが悪かったんだよ、きっと。」
「それで美月ちゃん、どうなったの？　今、警察にいるの？」
「ううん、警察は呼ばれなかったんだって。みんなの親に連絡がいって、それぞれの分のお金を払うからってことで帰してもらったって。店としてもめんどうはいやなんでしょうね。」

2023年度

藤村女子中学校

【国　語】〈二月一日午前一般試験〉（五〇分）〈満点：一〇〇点〉

一　次の――線の漢字の読みをひらがなに、カタカナを漢字に直しなさい。

①　タイ料理に興味を持つ。
②　貿易が盛んな港。
③　彼女はとても著名な人物だ。
④　その答えは誤りだ。
⑤　税金を納める。
⑥　台風がセッキンしている。
⑦　地域のデントウを守る。
⑧　学校でうさぎをシイクする。
⑨　アツい雲が空をおおっている。
⑩　常に災害にソナえておく。

2023年度

藤村女子中学校　▶解説と解答

算　数　＜２月１日午前入試＞（50分）＜満点：100点＞

解　答

1 (1)　10　(2)　0.5$\left(\frac{1}{2}\right)$　(3)　$\frac{13}{24}$　(4)　3140　(5)　32　2 (1)　160cm　(2)　0.981　(3)　30枚　(4)　60度　(5)　（Ｂ）　3 (1)　785cm^3　(2)　**記号**…②，**理由**…側面の横の長さは底面の円周と同じ，10×3.14＝31.4である。よって，正しいのは②となる。
4 (1)　40　(2)　毎分１Ｌ　(3)　75　(4)　262分後　(5)　291分後　5 (1)　**あ**…４，**い**…５，**う**…４　(2)　①　イ　②　25％高い　③　$\frac{5}{4}$　(3)　**え**…2000円，**お**…1360円，**か**…1200円　(4)　**き**…牛豚あいびきハンバーグ，理由…牛肉ハンバーグは５個ごとに400円引きになるが，１個あたりの金額は安くても200円を上回る。牛豚あいびきハンバーグの場合，５個以上買うときには５個より多い分については１個あたり120円で買えて一番安い。よって，豚肉ハンバーグよりも１個あたりの値段が牛豚あいびきハンバーグの方が安くなるので，たくさん買うほどお得になることがある。

解　説

1 四則計算，計算のくふう

(1)　$1+3\times4-6\div2=1+12-3=10$

(2)　$0.75\div0.3-\frac{1}{8}\times16=2.5-2=0.5$

(3)　$\frac{1}{2}+\frac{2}{3}-\frac{1}{4}\times\left(2+\frac{1}{2}\right)=\frac{1}{2}+\frac{2}{3}-\frac{1}{4}\times2\frac{1}{2}=\frac{1}{2}+\frac{2}{3}-\frac{1}{4}\times\frac{5}{2}=\frac{1}{2}+\frac{2}{3}-\frac{5}{8}=\frac{12}{24}+\frac{16}{24}-\frac{15}{24}=\frac{13}{24}$

(4)　$10\times10\times3.14+30\times30\times3.14=100\times3.14+900\times3.14=(100+900)\times3.14=1000\times3.14=3140$

(5)　$21\times\left(\frac{6}{7}+\frac{2}{3}\right)=21\times\frac{6}{7}+21\times\frac{2}{3}=18+14=32$

2 比，小数，つるかめ算，三角定規の角，展開図

(1)　４mは400cmなので，短い方の長さは，$400\times\frac{2}{2+3}=400\times\frac{2}{5}=160$(cm)となる。

(2)　１より大きくて１に最も近い数は1.089なので，１との差は，1.089－１＝0.089である。１より小さくて１に最も近い数は0.981なので，１との差は，１－0.981＝0.019である。よって，１に最も近い数は0.981になる。

(3)　35枚すべてが50円切手のときの合計の金額は，50×35＝1750(円)である。よって，80円切手の枚数は，(1900－1750)÷(80－50)＝５(枚)なので，50円切手の枚数は，35－５＝30(枚)となる。

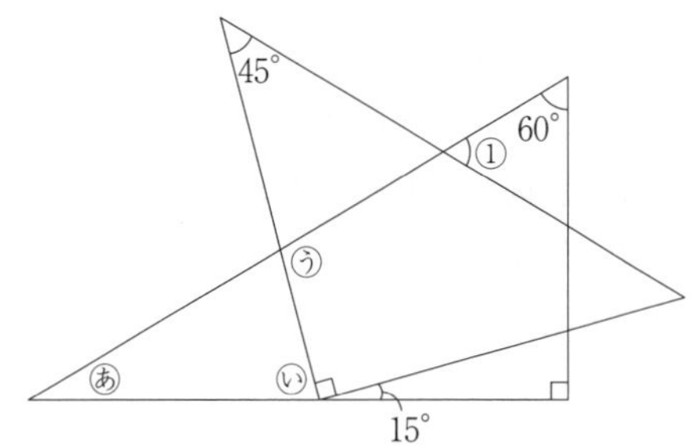

(4)　三角定規だから，㋐の角は30°である。㋑の角は，180°－90°－15°＝75°となる。㋒の角は左下の三角形

の外角だから，㋐＋㋑＝30°＋75°＝105°である。①と向かいあった角は大きさが等しく，㋒の角は左上の三角形の外角だから，①＋45°＝㋒，①＋45°＝105°，①＝105°－45°＝60°と求まる。

(5)　図アの展開図を組み立てたときに図イの立方体のようになるためには，あ，い，うは，右の図のようになるから，（B）である。

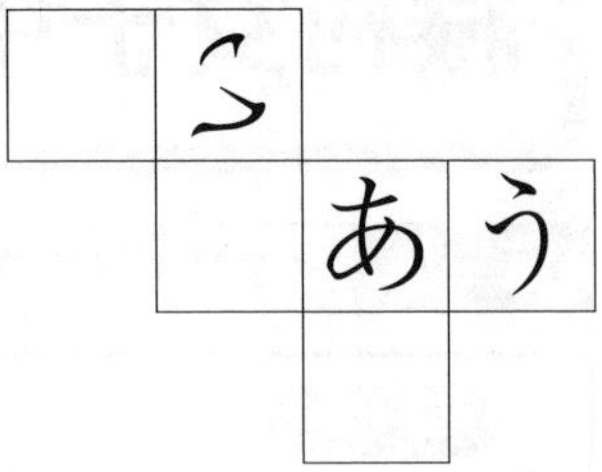

3 円柱の体積・展開図

(1)　円柱の底面の半径は，10÷２＝５(cm)なので，円柱の体積は，底面積×高さ＝５×５×3.14×10＝785(cm³)となる。

(2)　解答参照。

4 水の深さと体積

(1)　100Lで満水となる水そうに$\frac{2}{5}$まで水が入っているから，（イ）は，100×$\frac{2}{5}$＝40である。

(2)　70－10＝60(分間)で，100－40＝60(L)の水が減ったから，60÷60＝(毎分)１(L)ずつ水が減っている。

(3)　毎分3.5Lずつはい水しているのに，水が毎分1Lずつしか減らないのは，3.5－１＝(毎分)2.5(L)ずつ給水されているからである。最初の10分間では，2.5×10＝25(L)の水が増えて100Lとなったから，（ア）は，100－25＝75である。

(4)　２回目に満水になるのは，70分後からさらに，60÷2.5＝24(分後)なので，水を入れ始めてから，70＋24＝94(分後)である。満水から次の満水までには，94－10＝84(分)かかる。よって，４回満水になるのは，水を入れ始めてから，94＋84＋84＝262(分後)と求まる。

(5)　100Lの水を毎分3.5Lずつはい水するから，満水の水そうが空になるまでにかかる時間は，100÷3.5＝28.5…≒29(分)である。よって，水を入れ始めてから，262＋29＝291(分後)となる。

5 文章題―割合，値段

(1)　**あ**　Aのハンバーグ３個の重さは，200×３＝600(g)なので，Bのハンバーグ，600÷150＝４(個)の重さと同じになる。

い　Aのハンバーグだけで１kgつまり1000g買うには，1000÷200＝５(個)買う必要がある。

う　Aのハンバーグ２個の重さは，200×２＝400(g)なので，Bのハンバーグを，(1000－400)÷150＝４(個)買う必要がある。

(2)　①　x＝100，y＝80なので，$x+y=y+x$＝180，$x-y$＝20となり，イの式が正しい。

②　100÷80＝1.25なので，xはyより，(1.25－１)×100＝25(％)高い。

③　xはyの，100÷80＝$\frac{100}{80}$＝$\frac{5}{4}$(倍)である。

(3)　**え**　牛肉ハンバーグを８個買うと，300×８＝2400(円)で，５個買うごとに400円引きなので，2400－400＝2000(円)となる。

お　牛豚（ぶた）あいびきハンバーグを８個買うと，５個は，200×５＝1000(円)で，残りの３個は，１個あたり４割引きの120円で買えるから，120×３＝360(円)なので，1000＋360＝1360(円)となる。

か　豚肉ハンバーグを８個買うと，150×８＝1200(円)である。

(4)　解答参照。

社　会　＜２月１日午前入試＞（理科と合わせて50分）＜満点：50点＞

解　答

1　**問１**　エ　**問２**　エ　**問３**　イ　**問４**　ア　**問５**　イ　**問６**　（例）汚い飲み水によってお腹をこわすなど，病気になることがある。　**問７**　イ　**問８**　エ　2　**問１**　①　源頼朝　②　ウ　**問２**　ウ　**問３**　イ　**問４**　ア　**問５**　①　お　②　う　③　い　**問６**　**タイトル**　（例）「春はあけぼの」　**理由**　（例）平安時代の貴族の生活をいきいきと随筆に記した女性だから。　3　**問１**　中華人民共和国　**問２**　プーチン　**問３**　イ　**問４**　ウ　**問５**　ニューヨーク　**問６**　ア　**問７**　エ　**問８**　イ

解　説

1　地形図にもとづく自然や人口についての問題

問１　ダムを利用した水力発電は，発電時に二酸化炭素を排出しないのでクリーンなエネルギーであるといわれるが，巨大な施設であるダムの建設については森林が伐採され生態系に影響が出るなど，自然破壊の側面があり，「自然環境にまったく影響を与えない」という文は誤っている。

問２　筑後川は阿蘇山を水源とする九州地方最大の一級河川で，筑紫平野を形成し，有明海に注いでいる。なお，アの多摩川とウの利根川は関東地方，イの信濃川は中部地方を流れる川である。

問３　海に面していない県とは内陸県である。47都道府県のうち内陸県は全部で８県あり，埼玉県と長野県以外には，栃木県，群馬県，山梨県，岐阜県，滋賀県，奈良県がある。

問４　東北地方の中央部を南北に延びる奥羽山脈は日本最長の山脈で，「日本の背骨」とよばれる。なお，イの紀伊山地は近畿地方，ウの赤石山脈は中部地方，エの九州山地は九州地方に位置している。

問５　グラフを見ると，夜間人口より昼間人口の方が圧倒的に多いことから，イかウのいずれかである。問題文にグラフ中の３つの区は「東京の都心部に位置する」とあることから，「会社や商業施設，観光施設が多い」と書かれているイを選ぶ。

問６　水道設備がない地域では，河川や池，湖の水を利用しなければならないが，菌や寄生虫などに汚染されていて安全ではないことが多い。汚い飲み水を飲むことで，下痢による脱水症状や重大な病気に感染する危険性がある。

問７　地形図の右上に方位記号が示されており，矢印の向いている方角が北にあたる。地形図中の第一浄水場の給水塔は藤村女子中学校から見て，北西の方角にあたる。

問８　アの郵便局は⊖，イの銀行はȢ，ウの消防署はYで表される。

2　大河ドラマの主人公についての問題

問１　①　源頼朝は源氏の棟梁として初めて本格的な政権を鎌倉に開いた。頼朝以降，鎌倉幕府の歴代将軍は「鎌倉殿」と呼ばれた。　②　北条氏が就いた執権は，将軍を補佐する鎌倉幕府内での役職である。なお，アの征夷大将軍は朝廷の官職の一つで，本来は蝦夷を征討する役職だった。イの摂政は天皇が幼い時や女性の場合に天皇に代わって政治を行う官職，エの関白は成人の天皇を補佐する官職である。

問2　問題文に「通商条約」とあることに着目する。幕府は函館・横浜・神戸・新潟・長崎の5港を開港し，貿易を始めることを約束した。また，同じような内容の条約をイギリス・フランス・オランダ・ロシアとも結んでいる。なお，小笠原諸島が日本の領土として確定したのは明治時代のことである。

問3　元軍が攻めてきたのは1274年と1281年の二度で，鎌倉時代にあたる。なお，アとエは飛鳥時代，ウは奈良時代のできごとである。

問4　江戸と領地を一年おきに往復する参勤交代の制度は，諸藩にとっては財政的に大きな負担となった。なお，イは織田信長，ウは豊臣秀吉，エは明治新政府が行った政治の内容である。

問5　①　琉球は15世紀前半～19世紀後半までの約450年間，おの沖縄県にあった王国の名である。　②　加賀は旧国名で，うの石川県南部にあたる。　③　鎌倉は相模国の一部で，いの神奈川県の三浦半島に位置し，相模湾に面する地域にあたる。

問6　自由に自分の考えを書く問題である。大河ドラマの主人公となりうる歴史上の女性としては，例に挙げた清少納言の他に卑弥呼(弥生時代)，推古天皇(飛鳥時代)，紫式部(平安時代)，北条政子(鎌倉時代)，津田梅子(明治時代)，平塚らいてう(大正時代)などが小学校の教科書でも取り上げられている。

3　2022年に起こった出来事についての問題

問1　北京では，2008年に夏季オリンピックも開催されている。なお，正式名称が問われることのある国名としては，中華人民共和国以外にもアメリカ合衆国やロシア連邦，大韓民国などがある。

問2　プーチンは，ロシア連邦の第2代大統領として2000～2008年，第4代大統領として2012～2023年4月現在まで大統領を務めている。

問3　第9条では，戦争の放棄，戦力の不保持，交戦権の否認が定められている。なお，アの第1条は天皇の地位と国民主権，ウの第13条は個人の尊重，エの第25条は生存権について定められている。

問4　国会は法律を制定することのできる唯一の機関として，立法権を司っている。なお，アの司法権は裁判所，イの行政権は内閣が司っており，政治権力を3つに分け，互いに抑制しあうことで，権力が濫用されることを防いでいる。エの生存権は基本的人権の社会権の一つであり，憲法第25条に規定されている。

問5　ニューヨークは，北アメリカ大陸の東海岸に位置するアメリカ合衆国最大の都市で，世界の政治・経済・文化の中心都市と言える。ただし，アメリカ合衆国の首都はニューヨークではなく，ワシントンD.C.である。

問6　日本国憲法は1946年11月3日に公布され，翌年の5月3日に施行された。

問7　立候補年齢が満30歳以上であるのは参議院議員と都道府県知事のみで，衆議院議員・市町村長・都道府県議会議員・市町村議会議員は満25歳以上である。

問8　与党とは政権を担当している政党をさす。これに対し，政権を批判する役割を持つのが野党である。

理科 <２月１日午前入試>（社会と合わせて50分）<満点：50点>

解答

1 **問１** ⑤　**問２** （例）温度の高い湯は軽いので上のほうにのぼり，温度の低い湯は重いので下のほうにしずむから。　**2** **問１** （例）水，空気，適した温度の３つがそろうようにする。　**問２** ①，③　**問３** ④　**3** **問１** ③　**問２** （例）月には大気がほとんどないから。また，月には液体の水がないから。　**4** **問１** 15cm　**問２** （例）両方のおもりの重さが250ｇで同じなので，バネを通して２つのおもりはつり合っている。そのため，バネには250ｇの力が加わっているから。

解説

1 **バスタブの湯についての問題**

問１ 石灰水には，二酸化炭素と反応して白く濁(にご)る性質がある。そのため，石灰水は気体が二酸化炭素かどうかを調べるときに用いられる。

問２ 水は，あたたかくなって周囲より軽くなると上に行き，冷たくなって周囲より重くなると下に行く。バスタブに湯を入れたあとそのままにしておくと，水面などで冷やされて温度が低くなった部分は重くなってしずんでいき，かわりに周囲のこれよりあたたかい部分が上にのぼる。その結果，しばらく時間がたつと，湯の上のほうはあたたかいのに，下のほうは冷たい状態になる。

2 **植物の成長についての問題**

問１ 植物の種子が発芽するためにはふつう，水，空気(酸素)，適した温度の３つの条件がそろっていることが必要となる。よって，この３つの条件を満たしているところに種子を置くとよい。

問２ 観察で見た葉にある細かい筋は葉脈である。葉脈には，根から吸い上げた水分などが通る管(道管)と，葉の細ぼうが光合成を行ってつくった栄養分が通る管(師管)が通っている。

問３ 図１の種子は，秋も深まってきた11月に見つけたので，種子のすがたで冬をこし，春になると発芽して成長する植物のものと考えられる。冬は気温が低く，緑色の葉をつけたまま冬をこすのがむずかしいという理由から，この植物は秋になると種子を残して枯(か)れ，種子で冬をこすのである。なお，冬は光合成がしづらいが，それは天気のせいではなく，昼の時間が短くて太陽高度も低いことや，気温が低いことが主な理由である。

3 **月についての問題**

問１ 地球から見た月の形は毎日少しずつ変化する。これを月の満ち欠けといい，新月(④のように何も見えない月)から毎晩観察すると，明るい部分が右側から増えていき，やがて満月(①のように丸い月)となる。その後は暗い部分が右側から増えていき，再び新月にもどって，これがくり返される。新月から再び新月になるまでには約１ヶ月(約29.5日)かかる。言いかえると，同じ形の月から約１ヶ月たつと再び同じ形の月になる。したがって，図１の状態の月から約１ヶ月後には，図１と同じ形の③の月が見られる。

問２ 生き物が生存するには，呼吸をするための酸素(ヒトのような生き物の場合は空気)があることや，液体の水が存在することが必要である。月には大気(空気)がほとんどなく，表面に液体の水がないので，月には生き物が存在していないと考えられており，今までの月の観測や探査では生き物の痕跡(こんせき)は見つかっていない。

4 バネの性質についての問題

問１　図１で，ここで使われているかっ車は定かっ車で，力の向きは変わるが力の大きさは変えない。よって，バネにはぶら下げたおもりの重さ250ｇがかかっている。ところで，表１を見ると，おもりの重さが100ｇ増えると，バネの長さが２cm増えていることがわかる。この関係の数値を半分ずつにすることで「おもりの重さが50ｇ増えると，バネの長さが１cm増える」という決まりが導き出せる。よって，おもりの重さを200ｇから50ｇ増やして250ｇにしたことを考えると，バネの長さは14cmから１cm増えて15cmになるといえる。

問２　図１で，バネの一方を取りつけたかべは，おもりの重さにあたる250ｇの力でバネに引っ張られているが，バネをつなぎ止めるために250ｇの力でバネを引っ張っていると考えることもできる。言いかえると，バネの左はしには250ｇのおもりをぶら下げたときと同じだけの力がかかっている。したがって，図２の左側のおもりは，図１のかべと同じはたらきをしていると考えられる。図２において，バネの両側に同じ250ｇのおもりをぶら下げたので全体としてつり合っていて，バネには図１と同じ250ｇの力がかかっているので，バネの長さも同じ15cmになっているのである。

英　語　<２月１日午前試験>（50分）<満点：100点>

解　答

1 (1) イ　(2) ウ　(3) ウ　(4) イ　(5) ア　2 (1) ア　(2) ウ　(3) ア　(4) イ　(5) ウ　3 (1) エ　(2) ア　(3) イ　(4) ウ　(5) オ　4 (1) イ　(2) ウ　(3) イ　(4) エ　(5) ア　(6) イ　(7) エ　(8) ウ　(9) エ　(10) エ　5 (1) ア ○　イ ×　ウ ×　(2) ア ×　イ ×　ウ ×　(3) ウ　(4) ウ　6 省略

国　語　<２月１日午前入試>（50分）<満点：100点>

解　答

一 ① きょうみ　② ぼうえき　③ ちょめい　④ あやま　⑤ おさ　⑥～⑩下記を参照のこと。　二 **問１**　a ウ　b ア　c エ　**問２**　(最初)美月ちゃん　(最後)聞いたし。　**問３**　エ　**問４**　志保が付き合っていれば，美月が万引きの現場に居合わせることはなかったから。　**問５**　ウ　**問６**　ア　**問７**　イ　**問８**　（例）　私が美月の親だったとしたら，美月を兄と平等に扱い，正面から向き合うことでさみしい気持ちを感じさせないようにしてあげたいと思っています。なぜなら，両親からきちんと向き合ってもらえていないと感じている美月のさみしさを解消するには，しっかり美月自身を見つめてあげる必要があると考えるからです。美月の悩みや苦しみを聞いてあげることで，少しでも愛されている実感をもてるように接してあげたいと思います。　三 **問１**　a エ　b イ　**問２**　社会に対して理想を持ち，努力する人たちの力が現実を変えてきたということ。　**問３**　ウ　**問**

4 弱肉強食　**問5**　エ　**問6**　ア・オ　**問7**　(最初)私の希望は　(最後)という意識
問8　エ

●漢字の書き取り

一 ⑥ 接近　⑦ 伝統　⑧ 飼育　⑨ 厚　⑩ 備

解説

一 漢字の読みと書き取り

① 人の関心をそそる面白み。　② 外国と商業取引を行うこと。　③ 名前がよく知れ渡っていること。有名。　④ 正しくないこと。間違い。　⑤ 渡すべき金や物を受け取る側に渡す。　⑥ 近づくこと。　⑦ 昔から受け伝えて来た，有形・無形の風習・しきたり・傾向(けいこう)・様式。　⑧ 動物などを飼い育てること。　⑨ 一方の面から反対側までの隔(へだ)たりが大きいこと。　⑩ 物事が起こった時それに応じて行動ができるように準備すること。

二 出典は，安東(あんどう)みきえの『満月の娘たち』による。

万引きにまきこまれてしまった友人のことを母親から聞かされる中で，主人公が母親との関係に悩む様子，また友人との電話を通して，他人との関わりあい方の難しさや，友人の抱えるさみしさを感じとる場面が描かれている。

問1　a 「近い将来までの，ある程度の期間。しばらく。」の意味。　b 「確かにそれに違いないと思われるさま。いかにも。」の意味。　c 「程度・分量がはなはだしいさま。非常に。たくさん。」の意味。

問2　ママのせりふにかぎかっこをつける問題である。文章の前半部分のママが登場する場面をていねいに読み，かぎかっこが必要な部分を探す。

問3　傍線(ぼうせん)部の内容を説明する問題である。ママの言葉を「あたし」がどのように受け止めたのかをおさえる必要がある。「この言葉」とは，「そういう子たちとつきあったりしてないよね。」という内容である。「そういう子たち」とは万引きをした子たちを指す。「あたし」はこれを聞いて，「そんなに自分の娘が信用できない？」「ママが信用してくれなくてもいいけど。」と言っている。つまり「あたし」は，万引きをするような悪い友達とつきあっていないか，ママが自分を疑っていると思ったのである。この内容をふまえているのはエの選択肢(せんたくし)となる。

問4　理由説明の問題。まず傍線部がどのような内容を表しているのかを考えるところから始める。「あたしのせい」というのは，自分のせいで美月ちゃんが万引きに巻き込まれてしまったということである。そこで，なぜ「あたし」がそのように考えたのかを本文から読み取る。傍線部直前に「さびしがりだからな，美月ちゃんは。だから放課後，あたしのところに来たのかな。つきあってあげればよかったのに。」とあるので，「あたし」が放課後に美月ちゃんと一緒に過ごしていれば，万引きに巻き込まれなくてすんだからという理由をまとめる。

問5　主人公の心情を考える問題である。傍線部は，美月ちゃんが麗衣奈(れいな)さんのことを過度に心配する様子を見て言ったせりふである。この傍線部の6文後に「きっとだいじょうぶ，そう言うしかなかった。～あげるなんてさらにむりな話だ」とあるところに注目しよう。ここでは，「あたし」が他人の事情のすべてを分かってあげて助けることはできないと考えていることが分かる。したがって，必要以上に心配する美月ちゃんを安心させて，麗衣奈さんの話に深入りしないように，このせりふを言ったのだと考えられる。

問６　美月ちゃんの気持ちを考える問題である。直前の「もうあきれたやろな。」「うちのことはどうでもいい。～無視される方がラクやもん。」とある部分に注目する。ここから，問題行動を起こす自分に対して両親が向き合ってくれていないということ，その状況を美月ちゃんが実はさみしく感じていることを読み取る。この点をふまえると正解はアとなる。エの選択肢がまぎらわしいが，最後の心情や前半部分の「全く興味が無く」という点がややずれてしまっている。

問７　生徒たちの発言の中から，本文の特徴を正しくとらえているものを選ぶ問題である。アは本文が「あたし」の視点のみで述べられているため誤り。ウは「常に正しい意見を冷静に主張する志保」の部分が，本文で母親にどなっている場面があるため誤り。エは「聞き役でいることから～優先順位が高くなっている」の部分が，母親と友人を比べる内容が本文にないため誤り。

問８　作文の問題である。今回は「美月の親だったとしたら，どのように関わってあげたいか」ということとその理由の二点を説明する。本文では美月の親が美月に向き合ってあげていない様子が描かれているので，そうではない関わり方を考えて書くとよい。

三　**出典は，上田紀行の『かけがえのない人間』による。**「希望」をもって生きることが難しい現代社会の中で，人々が自分自身に感じる「かけがえのなさ」も薄れてしまっていることを述べつつ，「かけがえのない」自分であるためには，自分で未来を変えていくという希望を持ちながら，自ら行動することが重要であるとしている。

問１　**ａ・ｂ**　空らんに入る言葉を入れる問題である。理想主義という言葉についての段落であることをおさえる。ａには現実に戦争が起きていることを述べているので，「現実」を入れればよい。その対比になっているのがｂの部分であるので，「理想」を入れればよい。

問２　「現実主義」的な考え方をする人たちに見えていないものをまとめる問題である。直後に「現実を見ていない」とあるため，ここで筆者のいう「現実」とは何かをおさえていけばよい。２文後からの「そこには常に平和を～努力する人たちがいました。」「理想を持つ人たちの～ということを忘れてはいけません。」とある部分に注目してまとめる。

問３　傍線部に用いられている表現技法を答える問題である。「希望」という人ではないものについて，まるで人であるかのように「やせ衰えてきています」という表現を使っている。したがって「ぎ人法」が用いられている。

問４　「弱肉強食」とは「弱い者が強い者のえじきになること。弱者の犠牲の上に強者が栄えること。」という意味の四字熟語である。

問５　空らんに入る言葉を選ぶ問題である。この部分にふさわしい様子を表す言葉はどれなのかを考えよう。直前に「これからの未来を担う若者が，いったいどうしたことだ！」とあることから，がっかりしている様子を表す「ガックリ」がふさわしい。

問６　傍線部の具体例に合うものを選択する問題である。最近の入試問題で多く登場するタイプの問題のため，しっかりと解き方をおさえておきたい。まずは傍線部の内容がどのような意味なのか，その後に具体的な説明がないかに注意しながら読む。今回のキーワードは「無理」。傍線部の２文後に「最初からそれは無理だと決めているのはなぜでしょうか」とあり，その後の２段落で「世界の流れは誰かが決めているのであって～私にはどうしようもない」「世界の流れは誰かが～限りなく低い」とあるので，正解はアとオである。

問７　「大きな誤解」の内容を分かりやすく説明した部分をぬき出す問題である。傍線部の後を読み進めていくと，「しかしそこにある誤解は…」という文があるため，その段落から探していけばよい。

問８　本文の内容に合っているものを選ぶ問題である。アは「努力が実ることはほぼ無く」という点が誤り。本文では理想をもって行動していく努力の大切さを述べている。イは「前向きに生きる若者は少なくない」が誤り。問５でも見たように，若者たちの多くは希望はかなわないと思っていると述べられている。ウは「身近にいる人々が希望をかなえてくれる必要がある」が誤り。

Memo

2023年度 藤村女子中学校

＊【適性検査Ⅰ】は国語ですので、最後に掲載してあります。

【適性検査Ⅱ】〈2月1日午前適性検査型試験〉(45分)〈満点：100点〉

1 **やまと**さんと**さくら**さん、**先生**の三人が硬貨(こうか)や紙幣(しへい)について話をしています。

やまと：1円硬貨の重さと1万円札の重さがほとんど同じと聞いたのですが、本当ですか。

先　生：本当ですよ。1円硬貨の重さは1g、1万円札の重さも約1gとなっています。

さくら：日本で使用されているお金の中で、金額が最も大きい1万円札と、金額が最も小さい1円硬貨がだいたい同じ重さだというのは、なんだかおもしろいですね。

先　生：そうですね。

やまと：他の硬貨の重さはどれくらいでしょうか。

先　生：では、次の**表1**を見てみましょう。

表1　硬貨の種類と1枚の重さ

硬貨の種類	1円硬貨	5円硬貨	10円硬貨	50円硬貨	100円硬貨	500円硬貨
重さ	1g	3.75g	4.5g	4g	4.8g	7g

さくら：けっこう、重さがちがいますね。

先　生：そうですね。

やまと：これだけ重さがちがえば、何枚か硬貨を集めたときの重さから、金額を決めることができそうですね。

先　生：そうですね。ただ、金額によっては、何通りかの金額が考えられます。ちょうど、ここに硬貨が何枚か入ったふくろがあります。ふくろの重さは考えないものとして、硬貨の重さだけを調べると、42.8gでした。6種類の硬貨が必ず1枚以上入っているとすると、どのような金額が考えられるでしょうか。

さくら：この場合は、合計金額は何通りか考えられますね。

先　生：そうですね。

〔問題1〕　さくらさんが「この場合は、合計金額は何通りか考えられますね。」と言っています。考えられる合計金額のうち、最も多いものと最も少ないものと、そのときのそれぞれの硬貨の枚数を解答用紙の表に書き入れなさい。

先　生：では、今度は硬貨の枚数と支払う（しはらう）ことができる金額について考えてみましょう。10円硬貨2枚、50円硬貨1枚、100円硬貨2枚を使って、支払うことができる金額は、全部で何通りあるでしょうか。

やまと：硬貨を1枚も使わない0円は考えるのでしょうか。

先　生：0円は考えないことにしましょう。

さくら：そうすると、全部で17通りですね。

先　生：正解です。どのように考えましたか。

さくら：下のような表（**表2**）を書いて考えました。

表2　さくらさんの書いた表

10円	50円	100円
0枚	0枚	1枚
		2枚
	1枚	0枚
		1枚
		2枚
1枚	0枚	0枚
		1枚
		2枚
	1枚	0枚
		1枚
		2枚
2枚	0枚	0枚
		1枚
		2枚
	1枚	0枚
		1枚
		2枚

やまと：答えはさくらさんと同じですが、それぞれの硬貨の使える枚数を考えて、
　３×２×３－１＝１７（通り）
という式を使って答えを求めました。

さくら：なるほど、やまとさんがどのように求めたのかがわかりました。最後に１を引くのを忘れないようにしないといけないですね。

先　生：二人ともよくできましたね。

〔問題２〕　さくらさんが「なるほど、やまとさんがどのように求めたのかがわかりました。最後に１を引くのを忘れないようにしないといけないですね。」と言っています。やまとさんの求め方を用いて、１０円硬貨４枚、５０円硬貨１枚、１００円硬貨３枚を使った場合に支払うことができる金額が全部で何通りあるかを求めなさい。ただし、硬貨を１枚も使わない０円は考えないものとします。

先　生：すべての硬貨がたくさんあるものとして、合計金額が２０２３円となるようにするためには、最も硬貨が少ない場合で何枚になるでしょうか。

さくら：５００円硬貨を多く使った方がいいので、５００円硬貨４枚、１０円硬貨２枚、１円硬貨３枚の合計９枚ですね。

先　生：そうですね。では、同じ金額で、使用した硬貨の合計枚数が１３枚となった場合、それぞれの硬貨の使用枚数は何枚になるでしょうか。

やまと：５００円硬貨３枚、１００円硬貨５枚、１０円硬貨２枚、１円硬貨３枚ですね。５００円硬貨を１枚、１００円硬貨にかえて使えばよいのですよね。

先　生：その通りです。では、使用した硬貨の合計枚数が２３枚となった場合、それぞれの硬貨の使用枚数は何枚になるでしょうか。

さくら：答えは１通りになるのでしょうか。

先　生：そうとは限りません。

やまと：この場合は、一の位に注意して考えると、わかりやすいですね。

〔問題３〕　使用した硬貨の合計枚数が２３枚で、合計金額が２０２３円となる場合のそれぞれの硬貨の使用枚数を解答用紙の表に３通り書き入れなさい。

2 **太郎**さんと**花子**さんが、水資源(しげん)について話をしています。

花　子：世界には雨がほとんど降らない国もあって、雨が降らないことが原因で水不足になっている国もあるみたいだね。その点、日本は雨が多いから心配はなさそうね。

太　郎：この前、ＳＤＧｓに関する授業で水資源について学んだところなんだけど、日本も安心とは言えないみたいだよ。

花　子：えっ、日本は水が豊富にあると思っていたわ。どうして安心とは言えないのかしら。

太　郎：この前の授業で使った資料があるから、いっしょに見ていこう。

資料１　各国の年平均降水量と１人あたりの年降水総量

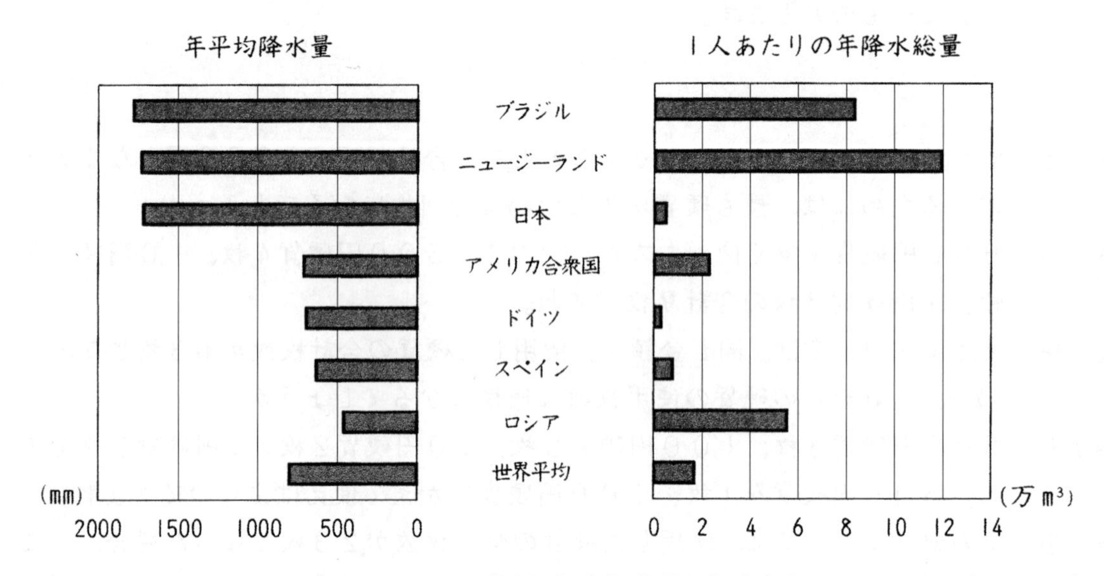

(国土交通省「国土交通白書２０２０」をもとに作成)

花　子：年平均降水量と１人あたりの年降水総量では、単位がちがうわね。なぜかしら。

太　郎：１人あたりの年降水総量は、その国の年平均降水量に国土面積をかけて、人口で割ることで求まる値なんだよ。ちなみに、その国の年平均降水量に国土面積をかけて求まる値は、年降水総量というよ。

花　子：なるほど。世界平均と比べると、日本は年平均降水量が多いのに、１人あたりの年降水総量はとても少なくなっているわ。どうしてかしら。

太　郎：**資料２**（次ページ）をもとに考えるとわかるよ。

資料2　各国の国土面積と人口

国名	国土面積（千km^2）	人口（千人）
ブラジル	8516	212559
ニュージーランド	268	4822
日本	378	126476
アメリカ合衆国	9834	331003
ドイツ	358	83784
スペイン	506	46755
ロシア	17098	145934

（「日本国勢図会2021/22」をもとに作成）

花　子：なるほど、1人あたりの年降水総量は国土面積、人口を合わせて考えるとわかりやすいわね。

太　郎：そうだね。そうすれば、ブラジル、ニュージーランドの1人あたりの年降水総量が日本の1人あたりの年降水総量より多くなる理由がわかるよね。

〔問題1〕　ブラジル、ニュージーランドの1人あたりの年降水総量が日本の1人あたりの年降水総量よりも多くなる理由を、国土面積、人口、年降水総量という言葉を使って、それぞれ説明しなさい。

花　子：日本は雨が多いけれど、決して安心とは言えないことがわかったわ。

太　郎：ちなみに、日本では降った雨は約3分の1が蒸発し、その残りの約5分の4は海に流れてしまうそうだよ。

花　子：ただでさえ、日本は1人あたりの年降水総量が少ないのに、実際に使える水の量はもっと少なくなるのね。ということは、いつでも水が使えるというのはすごいことなのね。

太　郎：そうだね。ぼくたちは普段（ふだん）、どのようなことにどれくらいの水を使っているかわかるかな。

花　子：まったく想像がつかないわ。

太　郎：じゃあ、**資料3**（次ページ）を見てみよう。

資料３　全国の水使用量（億㎥/年）

	１９８０年	１９９０年	２０００年	２０１５年	２０１８年
生活用水	１２８	１５８	１６４	１４８	１５０
工業用水	１５２	１４５	１３４	１１１	１０６
農業用水	５８０	５８６	５７２	５４０	５３５
合計	８６０	８８９	８７０	７９９	７９１

（国土交通省「令和３年版　日本の水資源の現況(げんきょう)」をもとに作成）

※生活用水…調理、洗濯(せんたく)、風呂(ふろ)、掃除(そうじ)、水洗トイレ等の家庭で使用される水を家庭用水、オフィス、飲食店、ホテル等で使用される水を都市活動用水といい、これらを併(あわ)せて生活用水という。

※工業用水…工業の分野において、ボイラー用水、原料用水、製品処理用水、洗浄(せんじょう)用水、冷却(れいきゃく)用水、温調用水等に使用されている水を工業用水という。

※農業用水…水稲(すいとう)等の生育等に必要な水を水田かんがい用水、野菜や果樹等の生育等に必要な水を畑地かんがい用水、牛、豚(ぶた)、鶏(にわとり)等の家畜飼養(かちくしよう)等に必要な水を畜産用水と呼び、これらを併せて農業用水という。

花　子：工業用水は１９８０年以降、農業用水は１９９０年以降に減っているわね。ただ、生活用水は、増えたり減ったりしているわね。

太　郎：そうだね。

花　子：日本は人口が減っているにも関わらず、水の使用量が増えているのはなぜかしら。

太　郎：ぼくも不思議に思ったんだ。だから、**資料４**と**資料５**（次ページ）から考えてみたよ。

資料４　世帯人員別の１か月あたりの平均使用水量

世帯人員	使用量	世帯人員	使用量
１人	８.１㎥	４人	２３.１㎥
２人	１４.９㎥	５人	２７.８㎥
３人	１９.９㎥	６人以上	３４.１㎥

（東京都水道局の資料をもとに作成）

資料５　日本の世帯数の推移

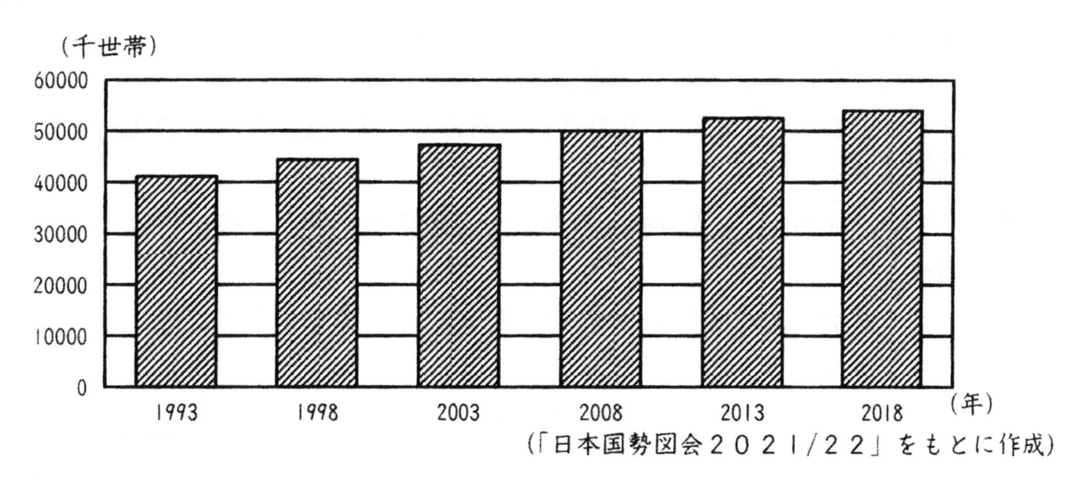

〔問題２〕　**資料４**と**資料５**から読み取れる、「日本の人口が減っているにも関わらず、生活用水の使用量があまり減らない理由」を答えなさい。

3　**太郎**さんと**花子**さん、**先生**が理科教室で話をしています。

太　郎：先日の消防訓練で、初めて消火器を使いました。
花　子：消火器の中には何が入っているのですか。
先　生：中身は粉末、水溶液（すいようえき）、ガスのようにいくつか種類があります。太郎さんが消防訓練で使った消火器は、炭酸ガスつまり二酸化炭素が入ったものです。
太　郎：二酸化炭素には、火を消すはたらきがあるのですね。
先　生：いえ、そうではありません。
花　子：では、なぜ火は消えたのですか。
先　生：そもそも、ものが燃えるというのは、「ものが酸素と結びついて、まったく別の物質に変化すること」です。次の実験とその結果を見てください。

＜実験１＞

１　底のないびん、ふた、ねん土を用意し、中にろうそくを立てる。ふたをしたときに空気が入らないようにする（**図１**）。

２　ろうそくに火をつける前の空気の成分の割合を、酸素検知管と二酸化炭素検知管を用いて調べた。

３　燃やしている途中の空気の成分の割合を、酸素検知管と二酸化炭素検知管を用いて調べた。

４　ろうそくの火が消えた後の空気の成分の割合を、酸素検知管と二酸化炭素検知管を用いて調べた。

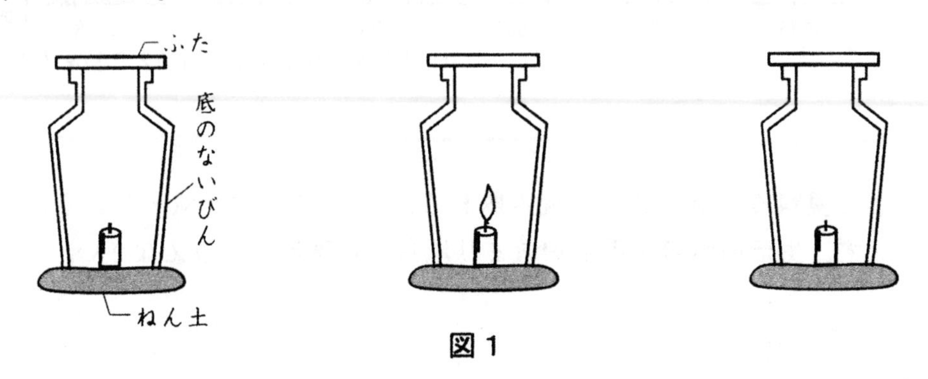

図１

＜結果１＞

	酸素	二酸化炭素	窒素	その他
燃焼前	２１％	０．０３％	７８％	０．９７％
燃焼中	１９％	１％	７８％	２％
燃焼後	１７％	３％	７８％	２％

＜実験２＞

＜実験１＞と同じサイズのびんを使い、気体の成分の割合を空気と変えて、＜実験１＞と同じ実験を行った。

＜結果２＞

条件	集気びん内の気体の割合	燃えたかどうか	＜実験１＞の燃え方と比べて
①	窒素７９％、酸素２１％	○	＜実験１＞と同じように燃えた。
②	窒素８５％、酸素１５％	×	—
③	窒素５０％、酸素５０％	○	＜実験１＞より、よく燃えた。
④	酸素２１％、二酸化炭素７９％	○	＜実験１＞と同じように燃えた。
⑤	酸素１５％、二酸化炭素８５％	×	—
⑥	酸素５０％、二酸化炭素５０％	○	＜実験１＞より、よく燃えた。

〔問題１〕　炭酸ガスの入った消火器で、消火することができる仕組みについて、「ものが燃えている周辺に二酸化炭素をまくと、」に続ける形で説明しなさい。

先　生：ものが燃えるためには、酸素以外にも必要なものがあります。次の**表**を見てください。

表

	ものが燃えるための条件
①	燃えるもの（紙や木、ろうなど）があること。
②	新しい空気（酸素）があること。
③	発火点以上の温度があること。

※発火点…ものはある温度以上にならないと燃えださない。
ものが燃えだすときの温度を発火点という。

太　郎：消防訓練のときに、天ぷらなべから火が出たときの初期消火として、水でぬらして、たれない程度にしぼったシーツやタオルで、天ぷらなべをしっかりとおおうといいと聞きましたが、**表**を見ると、その理由がわかりました。水にぬれたシーツやタオルを使うことで、発火点を下げることもできるからですね。

花　子：水でぬらして、たれない程度にしぼったシーツやタオルでは、温度はあまり下がらないような気がします。

先　生：そうですね。実際、火が消えたと思い、すぐにシーツやタオルを取ると、再び発火することもあるそうなので、あくまでも新しい空気をさえぎっているだけだと考えられます。

太　郎：では、なぜ、わざわざ水にぬらすのでしょうか。

〔問題２〕　天ぷらなべから火が出たときの初期消火の際に、かわいたシーツやタオルではなく、水でぬらして、たれない程度にしぼったシーツやタオルを使う理由を答えなさい。

太　郎：そういえば、バーベキューをしたとき、なかなか炭に火をつけることができませんでした。ただ、この道具（**写真１**）を使い、まきに火をつけ、その上に炭を入れたこの道具を置くと、火がつきやすかったです。

先　生：火起こし器（チャコールスターター）と呼ばれる道具ですね。この道具を使う前は、どのようにして火をつけようとしていましたか。

写真１　太郎さんが使った火起こし器

太　郎：まきに火をつけ、その上に炭を置いて、うちわなどであおいで火を起こしていました（**写真２**）。

写真２　火起こし器を使う前

花　子：なぜ、火起こし器を使うと、炭に火をつけやすいのでしょうか。
先　生：その理由について考えるために、次の＜実験３＞を見てください。

＜実験３＞
　＜実験１＞と同じサイズのびんを使い、**図２**のようにさまざまな条件でろうそくの燃え方を調べた。

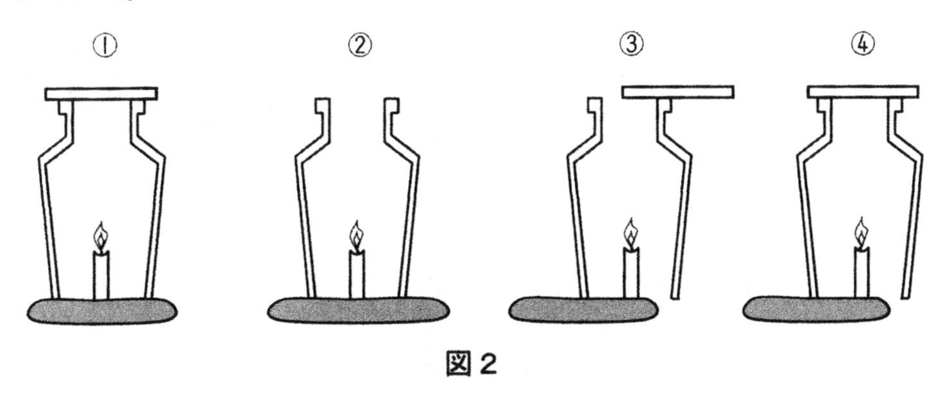

図２

＜結果３＞

	ろうそくの燃え方
①	しばらく燃えたあとロウソクの火が消えた。
②	ロウソクの火は消えずに燃え続けた。
③	ロウソクの火は消えずに燃え続けた。
④	しばらく燃えたあとロウソクの火が消えた。

　②と③は、ろうそくが燃えているときに、それぞれ線香（せんこう）を近づけると、けむりは**図３**の矢印のように動いた。

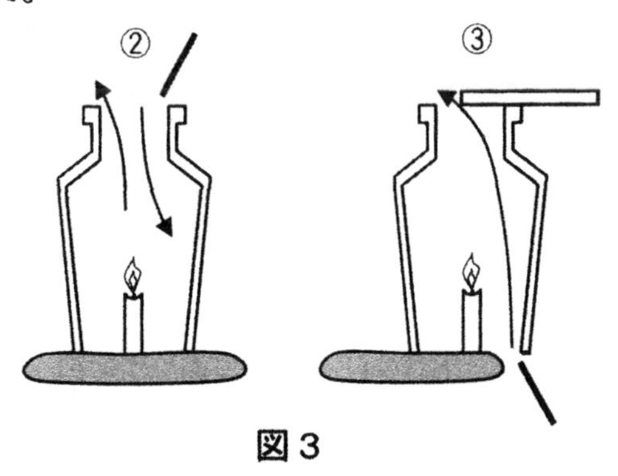

図３

太　郎：火起こし器を使うと、炭に火をつけやすくなる理由がわかりました。

〔問題３〕　**写真１**にあるような火起こし器を使うと、炭に火がつきやすくなる理由を答えなさい。

※ネガティブ…消極的、否定的であるさま。
※ポジティブ…積極的であるさま。
※誘導…人をある状態に導いてゆくこと。
※示唆…それとなく示し教えること。
※維持…物事の状態をそのまま保ち続けること。
※緩和…和らぐこと。
※アクセス…引き出そうとすること。
※反芻…くり返し考えること。
※没頭…一つのことに熱中すること。

〔問題１〕**〔詩〕**には「きょうが」「茫々何千里の歳月に連れこまれる」とありますが、**〔文章〕**にはこれと逆の意味のことが書かれています。どのように逆であるのか、「詩では～、文章では～」という形にまとめて説明しなさい。

〔問題２〕**〔詩〕**に「きょう一日だけでも好く生きなければならない」とありますが、**〔文章〕**では一日を好く生きるために、どのようにするのがよいと述べられていますか。百字以内にまとめて答えなさい。

〔問題３〕きょう一日を好く生きるため、あなたはどのようなことに心がけてきましたか。また、そのほかに、これからはどのようなことを心がけていきたいと思いますか。三百五十字以上四百字以内で具体的に書きなさい。

〈きまり〉
○題名は書きません。
○最初の行から書き始めます。
○段落を設けず、一ますめから書きなさい。
○、や。や」などもそれぞれ字数に数えます。これらの記号が行の先頭に来るときには、前の行の最後の字と同じますめに書きます。
○。と」が続く場合には、同じますめに書きます。この場合、。」で一字と数えます。

去の記憶の様相が違ってくるというわけである。

不機嫌な人がネガティブな出来事ばかりを愚痴っぽく語るのは、ネガティブな気分で過去を振り返ったり、周囲の出来事を観察したりしているからなのだ。不機嫌な気分に合わせて、記憶の中から嫌な出来事ばかりを拾い集めたり、嫌な出来事ばかりを記憶に刻んだりするのである。

その一方で、客観的にみてかなり悲惨な目に遭っていると思われる人が、意外に明るい出来事を語ることがある。それは、ポジティブな気分を※維持できているため、その気分に合わせて、ポジティブな出来事が想起されやすく、ポジティブな出来事が記憶に刻まれやすいのである。さらには、嫌なことがあったときも、ポジティブな出来事を思い出すことで嫌な気分を中和する気分※緩和動機が作用する。

ここから言えるのは、日々を気分よく過ごすことが大切だということ。気分よく過ごしていれば、ポジティブな記憶がつくられていくし、ポジティブな記憶が引き出されやすくなる。

落ち込みやすい人は、ネガティブな気分で過去を振り返るため、嫌な出来事、気持ちを挫かせるような出来事ばかりが思い出され、そうした記憶によってますます気分が落ち込んでいく。

そうした記憶への※アクセス法を変えていく必要がある。

ネガティブな気分のときはネガティブな出来事の記憶が引き出されやすい。ゆえに、ネガティブな気分のときは過去を振り返らないようにすべきなのである。

うつうつとした気分で日々を過ごしている人は、沈んだ気分で過去を振り返るため、ネガティブな記憶にアクセスしてしまい、ますます気分が沈むことになる。沈んだ気分のときはけっして過去を振り返らない。このことを徹底したい。

そうはいっても、いつの間にか過去を振り返って、嫌なことを思い出すのが常で、そんなに急に習慣は変えられないというかもしれない。たしかに身に染みついている習慣はそう簡単に変えることはできない。だからこそ強く意識することが大切なのである。

ふと気づくと嫌なことを思い出し、※反芻している。そんな自分をみつけたら、即刻別のことに目を向ける。一番よいのは何か別のことに※没頭することだ。

軽い運動をする。料理をする。お菓子づくりに没頭する。手芸に没頭する。整理や片づけをする。本を読む。録画した映画やドラマを見る。スポーツを観戦する。友だちと喋る。家族と喋る。何でもよいので、行動することで過去の回想を断ち切る。

ネガティブな気分のときは、過去を振り返らずに、目の前の現実にどっぷり浸かるのである。

そして、気分のよいときに過去を振り返るようにする。そうすれば、ポジティブな記憶が引き出されやすい。それによってますます気分がよくなる。そこで過去を振り返ると、またポジティブな記憶が引き出される。そして気分がよくなる。こうしてポジティブな気分とポジティブな記憶の好循環が生まれる。

過去を振り返るのは、気分がよいとき、気持ちが安定しているときに限る。気分がよくないとき、気持ちが不安定なときは、けっして過去を振り返らず、何らかの行動に没頭する。こうした鉄則を忘れないようにしたい。

(榎本博明『なぜイヤな記憶は消えないのか』)

気分を高揚させる操作をして、日頃の出来事を思い出してもらうと、ポジティブな出来事をよく思い出す。気分を落ち込ませる操作をして、日頃の出来事を思い出してもらうと、ポジティブな出来事をあまり思い出さない。ネガティブな気分にさせると、楽しい出来事を思い出すように求めても、検索に時間がかかり、実際に思い出す出来事の数が少ない。だが、不愉快な出来事を思い出すように求めると、すぐにいろいろ思い出す。

　このような記憶と気分の関係を別の角度から検討してみると、さらに面白いことがわかる。記憶するときとそれを引き出すとき、つまり出来事が起こったときとそれを振り返るときの気分状態が一致していると思い出しやすいのだ。

　悲しい気分のときには、過去の悲しかったときのことを思い出しやすい。楽しい気分のときには、過去の楽しかったときのことを思い出しやすい。だれもが経験的に納得できるはずだが、これも多くの心理実験で実証されている。

　ある心理実験では、悲しい気分に※誘導して、一連の単語を覚えさせた。つぎに、楽しい気分に誘導して、別の一連の単語を覚えさせた。その後で、覚えた単語を思い出させるテストを実施したのだが、思い出す際にも気分の誘導を行った。つまり、悲しい気分に誘導して思い出させたり、楽しい気分に誘導して思い出させたりしたのである。

　その結果、覚えたときと思い出すときの気分が一致しているときに記憶テストの成績がよいことがわかった。つまり、悲しい気分のときに覚えた単語は悲しい気分のときによく思い出すことができ、楽しい気分のときに覚えた単語は楽しい気分のときによく思い出すことができたのである。

　ここから※示唆されるのは、今と同じような気分状態だったときに経験した出来事を思い出しやすいということである。これを気分状態依存効果という。

　こうして、たとえ良いことも嫌なことも同じように経験していたとしても、ポジティブな気分で過ごしている人は、自分の人生を振り返って「良いことがたくさんあった」と満足げに語ることになる。一方で、ネガティブな気分で過ごしている人は、自分の人生を振り返って「嫌なことだらけだった」と不満げに語ることになる。

　結局、「自分は恵まれている」「良い人生を送ってきた」と満足げに語る人が、「自分は不幸だ」「嫌なことだらけの人生だった」と不満げに語る人と比べて、必ずしもポジティブな出来事に恵まれていたわけではないのである。

　私たちは、目の前の現実を非常に主観的に記憶する。自分の感情状態に合わせて、現実を歪めて記憶に刻む。そして、自分の感情状態に合わせて、記憶の倉庫から引き出す。ゆえに、ポジティブな気分で日々を過ごしている人は、ポジティブな出来事をよく記憶に刻むし、よく思い出す。ネガティブな気分で日々を過ごしている人は、ネガティブな出来事をよく記憶に刻むし、よく思い出す。

　このようなことからわかるのは、自分の人生に満足しているか、不満だらけであるかは、実際に経験した出来事の種類や数ではなく、どのような気分で日々を過ごしているかによって決まるところが大きいということだ。

　結局、自分の過去の記憶というのは、現在の心理状態をもとに再構成されるのである。つまり、現在の心理状態によって思い出される過

2023年度 藤村女子中学校

【適性検査Ⅰ】〈二月一日午前適性検査型試験〉（四五分）〈満点：一〇〇点〉

次の〔詩〕と〔文章〕を読み、あとの問題に答えなさい。
（※印の付いている言葉には、本文のあとに〔注〕があります。）

〔詩〕

きょうという日　　室生犀星

時計でも
十二時を打つとき
おしまいの鐘をよくきくと、
とても　大きく打つ、
きょうのおわかれにね、
きょうがもう帰って来ないために、
きょうが地球の上にもうなくなり、
ほかの無くなった日にまぎれ込んで
なんでもない日になって行くからだ、
※茫々何千里の歳月に連れこまれるのだ、
きょうという日、
そんな日があったか知らと、
どんなにきょうが華やかな日であっても、
人びとはそう言ってわすれて行く、
きょうの去るのを停めることが出来ない、
きょう一日だけでも好く生きなければならない。

〔注〕
※茫々…広くはるかなさま。

〔文章〕

落ち込みやすい人や日々うつうつとした気分で過ごしている人は、嫌な出来事に関する記憶をあれこれ語る。だが、前にも指摘したように、毎日を機嫌よく過ごしている人と比べて、※ネガティブな出来事を多く経験しているわけではない。

気分一致効果についての心理実験でもわかるように、※ポジティブな気分でいるとポジティブな出来事を記憶に刻みやすいし、ネガティブな気分でいるとネガティブな出来事を記憶に刻みやすい。ゆえに、日々ポジティブな出来事やネガティブな出来事をいろいろ経験していても、ポジティブな気分で過ごしている人はポジティブな出来事をたくさん記憶に刻むのに対して、ネガティブな気分で過ごしている人はネガティブな出来事をたくさん記憶に刻むことになる。

さらには、同じく気分一致効果により、ポジティブな気分でいるとポジティブな出来事を想起しやすい。一方、ネガティブな気分でいるとネガティブな出来事を想起しやすい。ゆえに、記憶の中にポジティブな出来事やネガティブな出来事がいろいろ詰まっていても、ポジティブな気分で過ごしている人はポジティブな出来事をよく思い出すのに対して、ネガティブな気分で過ごしている人はネガティブな出来事をよく思い出す。

2023年度 藤村女子中学校 ▶解　答

適性検査Ⅰ ＜２月１日適性検査型＞（45分）＜満点：100点＞

解　答

問題１　（例）　詩では一日一日が忘れ去られていくということが書かれているが，文章では様々な記憶が残っているということが書かれている。　**問題２**　（例）　ネガティブな気分のときはネガティブな出来事の記憶が引き出されやすいので，過去を振り返らないようにし，嫌なことを思い出してしまったときは，即刻別のことに目を向け，それに没頭するのがよい。　**問題３**　（例）　私はよい気分を保つために，毎朝好きな音楽をきくことにしている。お気に入りのメロディとリズムが私を目覚めさせ，今日も一日がんばれとはげましてくれる。学校にいる間は音楽をきくことができないが，少しつかれたな，少し気分が落ち込んだなと思ったときは，小さな声で好きな歌を口ずさむ。すると，気分がほぐれてきて，もうひとふんばりしようと元気が出てくるのだ。中学では英語クラブに入りたいと思っている。英語をみがくことで，好きな洋楽の歌詞を理解できるようになるし，将来，通訳やほん訳など，英語をつかう仕事をしたいと思っているからだ。そうやって日々努力を続け，夢に一歩一歩近づいていくことが，私にとって一日一日を好く生きることになる。だから，今日も一日がんばることができた，今日も一日充実していた，毎日そう思えるように努力していきたい。でも，時々息をぬいて，一日音楽をきいていたりする。そんな一日があってもよいと思う。

適性検査Ⅱ ＜２月１日適性検査型＞（45分）＜満点：100点＞

解答

1 **問題１** 右の表

	1円	5円	10円	50円	100円	500円	合計金額
最も多い	1枚	2枚	1枚	1枚	1枚	3枚	1671円
最も少ない	15枚	2枚	1枚	1枚	1枚	1枚	685円

問題２ **答え** 39(通り)

求め方 (例) 10円硬貨(こうか)の使い方は０～４枚の５通り，50円硬貨の使い方は０，１枚の２通り，100円硬貨の使い方は０～３枚の４通りとなる。すべての硬貨を使用しない０円の場合は除くので，５×２×４－１＝39(通り)となる。

問題３ 右の表から３通り答える。

1円	5円	10円	50円	100円	500円
3枚	0枚	2枚	4枚	13枚	1枚
3枚	2枚	1枚	2枚	14枚	1枚
3枚	4枚	0枚	0枚	15枚	1枚
3枚	0枚	2枚	12枚	4枚	2枚
3枚	2枚	1枚	10枚	5枚	2枚
3枚	4枚	0枚	8枚	6枚	2枚
3枚	0枚	7枚	3枚	8枚	2枚
3枚	2枚	6枚	1枚	9枚	2枚
8枚	1枚	1枚	2枚	9枚	2枚
8枚	3枚	0枚	0枚	10枚	2枚
3枚	2枚	6枚	9枚	0枚	3枚
8枚	1枚	1枚	10枚	0枚	3枚
3枚	4枚	5枚	7枚	1枚	3枚
8枚	3枚	0枚	8枚	1枚	3枚
3枚	6枚	4枚	5枚	2枚	3枚
3枚	0枚	12枚	2枚	3枚	3枚
3枚	8枚	3枚	3枚	3枚	3枚
3枚	2枚	11枚	0枚	4枚	3枚
3枚	10枚	2枚	1枚	4枚	3枚
8枚	1枚	6枚	1枚	4枚	3枚
13枚	0枚	1枚	2枚	4枚	3枚
13枚	2枚	0枚	0枚	5枚	3枚
18枚	1枚	0枚	0枚	0枚	4枚

2 **問題１** **日本とブラジルを比べたとき** (例) 国土面積はブラジルの方が20倍以上大きいので，年降水総量も同様に多くなる。一方，人口もブラジルの方が多いが，２倍程度なので，ブラジルの方が，１人あたりの年降水総量が多くなる。

日本とニュージーランドを比べたとき (例) 国土面積はニュージーランドの方が$\frac{2}{3}$程度なので，年降水総量も同様に少なくなる。一方，人口はニュージーランドの方が$\frac{1}{26}$以下なので，ニュージーランドの方が，１人あたりの年降水総量が多くなる。

問題２ (例) 人口は減り世帯数は増えているので，世帯人員が少なくなっている。世帯人員が少なくなると，１人あたりの使用水量が多くなるので，人口が減っても，生活用水の使用量があまり減らないと考えられる。

3 **問題１** (例) (ものが燃えている周辺に二酸化炭素をまくと，)燃えているものの周辺の酸素の割合が減り，ものが酸素と結びつくのを防いでくれるので，火を消すことができる。

問題２ (例) 水でぬらすことで，シーツやタオルに火が燃え広がるのを防ぐため。

問題３ (例) 火起こし器を使うと，実験３の③と同じように空気の流れができ，常に新しい空気が下から入ってくるようになるから。

Memo

2022年度　藤村女子中学校

〔電　話〕　(0422)22－1266
〔所在地〕　〒180－8505　東京都武蔵野市吉祥寺本町２－16－３
〔交　通〕　JR中央線・京王井の頭線 ―「吉祥寺駅」より徒歩５分

〈編集部注：この試験は算数・英語・国語から２教科を選択します。〉

【算　数】〈２月１日午前試験〉（50分）〈満点：100点〉

1　次の□にあてはまる数を答えなさい。

(1)　$30-5\times2-10=\square$

(2)　$19+18+1+2+10=\square$

(3)　$\dfrac{3}{5}+\left(\dfrac{1}{6}-\dfrac{1}{9}\right)\times\dfrac{18}{5}=\square$

(4)　$24.3\times3+2.43\times40-0.243\times600=\square$

(5)　$2000+\left(\square-8\right)\div2=2022$

2 次の問いに答えなさい。

(1) 駅から学校までみよこさんは一定の速さで歩きました。駅から学校までの道のりは12 km あります。

次の①～③の表は，このときのそれぞれの量を表にしたものです。この表のA～Cにあてはまる数を求めなさい。また，①～③のうち，比例するもの，反比例するものは，それぞれどれですか。

① 駅から学校まで進んだ速さと 駅から3時間かかって進んだ道のり

進んだ速さ(時速 km)	1	2	3
駅から進んだ道のり(km)	3	A	9

② 駅から学校まで進んだ速さと学校までかかる時間

進んだ速さ(時速 km)	1	3	6
学校までかかる時間	12	B	2

③ 駅から進んだ道のりと学校までの残りの道のり

駅から進んだ道のり(km)	2	5	8
学校までの道のり(km)	10	C	4

(2) あやかさんは，ある本を1日目には全体の $\frac{1}{6}$ を読み，2日目には残りの $\frac{4}{5}$ を読んだところ，まだ10ページ残ってました。この本は全部で何ページありますか。

(3) ある数は2の倍数でも3の倍数でもあるが，4の倍数ではない。どんな数字が考えられるか，3つ答えなさい。

(4) あるきまりにしたがって，左から順に数字を並べた。

2，4，3，4，2，4，3，4，2，4，3，4，2，4，…

29番目の数字はいくつになるのか求めなさい。

3 花子さんは家から図書館へ行くのに，自転車で家を出発し 10 分後に公園に着きました。そこで友人と待ち合わせをして 5 分後にいっしょに図書館に歩いて行き，家を出発してから 30 分後に着きました。下のグラフはその様子を表したものです。次の問いに答えなさい。

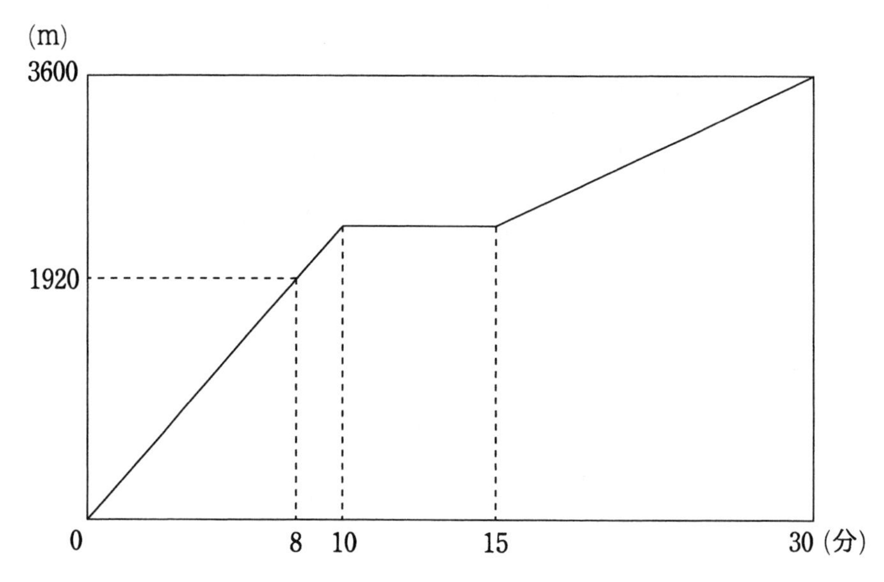

(1) 家から公園までは何 km ですか。

(2) 自転車の速さと，歩いたときの速さはそれぞれ毎分何 m ですか。

(3) 家と図書館の中間地点を通過したのは，家を出発してから何分何秒後ですか。

4 下の図はすべて合同な二等辺三角形と大きさの異なる半円のいずれかでできています。次の問いに答えなさい。ただし，円周率は3.14とします。

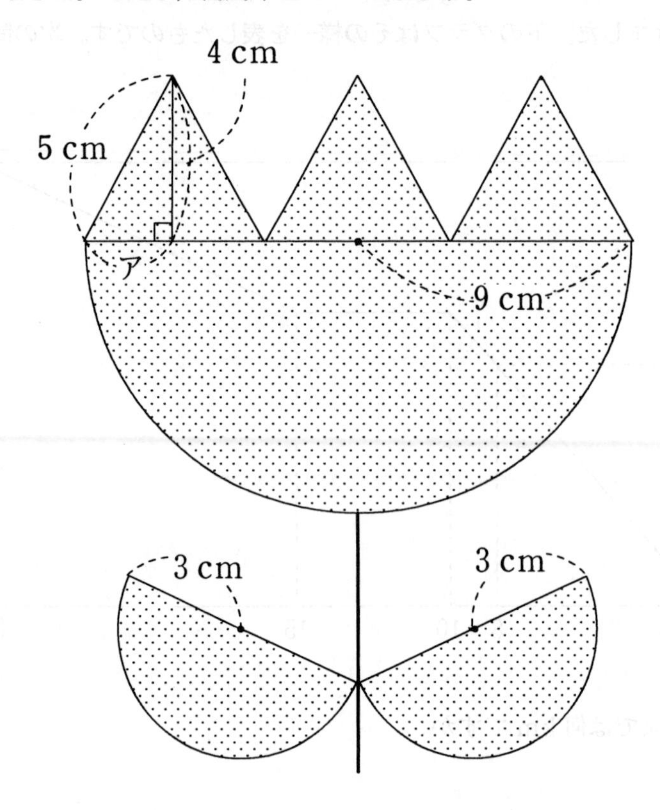

(1)　アの長さを求めなさい。

(2)　色のついている部分の面積を求めなさい。

(3)　色のついている部分の周の長さを求めなさい。

5 図のように，内側が高さ 12 cm，横 10 cm，奥行き 10 cm の直方体の容器を，厚さ 1 cm の木の板で作りました。次の問いに答えなさい。

⑴　この容器に水を入れると，何 cm^3 入りますか。

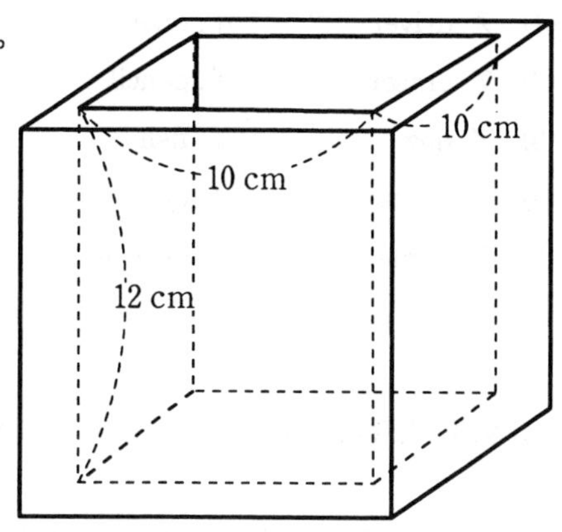

⑵　この容器に 7 dL の水を入れたとき，水は容器の上から何 cm のところまで入りますか。

⑶　この容器の外側の底面の面積は何 cm^2 ですか。

⑷　この容器を作った木の板の比重は 0.5 g/cm^3 です。この容器に何も入っていないときの重さは何 g ですか。

※「比重が 0.5 g/cm^3」とは，この木の板は 1 cm^3 で 0.5 g の重さがあるということです。

【英　語】〈２月１日午前試験〉（50分）〈満点：100点〉

1　次の各組の仲間に入っていないものをア～エより選び、記号で答えなさい。

(1)	ア. driver	イ. bike	ウ. bicycle	エ. bus
(2)	ア. eraser	イ. pencil	ウ. furniture	エ. ruler
(3)	ア. dog	イ. fish	ウ. cat	エ. tiger
(4)	ア. mouse	イ. eye	ウ. ear	エ. mouth
(5)	ア. apple	イ. orange	ウ. juice	エ. melon

2　日本語の意味に合うように（　　）に入る適語を下より選び、番号で答えなさい。

(1) 私たちの飛行機は明日成田を出発するでしょう。
Our plane will (　　) off from Narita Airport.

(2) 私は次のバス停で降ります。
I'll (　　) off at the next stop.

(3) 今日できることを明日まで延ばすな。
Never (　　) off till tomorrow what you can do today.

(4) そのミーティングは嵐のため中止されるでしょう。
The meeting will be (　　) off because of the storm.

(5) 芝生に入るな。
(　　) off the grass.

[1. put　2. called　3. take　4. get　5. keep]

3　次の（　　）に入る適語を下より選び、番号で答えなさい。

(1) Atami is famous (　　) the hot spring.
(2) Tom is known (　　) a musician.
(3) Our house is covered (　　) snow.
(4) Milk is made (　　) cheese.
(5) Her heart is full (　　) joy.

[1. with　2. of　3. into　4. for　5. as]

4

A. 次の英文に対する受け答えとして最もふさわしいものをア～オから1つ選び、記号で答えなさい。

(1) What day of the week is it today?
(2) What time is it?
(3) Who is your homeroom teacher?
(4) How many video games does Kenta have?
(5) How long is your piano lesson?

ア Ms. Sato is.
イ It's 45 minutes.
ウ It's four o'clock.
エ It's Tuesday.
オ He has twelve.

B. 次の会話について、(　　) に入る最もふさわしいものをア～エから1つ選び、記号で答えなさい。

(1) ***Son***: Mom, may I go to Hyde Park with Jason?
Mother: (　　), Kevin.　Come home by six.
ア It's not there　　イ Sure
ウ That's not him　　エ It's very kind of you

(2) ***Woman***: Excuse me.　Where is Victoria Station?
Man: (　　).　I'll show you the way.
ア I don't need that　　イ You should get one
ウ See you at seven　　エ Just around the corner

(3) ***Brother***: I can't finish my homework.　It's too difficult.
Sister: (　　).　I can help you.
Brother: Thanks.
ア Take care　　イ Don't worry
ウ It's ready　　エ Nice talking to you

(4) ***Woman***: Thank you very much for giving me advice.
Man: (　　).　Good luck with your interview tomorrow.
ア Not at all　　イ Let me see
ウ No, thanks　　エ You gave me one

(5) ***Grandmother***: I want to bake an apple pie this weekend.　(　　)?
Grandson: Of course, Grandma.　I can come over on Saturday.
ア What's your favorite cake　　イ How was school today
ウ Would you like to help me　　エ Did you eat them all

5 次の英文を読み、あとの問いに答えなさい。(先頭に [*] のある語句には、注がついています。)

My name is Yusra. I was born in *Syria on March 5, 1998. I was just like you. I had many friends and I went to school. I loved to go to the swimming pool in my hometown. My coach said, "If you work hard enough, you can swim at the Olympics one day." Then the war came and everything changed. I couldn't swim or meet my friends as often as I wanted. My house was destroyed and ①<u>my life was in danger</u>. Nobody knew how many people died in the war. I had to escape from Syria.

My parents finally agreed that my big sister Sarah and I could travel to *Turkey. It was hard to leave my family behind but we had no choice. If we reached Europe, my parents and middle sister would follow us. We needed peace. We went to the sea in Turkey and got on a boat to *Greece. Then *disaster began. The motor stopped (②) and the boat didn't move. My sister and I jumped into the water and tried to pull the boat to a beach in Greece. For more than three and a half hours, we swam in the sea. We couldn't give up. Most of the people in the boat couldn't swim. They needed us.

Finally, we reached a beach off an island in Greece. We all got to Greece alive. Suddenly I became a *refugee. I was hungry and thirsty. I had jeans, a T-shirt, a mobile phone, money and a bag, but no shoes. We were not welcomed by ③<u>everyone</u> but we had to rely on the kindness of others. A girl saw us and she gave me shoes. *Borders were closed across Europe but not Greece. We crossed through a few countries on foot, by bus and by train. We didn't know where to go or what to do. We finally arrived in our new home, Germany. Twenty-five days passed after we gave up our life in Syria.

I was safe at last. I wanted everything to be normal again. I wanted to swim so I started ④<u>practicing</u> again. My coach helped me achieve my dream to swim at the Olympics. I swam at the 2016 Summer Olympics in Rio and the 2020 Olympics in Tokyo. I carried the flag of the Refugee Olympic Team in the opening ceremony in Tokyo. I haven't won a gold medal but I got something far more important, my *dignity.

"My name is Yusra. I'm a refugee. You'll know my story if you read a book about me called, *Butterfly: From Refugee to Olympian, My Story of Rescue, Hope and *Triumph.* It is written in German, English and Japanese. ⑤<u>My new communities</u> support me in rebuilding my life. I am proud to *stand for respect, safety and dignity for all refugees. I hope together we can help others."

[注] Syria シリア　Turkey トルコ　Greece ギリシャ　disaster 災害
refugee 難民　border 国境　dignity 尊厳　triumph 勝利
stand for ～を表す

(1) 下線部①の内容を表している文をア～エの中から1つ選び、答えなさい。

ア She could swim or meet her friends.

イ The war began in Syria.

ウ She became sick and felt bad.

エ Her house was too old to live in.

(2)　(　②　)の空欄に入る最も ふさわしいものをア～エの中から1つ選び、答えなさい。

ア working　　イ walking　　ウ playing　　エ fighting

(3)　下線部③とほぼ同じ意味のものをア～エの中から一つ選び、答えなさい。

ア people in the boat　　イ her family　　ウ people in Greece　　エ German people

(4)　下線部④とほぼ同じ意味のものをア～エの中から一つ選び、答えなさい。

ア walking　　イ playing　　ウ giving　　エ swimming

(5)　下線部⑤の具体例となるものをア～エの中から一つ選び、答えなさい。

ア Greece　　イ Germany　　ウ Olympic Team　　エ Turkey

(6)　本文の内容として正しいものをア～エの中から2つ選び、答えなさい。

ア She got on a boat and arrived in Europe.
イ She and her sister jumped into the sea to practice.
ウ The book, *Butterfly*, was written about her life.
エ She wanted to write her story in German.

(7)　以下の英文を本文に合わせて並べかえたとき、正しい順番となるものを記号で選び、答えなさい。

1. She escaped from Syria and travelled to Turkey.
2. The war started after she was born in Syria.
3. She got to Germany after she crossed through some countries.
4. She couldn't win medals at the Summer Olympics.

ア 1→3→4→2
イ 3→1→4→2
ウ 1→2→4→3
エ 2→1→3→4

6　次の質問にあなたの考えとその理由2つを英語で述べなさい。ただし、語数はそれぞれ20語以上とする。「.」「,」などの記号は語数に含めない。

(1)　Do you like cooking?

(2)　What country do you want to go in the future?

問六 ――線⑤「どうして哺乳動物の『生きる術』は、知能に依存しているのでしょうか」とありますが、その理由を述べている部分を本文中から三十三字で探し、最初と最後の五字をぬき出しなさい。

問七 次の一文は【Ⅰ】～【Ⅳ】のどこに入れるのがもっともふさわしいですか。一つ選び、【Ⅰ】～【Ⅳ】の記号で答えなさい。

しかし、これこそが、哺乳動物が発達させてきた「知能」という戦略ゆえのことです。

問八 [i]～[iv]には「本能」「知能」のどちらかが入ります。その組み合わせとしてもっともふさわしいものを次の中から一つ選び、記号で答えなさい。

ア i 本能 ii 本能 iii 知能 iv 知能
イ i 知能 ii 知能 iii 本能 iv 本能
ウ i 本能 ii 知能 iii 知能 iv 本能
エ i 知能 ii 本能 iii 知能 iv 本能

問九 この文章の主題としてもっともふさわしいものを次の中から一つ選び、記号で答えなさい。

ア 哺乳動物が大小を問わず、一生けん命に生きる姿のすばらしさ。
イ 弱いものは滅び、強いものが生き残るという動物世界の厳しさ。
ウ 哺乳動物にみる、野生動物と飼育動物の子育て方法の違い。
エ 知能で環境変化に対応し、生きぬく道を選んだ哺乳動物の強さ。

問三　――線③「なんという危うい仕組みなのでしょう」について、後の問いに答えなさい。

（1）「危うい仕組み」とありますが、それを説明した次の文の［　　］にふさわしい言葉を、三十字以内で答えなさい。

［　　　　　　　　　　　　　　］という仕組み。

（2）そのような「仕組み」で子育てをする理由としてふさわしいものを次の中から一つ選び、記号で答えなさい。

ア　他の動物との競争が生じてもよりよい方法を選んで相手に勝ち、この世界で生き残るため。
イ　簡単には変わることがないという本能の欠点を補い、親として子育ての方法を学ぶため。
ウ　環境が変化しても移り変わる物事のその時々のありさまに応じて行動を変え、生存するため。
エ　長い時間をかけて進化してきた子育ての方法を守り、この先も長く子孫に伝えていくため。

問四　［ a ］～［ c ］に入る言葉としてもっともふさわしいものを次の中からそれぞれ一つずつ選び、記号で答えなさい。

ア　そのため　　イ　むしろ　　ウ　もっとも　　エ　あるいは　　オ　やはり　　カ　ところが

問五　――線④「時代遅れのプログラム」とありますが、ここでの意味としてもっともふさわしいものを次の中から一つ選び、記号で答えなさい。

ア　哺乳動物が発達させてきた仕組み
イ　生きるための技術がつまった仕組み
ウ　登場したばかりで歴史の浅い仕組み
エ　状況の変化に合っていない仕組み

トムソンガゼルやインパラがエサになるとは限りません。環境が変われば、トムソンガゼルやインパラがいないかも知れません。その時は小さなネズミを捕らえなければならないかも知れませんし、大きな獲物に挑戦しなければならないかも知れません。[c]、エサを捕るという「生きる術」は本能にプログラムしないのです。

カワウソはどうでしょうか。

環境によって泳ぎ方は変わります。棲んでいる川は、流れの速いところかも知れませんし、水深が浅い場所かも知れません。場所によって、獲物になる魚の種類も必要な泳ぎ方も変化することでしょう。哺乳動物は、不変のことには[i]で対応しますが、変化することに対しては[ii]で対応するように進化をしているのです。

そして、子育てには[iii]を使います。

子どもがかわいいとか、子どもを守りたいと思うのは[iv]です。しかし、子育ての方法は、本能には何もプログラムされていません。それは、親が子どもに教えるべき「生きる術」が、時代や環境によって変わるからです。さらに、子どもによっても違うからです。「知能」は、もしかすると判断を誤るかも知れなかったり、うまくいかないかも知れないというリスクを常に負っています。

それでも哺乳動物は、「教え方は変化する」という戦略を選んだのです。

（稲垣栄洋『生き物が大人になるまで』）

※会得…物事の意味を十分理解して自分のものにすること。

※インプット…情報を取り込むこと。

問一 ――線①「カワウソの母親は、子どもを水の中に引きずり込みます」とありますが、それはなんのためですか、十五字以内で答えなさい。

問二 ――線②「動物園で人間に飼育された動物は、上手に子育てができなかったり、子育てを放棄することが知られています」とありますが、その理由を説明した次の文の[ ]にふさわしい言葉を、二十字以内で答えなさい。

動物園で飼育された動物は[ ]ため。

し、数を増やすことも重要になっているために、できるだけ子どもと親をいっしょに飼育したり、飼育員が親の子育てをサポートするようになっています。【Ⅰ】

私たち哺乳動物は、親もまた、親となるための練習が必要なのです。

復習してみましょう。

哺乳動物は、「エサを捕る」という、生き物が生存するうえで、最低限に必要な技術さえも、学習して※会得するという仕組みになっています。そして、子どもに学習させるというその技術もまた、学習して会得するという仕組みなのです。【Ⅱ】

もし、親が適切な学習をしていなければ、子どもを育てることができません。そして、子どもも適切な学習を受けなければ、生きていくことができません。

③なんという危うい仕組みなのでしょう。

哺乳動物は、どうしてこんな危うい仕組みで命をつないできたのでしょうか。【Ⅲ】

本能には、生きるために技術がプログラムされています。このプログラムに従えば、誰の助けを受けなくても、生まれたばかりの子どもは生きていくことができます。本能というのは、すばらしいシステムなのです。

[a]、本能には欠点がありました。

環境の変化に対応できないということです。どんなに状況が変化しても、生物は「本能」というプログラムに従って行動します。環境の変化に合わせて本能のプログラムが書き換えられるためには、長い進化の歴史を必要とします。それができなければ、④時代遅れのプログラムのために滅んでしまうかも知れません。【Ⅳ】

一方、知能は、自分で状況を判断する力です。環境が変化しても、状況に応じて行動を変えることができるのです。しかし、知能にも欠点がありました。知能は、学習してたくさんの情報を※インプットしなければ、何もすることが出来ないのです。

[b]、哺乳動物にも本能はあります。生まれたばかりの赤ちゃんは教わらなくても母親のおっぱいを飲むことができるようになります。恋の季節になれば、オスはメスを好きになり、メスはオスのことが好きになります。環境が変わっても、変化することのない不変の行動は、本能にプログラムされているのです。

それでは、⑤どうして哺乳動物の「生きる術」は、知能に依存しているのでしょうか。

ライオンなどに比べて体の小さいチーターは、トムソンガゼルやインパラなどのあまり大きくない草食動物を獲物にします。しかし、いつも

ア　ただ自分勝手なだけだと思っていた和親が、実は「ぼく」の気持ちをきちんと受け止めていることを知りうれしくなっている。

イ　自分は和親のことを心から心配しているのに、「ぼく」の気持ちを全くわかろうとしない身勝手な和親に腹が立っている。

ウ　他の誰よりも和親のことを思っているのは「ぼく」なのに、和親の中ではどうでもいい存在であることを実感しがっかりしている。

エ　クラスメイトたちが和親の言葉を全く聞こうとしない上に、「ぼく」の言葉も聞き入れようとしないためいらだっている。

問八　あなたがこれまでに感じた「友達の大切さ」について自分の体験をふまえて、百八十字以上二百字以内で改行せずに書きなさい。

〈注意〉書き出しの空らんはいりません。また、、や。や「　などの記号はそれぞれ一字として数えます。

三

次の文章を読んで、後の問いに答えなさい。（一部問題の都合により省略、または変更しているところがあります。）

カワウソは、水中をすばやく泳ぎ回って魚を捕らえます。魚を捕らえるためには、魚を上回るような泳力が求められます。カワウソは、優れたスイマーなのです。ところが、カワウソは生まれつき泳げるわけではありません。お母さんに泳ぎ方を教えてもらわないと、満足に泳ぐことができないのです。

①カワウソの母親は、子どもを水の中に引きずり込みます。そして、強引に潜らせたり、子どもの首をくわえて水の中を一緒に泳いだりするのです。こうして母親は、子どもに泳ぎ方を教えていきます。

無理やり泳がされる子どもたちは気の毒にも思えますが、泳いで魚を捕ることができなければ、カワウソとして生きていくことができません。そのため、教える母親も必死なのです。

それでは、カワウソの母親は、この「泳ぎの教え方」をどのようにして身に付けたのでしょうか。本能に備わっているものなのでしょうか。

おそらく、そうではありません。

カワウソの子どもは、母親に泳ぎ方を教わります。そして、その母親を見て「教え方」もまた学んでいたのです。大人に成長し、親になったカワウソは、自分がしてもらったように子どもに教えます。親もまた、子どもの頃に教え方を教わり、学んでいたのです。

②動物園で人間に飼育された動物は、上手に子育てができなかったり、子育てを放棄することが知られています。最近では、動物園は動物を繁殖

問二 ――線②「ためらっている」とありますが、この時「ぼく」は二つの気持ちを胸に抱えて、どう行動すべきか決心がつかずにいます。その二つの気持ちを「～という気持ち」に続くようにそれぞれ十五字以内で説明しなさい。

問三 ――線③「気がつけば、ぼくはあいつのあとを追って、階段をかけおりていました」について、後の問いに答えなさい。

（１）この時の「ぼく」の状態を表す語としてもっともふさわしいものを次の中から一つ選び、記号で答えなさい。

ア 無関心　イ 無意味　ウ 無気力　エ 無意識

（２）それはなんのためですか。二十字以内で答えなさい。

問四 [a]、[b]に入る語としてもっともふさわしいものを次の中からそれぞれ一つずつ選び、記号で答えなさい。

ア 頭　イ 顔　ウ 耳　エ 鼻　オ 目　カ 口

問五 [④]に入る語としてもっともふさわしいものを次の中から一つ選び、記号で答えなさい。

ア おもおもしい　イ すがすがしい　ウ いたいたしい　エ とげとげしい

問六 ――線⑤「もちろん、和親がぼくのいいなりになるわけがありません」とありますが、和親の性格としてもっともふさわしいものを次の中から一つ選び、記号で答えなさい。

ア がまん強く、無口で感情を表に出さない性格。
イ 自分勝手で、のんびりとしたおだやかな性格。
ウ 怒りっぽく、辛いことをがまんできない性格。
エ 意志が強く、一度決めたことをやりとげる性格。

問七 ――線⑥「気がつけば、ぼくは半泣きになっていました……」とありますが、この時の「ぼく」の心情としてもっともふさわしいものを次の中から一つ選び、記号で答えなさい。

払おうと、ぼくの足をけりつけてきました。

くやしくてたまりませんでした。

どうしてわかってくれないのかと、泣きたい気持ちになりました。

和親のためにぼくは追いかけてきたというのに……。

ぼくはこいつのいいとこも知っているし、こいつが傷ついてきたわけも知っているつもりです。だからこそ、こいつにもどってきてほしい。

そう思っているだけだというのに……。

そりゃあ、学校に来ることがすべてじゃないし、来なくてもそれはそれでいいわけです。

でも、和親のやつは学校に来たいという気持ちが強かったからこそ、あんなふうに交流会にやってきたり、少しずつ学校に通い始めたりしてきたのではないかと思います。

それなのに、今ここでこのまま家に帰ってしまえば、すべてが台無しになってしまいます。

⑥ぼくは、そうなってほしくないと心から思っている。それがこいつに通じないことが、どうしようもなく悲しくなったわけです。

気がつけば、ぼくは半泣きになっていました……。

（福田隆浩『手紙　―ふたりの奇跡（きせき）―』）

※おくんち…長崎県長崎市にある諏訪（すわ）神社で毎年行われるお祭り。

※唯一無二…同じものを他に求めても得られないほど、貴重なこと。

※仲裁…争いの間に入って仲直りさせること。

※ブンゴー…「ぼく」のクラスでのニックネーム。

問一　――線①「いつもだったら、男子たちも無視したと思います」とありますが、この場面で「男子たち」が「無視」できなかったのはなぜですか。もっともふさわしいものを次の中から一つ選び、記号で答えなさい。

ア　自分たちにとって年に一度の大切な機会を和親にうばわれたから。

イ　自分たちにとって楽しみな行事の一つであるお祭りを和親に台無しにされたから。

ウ　自分たちにとってかけがえのない大切なものを和親に悪く言われたから。

エ　自分たちにとって大切な存在である家族のことを和親にばかにされたから。

幼なじみだったし、和親がこれからしそうなことがぼくにはわかっていました。

こんなときあいつは、怒りにまかせて、すべてを放り出してしまいます。せっかく学校へ来られるようになったのに、あいつはきっとここをとびだしていこうとしているはずです。

③気がつけば、ぼくはあいつのあとを追って、階段をかけおりていました。

だって、あいつをこのままにしていれば、学校を抜けだし、また家にひきこもってしまうからです。長い時間かかって、やっと登校できるようになったというのに、それではあまりに、もったいなさすぎです。

和親の母親の姿が頭にうかびました。和親が学校に行けるようになったことをあんなに喜んでいたのに……。

玄関に行くと、和親はもうすでに靴をはきかえ、しまっていたガラス戸をあけて外に走り出ていました。

ぼくも急いで外靴にはきかえ、そのあとを追いかけました。

なんとしてでも、あいつをつかまえて、引きもどさなくてはと思いました。

安全のために学校の門はしまっていたのですが、和親はかまわず門によじのぼり、そのむこうに姿を消そうとしています。

そのときには、さすがにぼくも[a]に血がのぼっていて、同じように門をこえ、あいつを追いかけました。

今冷静になって考えると、やっぱり先生たちにまかせるべきだったと思います。ぼくが門をよじのぼる必要なんかどこにもなかったはずです。

でもそのときのぼくは、和親を連れもどすことしか考えていませんでした。ぜったいに追いついてやると、息を切らして追いかけていました。

学校の近くには商店街があって、ぼくは最近できたばかりのパチンコ屋さんの前で、ようやく和親に追いつきました。

ぼくはあいつの前に回りこみ、

「ばか、なにやってんだ!さっさと学校にもどれよ!」

そう大きな声でどなりました。

和親はぼくがいることにおどろき、さすがに[b]を見開いていました。けれど、すぐに生意気ないつもの態度になって、

「よけいなお世話だ!」

[④]ことばを投げつけてきました。

「いいから、早くもどるぞ!」

あとにひけないぼくは、あいつの手首をにぎり、力任せにひっぱりました。⑤もちろん、和親がぼくのいいなりになるわけがありません。振り

二　長崎市に住む小学校六年生の「ぼく」は秋田市に住む小学校六年生の女の子と手紙のやり取りをしています。ある時「ぼく」はその手紙の中で、学校でのできごとをその女の子に報告します。次の文章を読んで、後の問いに答えなさい。（一部問題の都合により省略、または変更しているところがあります。）

和親はクラスの男子に取り囲まれ、目をつりあげています。壁に背中を押し付けられ、それでも、怒った声をあげています。
でも、より怒っているのは取り囲んでいる男子たちで、ふだんおとなしい仲良くしている子もそのなかにいたのでおどろきました。
「和親くん、教室で、おくんち※の悪口いったってよ。」
情報通の女子が、さっそく原因をうちのクラスで話しています。
その子によると、男子たちが今年のおくんちのことを楽しく話しているとき、
「うるせえ！くだんねえことばかり話してんじゃねえ！」
和親がいきなりさけんだそうです。短気でこらえ性のないあいつなら、いかにもやりそうなことです。
たぶん、①いつもだったら、男子たちも無視したと思います。担任の先生から、和親のことを見守るようにいわれているはずだから。
でも、おくんちのこととなると、そうはいかなくなります。親と一緒に演し物にでた子もいたし、終わったとはいえ、市内の子にとっては、おくんちは※唯一無二の存在なのです。
結果として、激しいいいあいが起こり、それでもあやまろうとしない和親は廊下の壁際まで追い詰められたというわけなのです。
助けにはいろうかと一瞬思いました。
ぼくはあいつの幼なじみだし、わってはいって、仲裁※をしてやらなきゃと思いました。
でも、みんなひどく殺気立っているし、
「じゃまだ！ブンゴー※はあっちいってろ！」
そういわれるのが目に見えてました。
どうしよう……。やっぱり、先生が来るのを待とうか……。
②ためらっているぼくの目の前で、和親は取り囲む男子の手を払いのけ、そのまま走りだしました。
廊下から階段へとむかい、そのまま下にかけおりていきます。さすがの男子たちもあっけにとられていました。
あ、まずい……。

二〇二二年度
藤村女子中学校

【国　語】〈二月一日午前試験〉（五〇分）〈満点：一〇〇点〉

一　次の――線の漢字の読みをひらがなに、カタカナを漢字に直しなさい。

① 意見の違いを許容する。
② 災害から町を復興させる。
③ 祝賀会の案内状を受け取った。
④ 人に情けをかける。
⑤ この辺りの地名はおもしろい。
⑥ 建物のコウゾウについて学ぶ。
⑦ ホゴ猫の里親を探す活動。
⑧ ソザイを生かした料理を作る。
⑨ 英語の音読をロクオンする。
⑩ 時代の流れにサカらう。

2022年度

藤村女子中学校

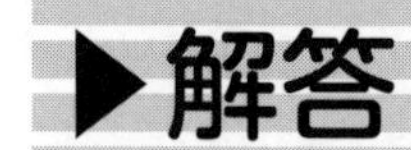

※編集上の都合により，２月１日午前の解説は省略させていただきました。

算　数　<２月１日午前試験>（50分）<満点：100点>

解　答

1 (1) 10　(2) 50　(3) $\frac{4}{5}$　(4) 24.3　(5) 52　2 (1) **A** 6　**B** 4　**C** 7　**比例**…①　**反比例**…②　(2) 60ページ　(3) 6，18，30など　(4) 2　3 (1) 2.4km　(2) 自転車の速さ…毎分240m　歩いたときの速さ…毎分80m　(3) 7分30秒後　4 (1) 3 cm　(2) 191.43cm^2　(3) 89.1cm　5 (1) 1200cm^3　(2) 5 cm　(3) 144cm^2　(4) 336 g

英　語　<２月１日午前試験>（50分）<満点：100点>

解　答

1 (1) ア　(2) ウ　(3) イ　(4) ア　(5) ウ　2 (1) 3　(2) 4　(3) 1　(4) 2　(5) 5　3 (1) 4　(2) 5　(3) 1　(4) 3　(5) 2　4 **A** (1) エ　(2) ウ　(3) ア　(4) オ　(5) イ　**B** (1) イ　(2) エ　(3) イ　(4) ア　(5) ウ　5 (1) イ　(2) ア　(3) ウ　(4) エ　(5) イ　(6) ア，ウ　(7) エ　6 省略

国　語　<２月１日午前試験>（50分）<満点：100点>

解　答

一 ① きょよう　② ふっこう　③ しゅくが　④ なさ　⑤ あた　⑥～⑩ 下記を参照のこと。　二 **問１** ウ　**問２** (例) 間に入って仲直りさせよう(という気持ち)／(例) 先生が来るのを待とう(という気持ち)　**問３** (1) エ　(2) (例) 和親をつかまえて学校に引きもどすため。　**問４** **a** ア　**b** オ　**問５** エ　**問６** ウ　**問７** イ　**問８** (例) 私が友達の大切さを感じたのは，かぜをひいて学校を休んだときだ。家で一人でねていると，とても不安で心細くなった。そんなとき，友達が電話でその日学校であったことを教えてくれたり，「早く良くなるといいね」とはげましてくれたりした。そのおかげで私は，早くかぜを治して学校に行こう，と前向きな気持ちになることができた。このように，つらいときに心配してくれる友達は，とても大切な存在だと思う。　三 **問１** (例) 子どもに泳ぎ方を教えるため。　**問２** (例) 子育ての方法を親から教わっていない　**問３** (1) (例)

エサの取り方や子どもに学習させる技術を学んで身に付ける　⑵　ウ　**問４**　a　カ　b　ウ　c　ア　**問５**　エ　**問６**　親が子ども～変わるから　**問７**　Ⅳ　**問８**　ウ　**問９**　エ

●漢字の書き取り

□　⑥　構造　⑦　保護　⑧　素材　⑨　録音　⑩　逆

Memo

2022年度　藤村女子中学校

〔電　話〕　(0422)22－1266
〔所在地〕　〒180－8505　東京都武蔵野市吉祥寺本町２－16－３
〔交　通〕　JR中央線・京王井の頭線 ―「吉祥寺駅」より徒歩５分

〈編集部注：この試験は算数・英語・国語から２教科，または算数・英語・国語より２教科と社会と理科の合計４教科のいずれかを選択します。〉

【算　数】〈２月１日午後奨学生試験〉(50分)〈満点：100点〉

1 次の□に当てはまる数字を答えなさい。

(1)　$35-14+3\times8=\square$

(2)　$\{(8+7)+5-(3-1)\}\times3=\square$

(3)　$0.25\times7\times0.5\times4=\square$

(4)　$3+6+9+12+15+18+21+24+27=\square$

(5)　$(1.6+\square)\times5=10$

2 次の問いに答えなさい。

(1)　定価1500円の品物を２割引きしました。売り値はいくらか答えなさい。

(2)　流れのない川を時速15 km進む船が，時速５kmの速さで流れている川を下ります。この船がこの川を80 km下るのに，何時間かかるか答えなさい。

(3)　$\dfrac{6}{7}$を小数で表したとき，小数第22位の数字はいくつか答えなさい。

(4) 1時間でケーキを100個作ることができる機械を2台用意して，3時間45分動かしました。ケーキは何個作ることができたか答えなさい。

(5) あるテーマパークのチケット売り場には，チケットの売り出し開始時刻に，150人の行列ができていました。窓口では1分間に4人の割合でチケットを売り始めましたが，売り出しを開始してからも1分間に2人の割合で行列に人が加わります。売り出しを開始してから行列がなくなるまでに何分かかるか答えなさい。

3 図①のような台形の形をした紙があります。次の問いに答えなさい。

(1) この紙の面積を求めなさい。

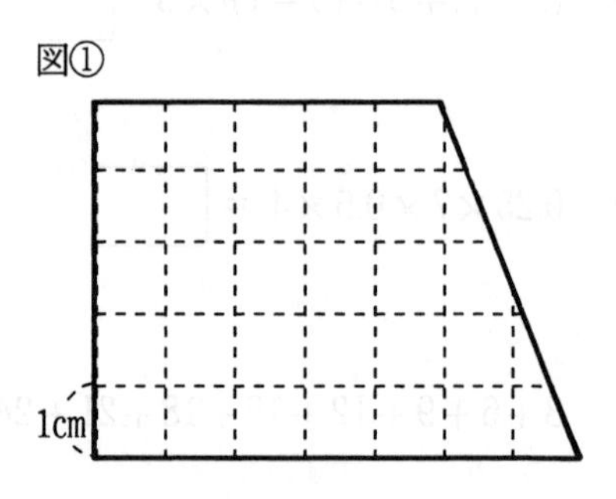

(2) この紙を図②のような線で切って A と B の2つの三角形にわけます。このとき，A と B のどちらが，何 cm^2 大きいですか。

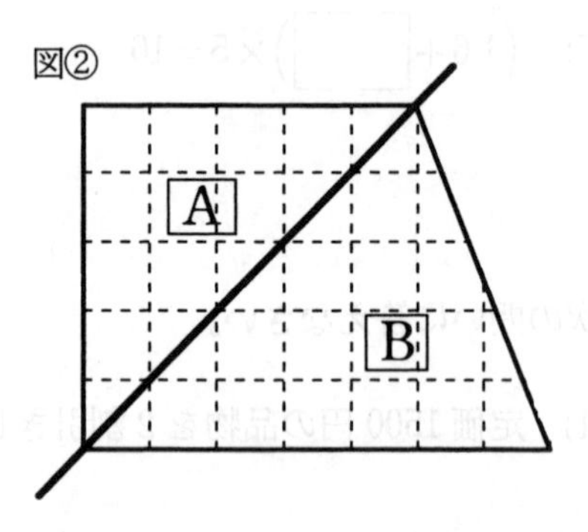

(3) この紙を同じ面積になるように2つにわけるには，どのように切れ目を入れたらよいですか。切れ目を解答用紙の図に直線をかき入れなさい。ただし，切れ目の直線は定規は使わなくともよいです。また，切った後の形は三角形とは限りません。

(4)　この紙を，図③のように切り目を入れて，３つに分けると分けた３つの紙は同じ面積になります。では，３つとも同じ形にするには，どのように切れ目を入れたらよいですか。解答用紙の図に２本の直線をかき入れなさい。

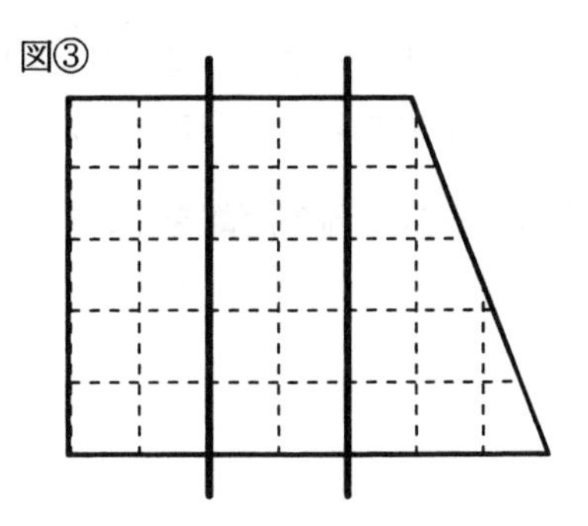

4　次の問いに答えなさい。

(1)　$22 \div 7$ を計算しなさい。ただし解答は，商は小数第３位まで計算し，余りを求めなさい。

(2)　円周率は小数で表すと，3.14159265…… と無限に続く小数です。小学校では円周率は約 3.14 と習っていますが，紀元前3世紀の科学者アルキメデスは円周率を $\frac{22}{7}$ としました。（諸説あります。）
では，図①の円の円周の長さを求めなさい。
ただし，円周率は $\frac{22}{7}$ とします。

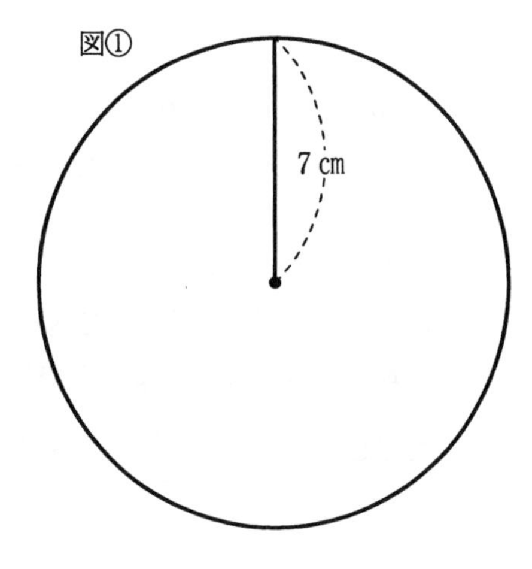

(3)　あきこさんの学校には，図②のような 100 m の直線と直径 70 m の半円をつなげた形をしたランニング用のコースがあります。

このコース１周の距離を求めなさい。ただし，円周率は $\frac{22}{7}$ とします。

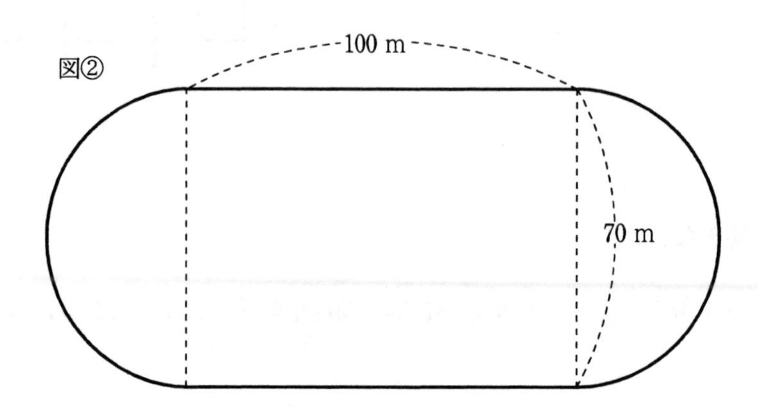

(4)　図③のように，図②のコースの１m 外側にもコースを作りました。あきこさんとまゆみさんの２人はスタート地点から矢印の方向に同時に同じ速さでランニングをしました。

あきこさんは内側のコース，まゆみさんは外側のコースを走ります。

あきこさんが，１周走ってスタート地点にもどってきたとき，まゆみさんはまだスタート地点にもどっていませんでした。スタート地点の何 m 手前にいるでしょうか。

ただし，円周率は $\frac{22}{7}$ とします。

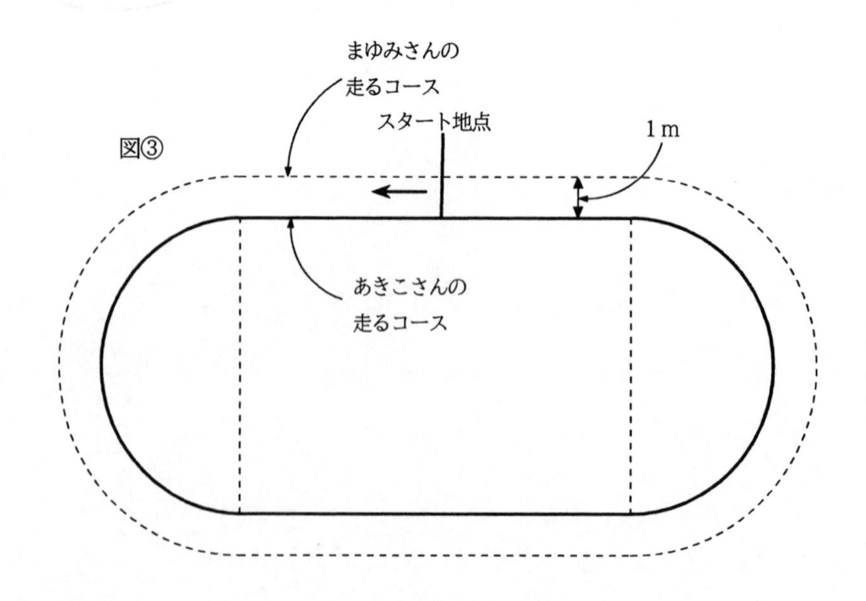

5 下の図は，1辺の長さが1cmの正三角形を6個組み合わせてつくったものです。中心の点Oから出発して，各辺の上を毎秒1cmの速さで動く点Pがあります。次の問いに答えなさい。ただし，同じ辺を何回通ってもよいものとします。

例①：O→F→A　と動くと2秒後に点PはAに着きます。
例②：O→A→O→A　と動くと3秒後に点PはAに着きます。

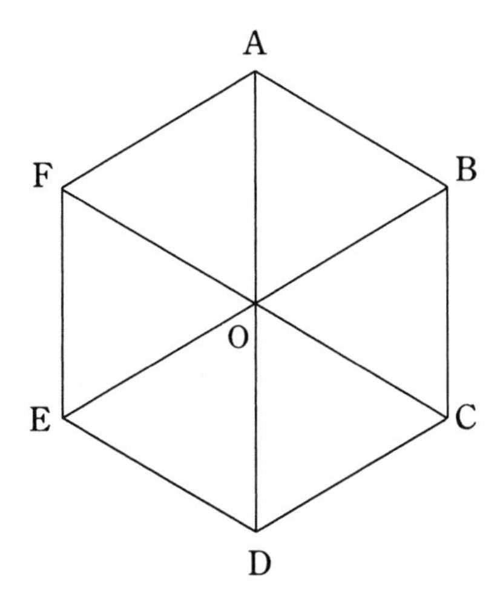

(1) 2秒後にAに着く動き方は例①の動き方のほかに1通りあります。この動き方を答えなさい。

(2) 3秒後にAに着く動き方は例②をふくめて，全部で何通りありますか。また，その動き方をすべて答えなさい。

【社　会】〈2月1日午後奨学生試験〉(理科と合わせて50分)〈満点:50点〉

1　次の会話を読んで問題に答えなさい。

先生:おはようございます。

生徒:おはようございます。今朝も寒いですね。

生徒:先生、今朝は北海道の(　①　)市も(　②　)の福岡市も雪が降ってます。
　　なぜ東京は晴れているのですか。

先生:おもしろいところに気がつきましたね。

生徒:(　①　)は東京よりも気温が低いのでわかるのですが、福岡は違います。
　　今日だけではなく、東京はあまり雪が降らない気がするのです。

先生:では、少し考えてみましょう。
　　※先生はiPadで表を示しました。

先生:この表を見ると、③気温と雪の関係ははっきりしません。
　　それでは、この地図を見てください。
　　※先生はiPadで関東地方の地図を示しました。

先生:関東地方の地形にはどのような特徴がありますか。

生徒:関東平野は広くて、(　④　)が流れています。

先生:山はどうですか。

生徒:関東地方は関東山地や(　⑤　)などにかこまれています。

先生:ちょっと難しいですが、冬はどの方向から風が吹く日が多いですか。

生徒:(　⑥　)風が多い気がします。

先生:ここに注目しましょう。

生徒:(　⑥　)風が、(　⑤　)にぶつかるからですか。

先生:その通りです。(　⑤　)で雪を降らせたあと、乾燥した風が関東に吹いてきます。

生徒：(　⑦　)のことですか。

先生：そうです。東京で雪が降る日が少ないのは、これが理由と考えられます。

表　都道府県庁所在地と天候

地点	年平均気温	月最低気温	年間降水量	年間降水日数	雪の降った日数
札幌	9.8℃	−5.9℃	814mm	131日	118日
新潟	14.6℃	0.5℃	1,352mm	153日	79日
東京	16.5℃	1.4℃	1,874mm	111日	11日
名古屋	17.0℃	1.2℃	1,556mm	109日	17日
京都	16.9℃	1.9℃	1,408mm	111日	24日
福岡	17.9℃	4.4℃	1,609mm	110日	28日
全国平均	16.2℃	1.2℃	1,624mm	116日	35日

(出典：『2019年　統計でみる都道府県のすがた』より)

※月最低気温とは、毎日の最低気温の平均が一番低い月の数値です。

※年間降水日数とは、1年間に雨か雪の降った日数です。

※雪の降った日数は、1日のうちで少しでも雪が降った日の合計です。

問1　空欄(　①　)にあてはまる市を下から1つ選び、記号で答えなさい。

ア．盛岡(もりおか)　イ．札幌(さっぽろ)　ウ．仙台(せんだい)　エ．弘前(ひろさき)

問2　空欄(　②　)にあてはまる地方を下から1つ選び、記号で答えなさい。

ア．東北　イ．中部　ウ．四国　エ．九州

問3　下線部③について、なぜはっきりしないのか、表の数字を使って説明しなさい。

問4　空欄(　④　)に適した川を下から1つ選び、記号で答えなさい。

ア．利根川(とねがわ)　イ．石狩川(いしかりがわ)　ウ．信濃川(しなのがわ)　エ．最上川(もがみがわ)

問５　空欄（　⑤　）に適した山脈を下から１つ選び、記号で答えなさい。

ア．木曽山脈（きそさんみゃく）　イ．飛驒山脈（ひださんみゃく）　ウ．越後山脈（えちごさんみゃく）　エ．奥羽山脈（おううさんみゃく）

問６　空欄（　⑥　）に適した方角を下から１つ選び、記号で答えなさい。

ア．東　イ．西　ウ．南　エ．北

問７　空欄（　⑦　）に適した語句を下から１つ選び、記号で答えなさい。

ア．春一番　イ．からっ風　ウ．木枯（こが）らし　エ．やませ

2　次の文章は、昨年開催された東京オリンピック前日の『読売新聞』の記事を要約したものです。

新型コロナウイルスの流行に伴う緊急事態宣言が発令された中で、約半世紀ぶりのA．東京オリンピックが開幕する。困難に立ち向かう努力の大切さや尊さを世界に伝えたい。日本国内でオリンピックが開催されるのは、冬季の（　①　）大会以来、２３年ぶりだ。B．約２００か国・地域から１万人以上の選手が集結し、過去最多の３３競技で熱戦を繰り広げる。

１９６４年の東京大会は、開催を機に（　②　）、戦後復興の象徴となった。計１６個の金メダルを獲得し、「東洋の魔女」と呼ばれた女子バレーボール日本代表などの活躍が人々の心に残った。今回は、新競技となるスポーツクライミングやスケートボードなどのほか、C．野球とソフトボールも復活した。日本選手は、これらを含むすべての競技に出場する。

スポーツには人の心を動かす「力」がある。苦難に直面した時、奮闘する選手の姿に勇気づけられた人は多いだろう。今大会でも、コロナ禍に苦しむ世界の人々に希望が届くといい。

問１　**下線部Ａ**について、次の夏季オリンピックは、２０２４年にフランスのパリで開催されますが、パリの歴史に関して述べた文Ｘ・Ｙ・Ｚについて、その正誤の組み合せとして正しいものを下から１つ選び、記号で答えなさい。

Ｘ：１９９７年、中華人民共和国に香港を返還した。
Ｙ：第一次世界大戦の講和会議が開かれ、ベルサイユ条約が結ばれた。
Ｚ：エッフェル塔は、１９世紀後半、万国博覧会の際に建てられた。

ア．	Ｘ＝正しい	Ｙ＝正しい	Ｚ＝誤り
イ．	Ｘ＝正しい	Ｙ＝誤り	Ｚ＝誤り
ウ．	Ｘ＝誤り	Ｙ＝誤り	Ｚ＝正しい
エ．	Ｘ＝誤り	Ｙ＝正しい	Ｚ＝正しい

問２　同じく次のオリンピックは２０２２年冬季大会として、中国の北京で開催されますが、我が国と中国との外交の歴史に関して述べた文として**誤っているもの**を下から１つ選び、記号で答えなさい。

ア．平城京は、唐の長安を手本につくられた。
イ．遣唐使は、８９４年に菅原道真の意見により中止された。
ウ．鎌倉幕府が行った日明貿易は、勘合貿易とも呼ばれた。
エ．江戸幕府の鎖国政策のもと、長崎において中国との貿易が行われた。

問３　**下線部Ｂ**について、東京オリンピック開会式において、選手団の入場が今回初めて、日本語で国・地域名を表記した５０音（あいうえお）順で実施されたことで話題になりました。しかし、最初に入場するのは「オリンピック発祥国」です。この国の歴史に関して述べた文として正しいものを下から１つ選び、記号で答えなさい。

ア．コロッセウムは、古代ローマ時代につくられた円形の闘技場の遺跡である。
イ．ギザにあるクフ王のピラミッドが最大の遺跡である。
ウ．この国の文化が、飛鳥文化に影響を与えたことが確認できる。
エ．大日本帝国憲法をつくる際、この国の憲法を参考にした。

問4　空欄①に入る県名を記しなさい。さらに、関係の深い文章を下から１つ選び、記号で答えなさい。

ア．野尻湖でナウマンゾウの化石が発見された。
イ．「漢委奴国王」と刻まれた金印が発見された。
ウ．登呂遺跡には弥生時代後期の米づくりの跡が残っている。
エ．国内最大の大仙古墳は2019年にユネスコの世界文化遺産に登録された。

問5　空欄②に入る文章としてふさわしいものを下から１つ選び、記号で答えなさい。

ア．アメリカとの間に沖縄返還協定が結ばれ
イ．大阪府で日本万国博覧会も行われ
ウ．東海道新幹線が開通して
エ．テレビ放送が開始され

問6　**下線部C**の競技は、オリンピック招致にあたり、東日本大震災から立ち直った姿を示す「復興五輪」の象徴として福島県で一部の試合が開催されました。福島県と関係の深い文章を下から１つ選び、記号で答えなさい。

ア．三内丸山遺跡には、縄文時代の巨大な集落跡が残っている。
イ．９世紀、最澄が天台宗を開き、比叡山に延暦寺を建てた。
ウ．平安時代に栄えた奥州藤原氏の拠点である平泉には、中尊寺金色堂がある。
エ．戦国時代、東北地方では伊達政宗が陸奥南部を支配した。

問7　東京はかつて江戸と呼ばれ、１７世紀初めに徳川家康によって江戸幕府が開かれました。江戸時代の出来事X・Y・Zを古い順に記したものを下から１つ選び、記号で答えなさい。

X：徳川慶喜が政権を朝廷に返した。
Y：徳川家光が参勤交代の制度を大名に義務づけた。
Z：アメリカのペリーの要求に応じて、日米和親条約を結んだ。

ア．X→Y→Z　　イ．X→Z→Y
ウ．Y→X→Z　　エ．Y→Z→X

3 次の文章を読み、以下の問いに答えなさい。

昨年（2021年）には様々なことがありました。1月にはアメリカの大統領選挙が終わり、**A．**新しい大統領が就任しました。日米関係や世界がどのようになるのか注目されました。3月で**B．**東日本大震災から１０年が経ちました。現在も復興（ふっこう）が終わっていない地域もある中で、決して風化（ふうか）させてはいけない自然災害の１つと言えます。7月・8月には東京オリンピック・パラリンピックが史上初の無観客という形で開催されましたが、**C．**各国の選手たちが大会に合わせて来日しました。**D．**選手たちの家族とオンラインでつながるエリアがあり新しい形のオリンピックの開催になったという意見もありました。

さらに、秋には**E．**衆議院議員選挙が行われました。この**F．**選挙では**G．**新型コロナウイルス対策についての審判が下されるものとなり、選挙前から非常に注目が集まっていました。**H．**内閣総理大臣を中心に引き続きコロナウイルス対策などを実施していくことになりました。1日でも早い終息を願うばかりです。

問１　**下線部A**に関して、現在のアメリカ大統領を答えなさい。

問２　**下線部B**について、東日本大震災が発生した日を下から１つ選び、記号で答えなさい。

ア．3月1日　　イ．3月11日　　ウ．3月15日　　エ．3月21日

問３　**下線部C**に関して、技術の革新によって、人や物、情報などの移動や交流が国境を越えて地球規模で行われ、拡大していくことを何というか、答えなさい。

問４　**下線部D**に関して、オンラインの技術が進み、授業や会議にも活用が進んでいますが、そのような技術を何というか、下から１つ選び、記号で答えなさい。

ア．ICT　　イ．WHO　　ウ．NPO　　エ．GDP

問５　**下線部Ｅ**に関して、日本は二院制を採用しているが、衆議院ともう一つは何か答えなさい。

問６　**下線部Ｆ**に関して、衆議院議員選挙の選挙権（せんきょけん）と被選挙権（ひせんきょけん）について述べた文として、正しいものを下から１つ選び、記号で答えなさい。

ア．選挙権は満 18 歳以上で、被選挙権は満 25 歳以上である。
イ．選挙権は満 18 歳以上で、被選挙権は満 30 歳以上である。
ウ．選挙権は満 20 歳以上で、被選挙権は満 25 歳以上である。
エ．選挙権は満 20 歳以上で、被選挙権は満 30 歳以上である。

問７　**下線部Ｇ**に関して、新型コロナウイルス感染症などの感染症予防といった人々の健康を守るための社会保障を何と言いますか。下から１つ選び、記号で答えなさい。

ア．社会保険　　イ．社会福祉　　ウ．公的扶助　　エ．公衆衛生

問８　**下線部Ｈ**に関して、内閣総理大臣の選出方法について述べた以下の文を読み、空欄にあてはまる語句を答えなさい。なお、空欄にはすべて同じ語句が入ります。

日本の内閣を率（ひき）いる内閣総理大臣は、（　　　）において、（　　）議員の中から、（　　）議員による投票によって選ばれます。
この選挙のことを首班指名（しゅはんしめい）選挙と言っています。

【理　科】〈２月１日午後奨学生試験〉（社会と合わせて50分）〈満点：50点〉

1 植物について、次の各問いに答えなさい。

問１　双子葉類の茎の断面図を書きなさい。その際、「道管」と「師管」の２つの言葉を位置がわかるように書き込みなさい。

問２　植物は葉と茎と根からできています。地下に栄養を蓄える茎をもつ植物はどれですか。下の植物から２つ答えなさい。

ダイコン、レンコン、ジャガイモ、サツマイモ、ゴボウ、ニンジン

2 私たちの身のまわりにあるいろいろな物質には、水にとけるものと、とけないものがあります。次の各問いに答えなさい。

問１　食塩は水にとけるが、とけるならいくらでもとけるか、それともとける量には限界があるか、答えなさい。

問２　ビーカーにあたためた水を入れ、ミョウバンをとけるだけたくさんとかしました。しばらくそのままにしておくと、水よう液の温度が低くなりました。このとき、ビーカーの中のようすはどのようになったか、簡単に答えなさい。

3 次の各問いに答えなさい。

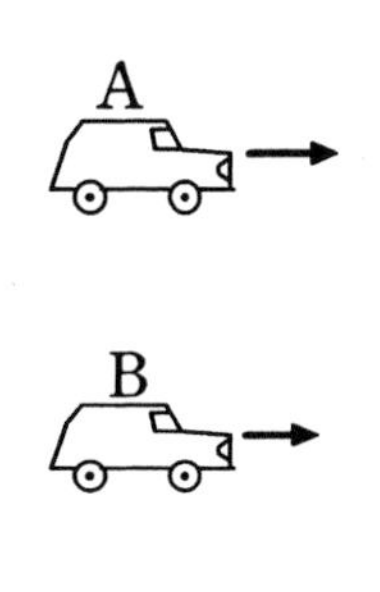

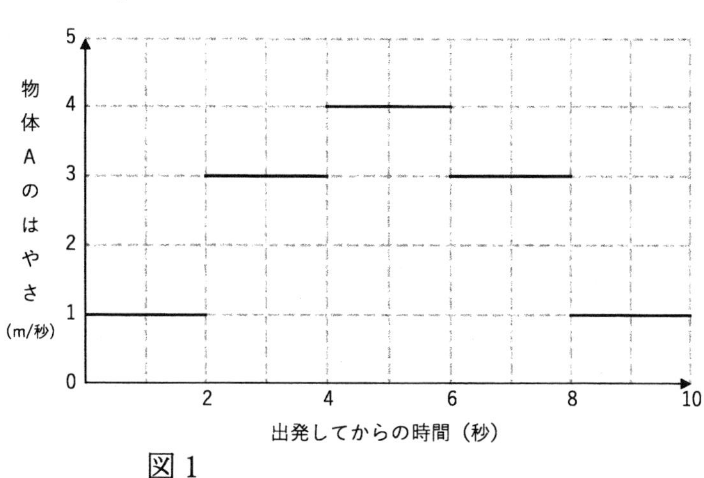

図１

物体A、Bがまっすぐな道の上を同時に出発しました。Aのはやさは出発してからの時間によって、図1のように変化し、Bは2(m/秒)の一定のはやさで進みました。【2(m/秒)は、1(秒)間に2(m)進むはやさを表しています】

問1　AがBに追いつくのは、出発してから何(秒)後ですか。

問2　AはBに追いついた後、Bを追いこして行きました。
A、B間のきょりが最大となるのは、出発して何(秒)から何(秒)の間ですか。

問3　問2のときのAとBのきょりは何(m)ですか。

4　下の文章を読み、各問いに答えなさい。

問1　太陽と地球と月が一直線上に並ぶことがあります。
このとき、皆既(かいき)月食（月と地球が重なり、月が見えなくなってしまう現象）が見られます。どのように並んでいるかを太陽から順に答えなさい。

問2　皆既(かいき)月食では地球と月が完全に重なり、月が見えなくなります。
完全に重なっているはずなのにもかかわらず、実際には赤黒い月が見えます。その理由を「空気」「反射」「くっ折」という言葉をすべて使って説明しなさい。

【英　語】〈２月１日午後奨学生試験〉（50分）〈満点：100点〉

1 次の各組の仲間に入っていないものを、ア～エより選び答えなさい。

(1)	ア. March	イ. May	ウ. Monday	エ. December
(2)	ア. Sunday	イ. Saturday	ウ. Tuesday	エ. September
(3)	ア. father	イ. mother	ウ. brother	エ. ant
(4)	ア.net	イ.volleyball	ウ.tennis	エ. baseball
(5)	ア.desk	イ. roof	ウ. bed	エ. chair

2 日本語の意味に合うように（　　）に入る適語を下より選び、番号で答えなさい。

(1) 私は彼らの言っていることが理解できなかった。
I couldn't (　　) out what they were saying.

(2) 消防士たちはその火事を一時間以内で消すことができた。
Fire fighters were able to (　　) out the fire in an hour.

(3) 野球の試合に私を連れて行ってください。
Please (　　) me out to see the ball game.

(4) サムは野球チームから外されるでしょう。
Sam will be (　　) out of the baseball team.

(5) 危ない。電車が来る。
(　　) out!　The train is coming.

[1. take　2. look　3. make　4. put　5. left]

3 次の文を意味の通るよう（　　）に入る適語を答えなさい。

(1) My sister is interested (　　) cooking.
(2) I was surprised (　　) the news.
(3) His eyes were filled (　　) tears.
(4) This desk is made (　　) wood.
(5) Wine is made (　　) grapes.

4

A. 次の英文に対する受け答えとして最もふさわしいものをア～オから１つ選び、記号で答えなさい。

(1) What are your plans for the summer vacation?
(2) Who was speaking to you in the classroom?
(3) How do I get to your house?
(4) Are you doing anything special this weekend?
(5) Did you have a good time at the festival?

ア Yes. I'm going to the mountains.
イ Mr. Takahashi was.
ウ I'll draw a map for you.
エ Yes, I did. I really enjoyed it.
オ I'm going to go to Hawaii.

B. 次の会話について、（　　）に入る最もふさわしいものをア～エから１つ選び、記号で答えなさい。

(1) ***Man***: This shirt is too small for me. Do you have a bigger one?
Salesclerk: (　　). I'll go and find one.
ア Wait a minute, please　　イ You can buy it now
ウ Maybe next time　　エ Those hats are on sale

(2) ***Mother***: Ted, I can't take you to your piano lesson today.
Son: (　　)
Mother: I have to meet Grandma at the airport.
ア Great idea!　　イ What time?
ウ Why not?　　エ Good job!

(3) ***Daughter***: This is a great swimming pool! Is it open all year?
Father: No, (　　).
ア I don't want to swim　　イ I'd love to
ウ it's not far from here　　エ only until September

(4) ***Teacher***: (　　), Jane? Why aren't you starting the test?
Student: I'm sorry, I don't have a pencil.
ア Where's the office　　イ What's the problem
ウ When did you finish it　　エ Was this your first time

(5) ***Girl 1***: Did you find out (　　)?
Girl 2: Yes, Jessica did.
ア who won the art contest　　イ whose book this is
ウ where we can meet　　エ how to get to the art museum

5 次の英文を読み、下の問に答えなさい。(先頭に[*]のある語句には、注がついています。)

Sea turtles are in danger.　Some people care about sea turtles and are working to help them.　Sea turtles live all over the world.　They live near coasts and in open waters.　Six species live in waters in the United States, but all of them are at risk.　Sea turtles usually eat jellyfish.　They sometimes mistake plastic bags for jellyfish and they try to eat them.　A researcher who works for the *Oceanic Society says that fishing is the biggest threat to sea turtles.　The turtles get caught in nets.　They also get caught in "①ghost gear." That's fishing gear that people have thrown away.

Climate change is a danger, too.　Sea levels are rising, so there are more storms.　These destroy turtles' nesting places, and pollution harms the animals.　②So does building on coastlines.　Vehicles *pack down beach sand.　This makes it hard for sea turtles to dig nests.　Lights from buildings and roads confuse the baby sea turtles.　③They follow the lights instead of going to the ocean.　Very few baby sea turtles will make it to *adulthood, so each adult turtle is extremely special.　When it *hatches, a sea turtle *pokes its head out of its shell.　It needs to get to the water fast to survive.

Many people are trying to help sea turtles.　According to the *World Wildlife Fund, one group helps *fisheries switch to more turtle-friendly fishing hooks and nets.　For instance, lights can be put inside nets. This *alerts sea turtles to ④their presence, and the animals can swim around them.　People can also volunteer to help baby sea turtles get to the water.

Can we save the sea turtles?　An expert says yes.　We know what threats they face, and we know what is needed to *defeat these threats.　It's just a matter of making it happen.　Here are five ways we can help sea turtles.

1. *Avoid *single-use plastic.
2. Pick up trash on the beach.　Dispose of it properly.
3. *Flatten old sand castles.　Fill in holes in the sand.　That way, female sea turtles can dig their nests.　Baby sea turtles will have a clear path to the water.
4. Turn off flashlights on the beach during nesting season.　They can confuse baby sea turtles.
5. Don't buy souvenirs made of sea turtle shells.

Now we have to think about why these animals are in danger and learn how we can help them, and how we can make this happen.

[注]　Oceanic Society　海洋学会（アメリカの海洋生物を保護する団体）　pack down　押し固める
adulthood　成人期　hatch　ふ化する　poke　突っ込む
World Wildlife Fund　世界野生動物基金　fishery　漁業を行う人　alert　警告する
defeat　負かす　avoid　避ける　single-use　使い捨ての　flatten　平らにする

(1) 下線部①は何を表していますか。もっとも適切なものを下から１つ選び、記号で答えなさい。

ア fishing tools　イ jellyfish　ウ plastic bags

(2) 下線部②の内容を説明に一番近いものを下から１つ選び、記号で答えなさい。

ア 海岸線の近くの建物はウミガメに何の影響も及ぼさない。
イ 海岸線の近くの建物はウミガメに損害を与えてしまう。
ウ 海に近い建物はよく嵐や台風の被害にあうことがある。

(3) 下線部③の理由をもっとも適切に説明しているものを下から１つ選び、記号で答えなさい。

ア ウミガメが巣を掘るのを難しくさせてしまうから。
イ 建物や道路の明かりがウミガメのふ化した赤ちゃんを海と別の方へ誘導してしまうから。
ウ 建物や道路の明かりがウミガメの巣を壊してしまうから。

(4) 下線部④は何を表していますか。もっとも適切なものを下から１つ選び、記号で答えなさい。

ア fisheries
イ lights
ウ fishing hooks and nets

(5) 次の質問に対する答えに合うように（　　）に入る適語を答えなさい。

① What do sea turtles mistake food for?
They mistake a lot of (　　　) bags for jellyfish.

② What does much sand make it hard for sea turtles to do?
It makes sea turtles difficult to dig (　　　).

(6) 本文の内容と合っていたら○を、異なっていたら×を書きなさい。

ア Many storms don't destroy turtles' nesting place.
イ The World Wildlife Fund recommend that fisheries change to more turtle-friendly fishing hooks and nets to save sea turtles.
ウ We had better not buy souvenirs made of sea turtle shells in order to help sea turtles.
エ Flashlights never confuse baby sea turtles.
オ It is difficult for sea turtles to dig nests because of beach sand packed down by cars.

6 次の質問にあなたの考えとその理由２つを英語で述べなさい。ただし、語数はそれぞれ20語以上とする。「.」「,」などの記号は語数に含めない。

(1) What sports do you like?

(2) Where do you want to live in foreign countries?

問七　――線⑤「うらはら」について、本文中と同じ意味で正しく使われている文を次から選び、記号で答えなさい。
ア　締め切りが迫り焦る気持ちとはうらはらに、作業を急いで進めた。
イ　アフリカに生息する黒いトカゲのうらはらは、白いことで有名だ。
ウ　消防士という仕事は、死とうらはらの危険な仕事である。
エ　激しい口調とはうらはらに、心は意外なほど冷静だった。

問八　次の一文は【Ⅰ】～【Ⅳ】のどこに入れるのがもっともふさわしいですか。一つ選び、Ⅰ～Ⅳの記号で答えなさい。
ましてや微生物などにいたってはどれだけがいて、どれだけがいなくなったかもほとんどわかりません。

問九　次の中から本文の内容とあっているものを一つ選び、記号で答えなさい。
ア　以前は、環境変化が絶滅の主な要因であったが、近年、人類が環境問題に関して様々な働きかけをしたため、環境変化による絶滅は大きく減少している。
イ　二〇世紀に急速に絶滅が進んだことは、全て人類が生み出した文明・産業の発展が原因なので、私たちは生物と共存していく方法を考えなければならない。
ウ　絶滅の原因は国や動植物によって様々なケースがあるが、人間の影響であることは間違いなく、生活を豊かにするための技術開発が原因であることは明らかだ。
エ　人類は誕生してから地球に大きな影響を与え続け、人口の増加と技術の発達によって多くの生物が絶滅してしまったので、環境を守るために動物の乱獲をやめるべきだ。

問一 [a]、[b] には体の一部を表す言葉が入ります。それぞれ漢字一字で答えなさい。

問二 ――線①「自然現象」とありますが、次のア～エのうち、自然現象による絶滅には1を、自然現象によるものではない絶滅には2を記入しなさい。

ア 大量乱獲による絶滅　イ 火山の噴火による絶滅
ウ 文明の発達による絶滅　エ 水質汚染による絶滅

問三 ――線②「その」が指す内容を本文から十一字でぬき出しなさい。

問四 ――線③「なぜ人による絶滅が増えたか」とありますが、その理由を「人口」「技術」という言葉を必ず使って、五十字程度で答えなさい。

問五 ――線④「疑う余地がありません」とはどういうことですか。もっともふさわしいものを次のうちから一つ選び、記号で答えなさい。

ア 人口の増加によって絶滅を止めたことは疑いようのない事実であるということ。
イ 産業の発達によって人間が大きく成長したことを疑うべきではないということ。
ウ 人間の影響によって絶滅が引き起こされたということは明らかだということ。
エ 文明の発展によって絶滅が進んだことは本当なのか調査すべきだということ。

問六 [X] に入る言葉としてもっともふさわしいものを次から選び、記号で答えなさい。

ア 効率的　イ 支配的　ウ 瞬(しゅん)間的　エ 一方的

【Ⅲ】

③なぜ人による絶滅が増えたかを考えてみます。これはとてもむずかしいことでもあると同時に、はっきりしたことでもあります。

むずかしいというのは絶滅にはさまざまなパターンがあり、動物や植物によっても、その国や社会によってもさまざまなケースがあるため、直接的な原因が特定できないということです。一方、はっきりしているというのは二〇世紀に人口が増え、また産業が発達して、人の影響（えいきょう）力が非常に大きくなったということで、絶滅がこれに関連していることは④疑う余地がありません。

長い時代、人は自然の一部として暮らしてきました。もちろんエジプト文明や黄河文明のような大きな都市をもつ文明も生まれましたが、それらは点のようなもので、地球全体からすれば人類はほんの弱い影響力しかありませんでした。実際、人々は、自然は無限であると思っていたし、石を投げたり弓で殺したりしても、それで動物がいなくなるというようなことはまったくありませんでした。海には果てがないと思われていたし、その海には魚や貝などが無限におり、獲（と）れるだけ獲っても減るというようなことはありえないことでした。

こういう時代が長く続いたのですが、安定した生産に支えられて人口が増えるようになりました。とくに、この五〇年の増加は文字通り「ウナギのぼり」で、恐（おそ）るべきものです。

これでは人が利用する食物と地球の資源とのバランスが危なくなってきます。同時に技術が進歩して猟銃（りょうじゅう）の性能はよくなり、漁網も改良されたし、魚群探知機やレーダー、トランシーバーなどが発達したために、きわめて X に動物が捕らえられるようになりました。ところが、そうした数と技術の変化とは⑤うらはらに、人の心理はそうは変わらず、相変わらず「獲れるだけ獲っても、動物が減るなどということはない」と感じていたし、「皆が獲っているのに、俺（おれ）だけ獲らないなんて損だ」と考える人が大半でした。そうした例はいくつもあげることができます。

ロンサム・ジョージもそうでしたが、島の動物は人と暮らした経験がないので、人を怖（こわ）いと思いません。また進化の中で逃げるという必要がなかったために、飛べない鳥とか、逃（に）げ足の遅（おそ）いカメとかが平和に生きてゆける環境がありました。そこに人が入ってきて、おいしそうな動物がいるとか、この鳥の羽は暖かい服を作るのに使えると考えて乱獲しました。島はとくに絶滅が起きやすいところですが、大陸でも次々と絶滅が起こるようになりました。【Ⅳ】

こうして、まちがいなく人間の影響によって多くの動植物が絶滅してしまったのです。

（高槻成紀　『動物を守りたい君へ』）

※種分化…祖先である種が分かれて、新しい種が生まれること。

※ロンサム・ジョージ…ガラパゴス諸島（しょとう）のピンタ島で発見された、ピンタゾウガメの最後の個体。

問十　この文章では、大輔が新しい環境で過ごす様子が描かれていますが、あなたが中学生になったら、新たな環境でどのように過ごしたいですか。具体的に、百八十字以上二百字以内で改行せずに書きなさい。

〈注意〉書き出しの空らんはいりません。また、、や。や「などの記号はそれぞれ一字として数えます。

三　次の文章を読んで、後の問いに答えなさい。（一部問題の都合により省略、または変更しているところがあります。）

地球上の生物の歴史を考えると、種分化※によって新しい種ができるのと同時に、環境に適応できなかった種は絶滅してゆくこともあるはずです。環境の変化と絶滅といえば、君は恐竜のことを思い浮かべるかも知れません。【Ⅰ】

実際、地球上に爬虫類が栄えていた時代がありました、なぜわかるかというと、物が分解しにくい乾燥地などで、恐竜の化石が掘り出されることがあるからです。ゾウほどもある恐竜や、キリンよりはるかに長い首をもった恐竜などの標本を見ると圧倒されます。こういう動物が歩いていたのを想像するだけで［a］がどきどきします。しかし、こうした恐竜はほとんどが絶滅してしまいました。その原因はよくわかっていませんが、何かの大きな環境変化が起きたことはまちがいなく、隕石が落ちたために地球環境が大変化し、それが大型爬虫類に不利だったというのがひとつの有力な説と考えられています。

ここでは恐竜のことには立ち入りませんが、長い地球の生物の歴史の中で自然現象として絶滅が起きていたということだけ確認しておきたいと思います。

同じ絶滅でも、恐竜の絶滅とロンサム・ジョージ※、つまりピンタゾウガメの絶滅は同じではありません。恐竜は自然現象としての環境変化によって絶滅したので、その絶滅は①自然現象です。しかしゾウガメの場合は人が乱獲をした結果であり、そのことがなければ今でもゾウガメの集団は生き延びていたはずですから、自然現象ではありません。【Ⅱ】

ピンタゾウガメの絶滅は二一世紀の初めに起きたと記録されることになりますが、人による動物たちの絶滅は一九世紀の後半から起き始め、二〇世紀に加速されました。②その頻度は自然の絶滅に比べて一〇〇倍も多いと言われています。

もっとも、記録されている絶滅というのは鳥や哺乳類が中心で、実際には昆虫や貝類などもたくさん絶滅しています。しかし、人はそういう動物にまで［b］が届かないために、気がついたらいなくなっていたとか、その存在さえ知られないままに絶滅したものもたくさんあります。

問五　――線④「ウメちゃん」の人物像として間違っているものを次の中から一つ選び、記号で答えなさい。
ア　クラスで冗談を言って皆を笑わせるようなお調子者の男の子。
イ　外で遊ぶのが好きな明るく元気いっぱいな男の子。
ウ　初めて会う人にも自分から声をかけられる積極的な男の子。
エ　他人の言うことを聞き入れないがんこな男の子。

問六　[a]には、「とても強い関心を持つ」という意味の四字熟語が入ります。もっともふさわしいものを次の中から一つ選び、記号で答えなさい。
ア　喜怒哀楽　　イ　興味津々(しんしん)　　ウ　試行錯誤(さくご)　　エ　十人十色

問七　[A]に入る言葉としてもっともふさわしいものを次の中から一つ選び、記号で答えなさい。
ア　じっ　　イ　はっ　　ウ　かっ　　エ　にっ　　オ　むっ

問八　――線⑤「パパだけ、しばらくハブテてた」とありますが、それはなぜですか。もっともふさわしいものを次の中から一つ選び、記号で答えなさい。
ア　息子のことを心配しているのに、大輔は自分のことを邪魔(じゃま)者扱いしていると思ったから。
イ　母親や大輔が方言を使っている中で、自分だけがそこに馴染(なじ)めずにいると感じているから。
ウ　次の日は息子と出かけようと思っていたのに、大輔はその約束を守る気がないと気付いたから。
エ　息子が精一杯強がっていることを感じ取り、あえて大輔を突き放すことにしようと決めたから。

問九　次の一文は【Ⅰ】～【Ⅳ】のどこに入れるのがもっともふさわしいですか。一つ選び、Ⅰ～Ⅳの記号で答えなさい。
そう聞いて、ぼくはぼんやり思い出した。

※内海…広島県福山市の町。
※ハセガワさん…大輔の祖母の幼なじみ。ぶっきらぼうで豪快な人物。
※ハブテた…広島県の方言。腹を立てた。怒った。
※備後弁…広島県東部の備後地方とその周辺で話される方言。

問一　〜〜〜線(1)「だいたいそんなもんだろ、転校生なんて。」〜〜〜線(2)「ケラケラ笑った」に使用されている表現技法を次の中からそれぞれ一つずつ選び、記号で答えなさい。

ア　ぎ人法　　イ　隠ゆ法　　ウ　直ゆ法　　エ　倒置法　　オ　体言止め　　カ　ぎ音語

問二　――線①「さっきは、ごめんな」とありますが、ウメちゃんはどのようなことに対してあやまったのですか。三十字以内で答えなさい。

問三　――線②「ち、違うよ！」とありますが、ここでの大輔の様子としてもっともふさわしいものを次の中から一つ選び、記号で答えなさい。

ア　ハセガワさんが自分の祖父に見えたということに感激し、二人が仲良く見えたことを喜んでいる。
イ　ハセガワさんを自分の祖父だと当てられたことに驚き、どうにかして隠さなくてはと悩んでいる。
ウ　ハセガワさんを自分の祖父かと聞かれたことに動揺し、そのことを否定しようと焦っている。
エ　ハセガワさんが自分の祖父に間違われたことにがっかりし、誤解を解こうと必死になっている。

問四　――線③「ありがと」とありますが、大輔が急にそう言った理由を三十五字以内で書きなさい。

「サッカー」
「うん。自転車屋のウメちゃんにさそわれた」
「ウメちゃん？」
「うん。ウメザキトオルくん」
「あそこのおばあちゃん、わたし、知っとるよ」
と、おばあちゃんが割りこんだけど、パパとママは少し変な顔をしていた。
パパは、次の日に東京に帰ることにしていたから、もしかしたら、ぼくと釣りに行きたかったのかもしれない。
「じゃあ、パパも船公園に見学に行くかな」
と、ちょっとしてからパパは言った。
「いいよ。来なくて。親がいっしょじゃないと遊びに来られないと思われたら、恥ずかしいじゃん」
と、ぼくが言ったら、パパはちょっと A とした。
「あ、パパ、※ハブテたね？」
「なに？　なにしたって？」
「あら、この子ったら、もう※備後弁使ようる！」
ママが「しよる」とか「じゃろ」とか言うことって、ほんとに少ないんだけど、とつぜん方言でママはそう言って笑った。おばあちゃんも笑った。ぼくも笑って、⑤パパだけ、しばらくハブテてたけど、そのうち、しょうがないから笑った。
「もう、友だちができたんだね。ママは、うれしいな」
「そうだな。それはいいことだよな」
ママとパパの間で、そういうふうに話がまとまりそうになったから、ぼくはいちおう、
「まだ、わかんないよ」
と、言っておいた。
仲良くなれるかどうか、わからないじゃないか。気が早いんだよ、パパもママも。

（中島京子　『ハブテトル　ハブテトラン』）

ウメちゃんは、うんうんとうなずいた。

「③ありがと」

と、ぼくが言ったら、ウメちゃんは八重歯(やえば)を見せて笑った。

「なー、ダイスケってさ、サッカーとか、しょうる？」

ウメちゃんがきいた。

「うん、やったことはあるよ」

「じゃあ、今日、船公園に来ん？」

「船公園？」【Ⅲ】

「船公園、知らん？」

「タコ公園なら、知ってるけど」

「じゃあ、タコ公園でええよ。二時にタコ公園に、来てーや」

「うん、わかった」

「じゃ、二時な」

そう言うと、④ウメちゃんは走って行ってしまった。【Ⅳ】

家に帰ると、パパとママは［ａ］で、なにがあったの、どうだったの、先生はなんて言ったのと、ぼくを質問攻(ぜ)めにした。

「まあ、なんとかなると思うよ」

ぼくは、おばあちゃんの作ってくれた焼きそばを食べながら、てきとうに返事をした。

「ほんと？　やっていけそう？　ダイちゃん」

「だいじょうぶなのか、大輔？」

「うん、たぶんね。それより、ぼく、今日、二時にタコ公園に行くことになったよ」

ママとパパは顔を見合わせた。

「タコ、公園？」

「うん。その後、船公園行って、サッカーするらしい」

「いいよ。それより、オオガキ先生って魔女なの？」
と、ぼくはきいた。
「魔女じゃろ、どう見ても。自分でもそういようるぞ」
そのすばしっこそうな男の子の名前は、ウメザキトオル、というのだった。
「うち、駅前の自転車屋なんよ。みんなには、ウメちゃんいうて、呼ばれとる。なあ、どういうて呼んだらええ？」
「ぼくのこと？」
「うん」
「親しい友だちは、ホシノ、とか、ダイスケ、とか」
「じゃあ、ダイスケでええ？」
「ええよ」
ぼくは思わずつられて、なまっちゃったんだけど、ウメちゃんはぜんぜん気がつかないみたいだった。
「ダイスケ、夏休みにはもうこっちにおったじゃろ」
「うん、来てた」
「※内海(うつみ)で釣(つ)りしょうたじゃろ」【Ⅰ】
「ウツミ？」
「うん。サングラスかけたじいさんと釣りしょうた。あれ、ダイスケのおじいさん？」
「サングラス……？　②ち、違(ちが)うよ！　あれは※ハセガワさんだよ！」
「知り合い？」
「うん、まあ。あれ？　きみ、どっかで会ったよね？」
「じゃけえ、内海で会(お)うたんじゃって」【Ⅱ】
ハセガワさんがボロ車に乗せて海に連れて行ってくれて、堤防のところでぼくたちはぼーっと釣り糸を垂(た)らしていたんだけど、途(と)中でエサが足りなくなっちゃって、もめていたら隣(となり)にいた男の子が少し分けてくれたんだった。
「あ、エサ？」

二　小学校五年生の大輔(だいすけ)は、東京の学校での人間関係がうまくいかず、二学期の間だけ母の故郷(こきょう)である広島県の小学校に通うことになった。次の文章を読んで後の問いに答えなさい。

そうしてぼくの二学期は始まった。
黒板に大きく「星野大輔」と書かれて、「よろしくおねがいします」とか言って、そして空いている席に座って。(1)だいたいそんなもんだろ、転校生なんて。
席についたら、クラスのどこかから声が上がった。
「星野くんのお母さんとオオガキ先生は同級生じゃろ？」
いったい、どっからそんなことがわかったんだろ。ぼくがびっくりしていると、オオガキ先生は、
「そうじゃけど、学校じゃあ、関係ないけえね。あんたら、なんでそんなこと知っとるん？　くだらんこというとらんで、後ろから宿題集めんさい」
と、言った。
「星野くんのお母さんも三百歳(さい)？」
クラスの子たちが、(2)ゲラゲラ笑った。
「またそういうつまらんこというて、星野くんがいやな思いしたらどうするん？　星野くんのお母さんは、ふつうの人じゃけえ、あんたらのお母さんといっしょよ。わたしは魔女(まじょ)じゃけえ、もうちょっと年はいっとるんよ。ん？　三百歳？　いつからわたしが三百歳になったん？　まだ二百五十四歳と半月じゃ」
教室中がゲラゲラ笑い出し、なんだかぼくもつられて笑った。
そういえば、オオガキアヤ先生は、どことなく魔女っぽくて、くせっけの長い髪を後ろで一つに結んでいて、長いスカートを穿(は)いている。
一日目が終わって、帰る準備をしてたら、陽(ひ)にやけたすばしっこそうな男の子が近づいてきて、
①「さっきは、ごめんな」
と言った。
なんのことだろ、と、ぼくは一瞬(いっしゅん)考えて、それから、こいつがさっき「星野くんのお母さんも三百歳？」と言った子だとわかった。

二〇二二年度 藤村女子中学校

【国語】〈二月一日午後奨学生試験〉（五〇分）〈満点：一〇〇点〉

一 次の――線の漢字の読みをひらがなに、カタカナを漢字に直しなさい。

① 五月の節句を祝う。
② 牛を放牧する。
③ 小説の批評をする。
④ 山くずれを防ぐ。
⑤ 返事を保留する。
⑥ 住居をイテンする。
⑦ 立候補者のエンゼツ。
⑧ シソンに財産を残す。
⑨ 新しいコウシャを建てる。
⑩ 現役からシリゾく。

2022年度
藤村女子中学校　▶解説と解答

算　数　＜２月１日午後奨学生試験＞（50分）＜満点：100点＞

解　答

1 (1) 45　(2) 54　(3) 3.5　(4) 135　(5) 0.4　2 (1) 1200円　(2) 4時間　(3) 1　(4) 750個　(5) 75分　3 (1) 30cm^2　(2) Bが5cm^{2}大きい

(3)

(4)

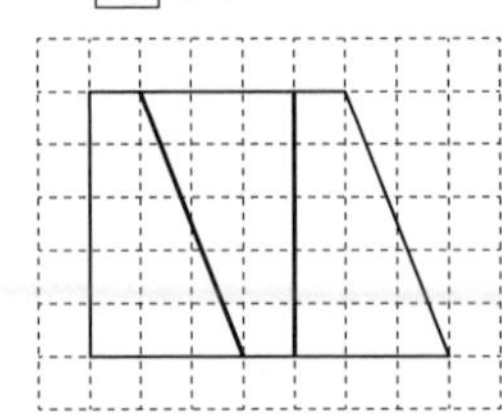

4 (1) 商　3.142　余り　0.006　(2) 44cm　(3) 420m　(4) $6\frac{2}{7}$　5 (1) O→B→A　(2) 全部で10通り　O→A→O→A，O→F→O→A，O→E→O→A，O→D→O→A，O→C→O→A，O→B→O→A，O→E→F→A，O→C→B→A，O→A→B→A，O→A→F→A

解　説

1 四則計算，計算のくふう，逆算

(1) 35－14＋３×８＝35－14＋24＝45

(2) {(８＋７)＋５－(３－１)}×３＝(15＋５－２)×３＝18×３＝54

(3) 0.25×７×0.5×４＝(0.25×４)×(７×0.5)＝１×3.5＝3.5

(4) ３＋６＋９＋12＋15＋18＋21＋24＋27＝(３＋27)＋(６＋24)＋(９＋21)＋(12＋18)＋15＝30×４＋15＝120＋15＝135

(5) (1.6＋□)×５＝10より，1.6＋□＝10÷５＝２　よって，□＝２－1.6＝0.4である。

2 売買損益，流水算，周期算，仕事算，ニュートン算

(1) 売り値は定価の，10－２＝８(割)であり，小数で表すと0.8となる。定価は1500円なので，売り値は，1500×0.8＝1200(円)と求められる。

(2) 流れのない川を時速15kmで進む船が，時速５kmの速さで流れる川を下るときの速さは，川の流れの速さだけ速くなるので，時速，15＋５＝20(km)となる。よって，この川を80km下るのにかかる時間は，80÷20＝４(時間)とわかる。

図１

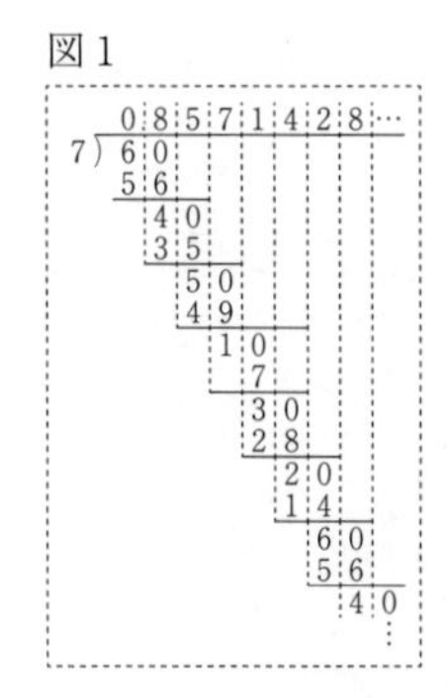

(3) $\frac{6}{7}$を小数になおすと，右の図１のようになり，小数点以下は，857142という６個の数を繰り返す。すると，小数第22位の数は，22÷６＝３あまり４より，６個の数の４番目の数なので１とわかる。

(4) １時間に作ることができるケーキの個数は，100×２＝200(個)である。

また，1時間＝60分より，45分＝$\frac{45}{60}$時間＝$\frac{3}{4}$時間となり，3時間45分＝$3\frac{3}{4}$時間である。よって，3時間45分で作ることができるケーキの個数は，$200\times3\frac{3}{4}=750$(個)と求められる。

(5) 行列の人数は，1分間で4人減るが，新たに2人加わるので，右の図2のように，1分につき，4－2＝2(人)ずつ減る。よって，はじめに150人であった行列がなくなるまでの時間は，150÷2＝75(分)と求められる。

図2

時間(分)	0	1	2	…
行列の人数	150	148	146	…

2減る　2減る

3 面積，構成・分割

(1) 右の図1のように，上底が5cm，下底が7cm，高さが5cmの台形である。よって，求める面積は，$(5+7)\times5\div2=30(cm^2)$である。

図1

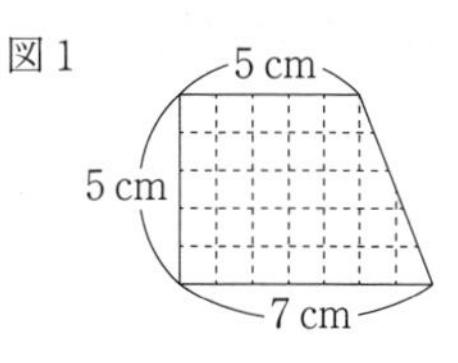

(2) 問題文中の図②で，三角形Ⓐの面積は，$5\times5\div2=12.5(cm^2)$，三角形Ⓑの面積は，$7\times5\div2=17.5(cm^2)$である。よって，Ⓑの方が，$17.5-12.5=5\ (cm^2)$大きい。

(3) 台形の上底と下底の合計は，5＋7＝12(cm)なので，2つの同じ面積の図形に分けるには，上底と下底の合計が，12÷2＝6(cm)になるように分ければよい。よって，切れ目の直線は，右の図2のようになる。他にも，右の図3のように切れ目を入れることもできる。

図2

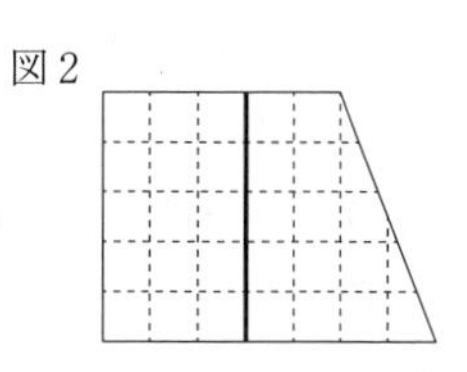

図3

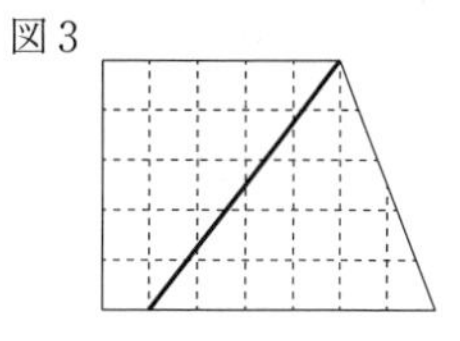

(4) 問題文中の図③で切り分けた3つの紙は同じ面積なので，右の図4で，かげをつけた長方形を，アと合同な2つの紙に切り分けられると，3つの紙は同じ形となる。それには図5，あるいは図6のように切れ目を入れればよい。

図4

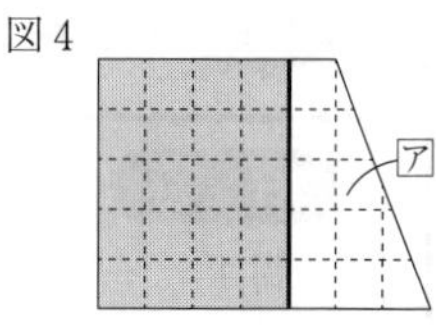

図5

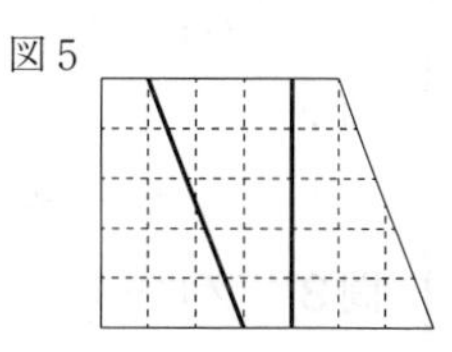

図6

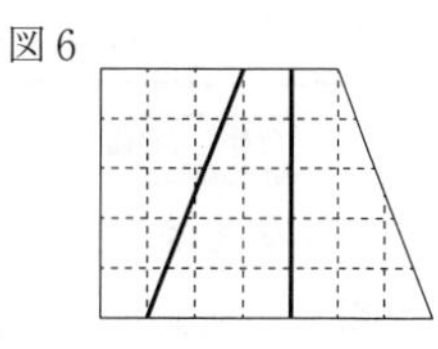

4 小数，長さ，速さ

(1) 22÷7を商は小数第3位まで計算し，余りを求めると，右の図1より，3.142余り0.006とわかる。

図1

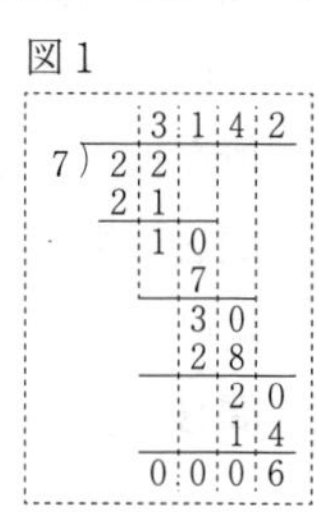

(2) 問題文中の図①の円の直径は，7×2＝14(cm)なので，円周の長さは，(円周の長さ)＝(直径)×(円周率)より，$14\times\frac{22}{7}=44$(cm)となる。

(3) 下の図2で，かげをつけた半円2つの弧の長さの和(図2の太線)は，$70\times\frac{22}{7}=220$(m)である。よって，ランニングコースの距離は，直線部分の距離を加えて，220＋100×２＝420(m)と求められる。

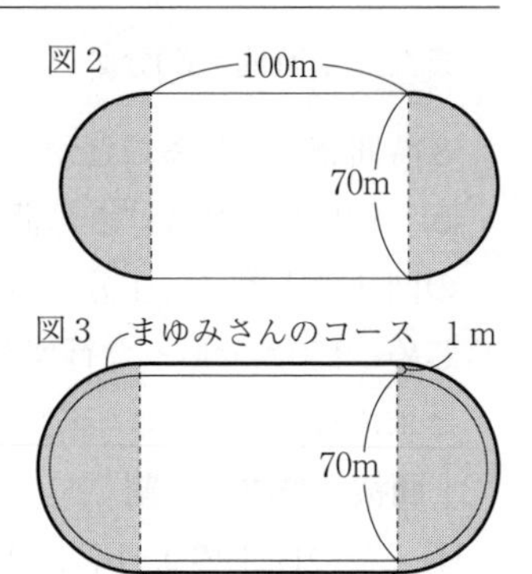

⑷　右の図３より，まゆみさんが走るコースの距離は，$(70+1\times 2)\times\frac{22}{7}+100\times 2=226\frac{2}{7}+200=426\frac{2}{7}$(m)である。あきこさんとまゆみさんの速さは同じなので，あきこさんがスタート地点にもどってきたとき，まゆみさんが走った距離は，⑶より，420mとわかる。よって，まゆみさんはスタート地点の，$426\frac{2}{7}-420=6\frac{2}{7}$(m)手前にいると求められる。

５ 場合の数

⑴　２秒後にＡに着く，Ｏ→Ｆ→Ａと異なる動き方は，Ｏ→Ｂ→Ａである。

⑵　３秒後にＡに着くには，２秒後にＯ，Ｂ，Ｆのどこかにいなければならない。２秒後にＯにいる場合，２秒後までの動き方は，下の図のように６通りある。また，２秒後にＢ，Ｆにいる場合，２秒後までの動き方は，下の図のようにそれぞれ２通りある。よって，３秒後にＡに着く動き方は，６＋２×２＝10(通り)あり，その動き方は，Ｏ→Ａ→Ｏ→Ａ，Ｏ→Ｂ→Ｏ→Ａ，Ｏ→Ｃ→Ｏ→Ａ，Ｏ→Ｄ→Ｏ→Ａ，Ｏ→Ｅ→Ｏ→Ａ，Ｏ→Ｆ→Ｏ→Ａ，Ｏ→Ａ→Ｂ→Ａ，Ｏ→Ｃ→Ｂ→Ａ，Ｏ→Ａ→Ｆ→Ａ，Ｏ→Ｅ→Ｆ→Ａである。

２秒後にＯ	Ｏ→Ａ→Ｏ，Ｏ→Ｂ→Ｏ，Ｏ→Ｃ→Ｏ，Ｏ→Ｄ→Ｏ，Ｏ→Ｅ→Ｏ，Ｏ→Ｆ→Ｏ
２秒後にＢ	Ｏ→Ａ→Ｂ，Ｏ→Ｃ→Ｂ
２秒後にＦ	Ｏ→Ａ→Ｆ，Ｏ→Ｅ→Ｆ

社　会　＜２月１日午後奨学生試験＞（理科と合わせて50分）＜満点：50点＞

解　答

１ **問１**　イ　**問２**　エ　**問３**　東京の最低気温は1.4℃で福岡の4.4℃よりも低いのに，雪の降った日は11日で，福岡の28日より少ないから。　**問４**　ア　**問５**　ウ　**問６**　エ　**問７**　イ　**２** **問１**　エ　**問２**　ウ　**問３**　ウ　**問４**　県名…長野(県)　関係の深い文章…ア　**問５**　ウ　**問６**　エ　**問７**　エ　**３** **問１**　バイデン　**問２**　イ　**問３**　グローバリゼーション(グローバル化)　**問４**　ア　**問５**　参議院　**問６**　ア　**問７**　エ　**問８**　国会

解　説

１ 日本各地の気温と雪の関係についての問題

問１　札幌(さっぽろ)市は北海道の道庁所在地で，北海道の中央部よりやや西寄(よ)りに位置し，碁盤(ごばん)の目のように区画整理された街並みや２月に行われる雪まつりが有名な都市である。なお，アは岩手県の県庁所在地，ウは宮城県の県庁所在地，エは青森県の都市である。

問２　福岡市を県庁所在地とする福岡県は，九州地方の北部に位置している。ほかに，佐賀県，長崎県，大分県，熊本県，宮崎県，鹿児島県，沖縄県が，九州地方に属している。

問３　表を見ると，月最低気温は，東京が1.4℃，名古屋(なごや)が1.2℃，京都が1.9℃で，いずれも福岡の

4.4℃を下回っている。しかし，雪の降った日数は，東京が11日，名古屋が17日，京都が24日で，いずれも福岡の28日より少ないため，気温が低ければ雪が降るという関係は成り立たないことが分かる。

問4　関東平野を流れる利根川は，新潟県と群馬県の県境あたりを水源とし，北西から南東へ流れ，茨城県と千葉県の県境を通って銚子市で太平洋に注ぐ。「坂東太郎」ともよばれ，流域面積1万6840km^2は日本最大である。なお，イは北海道，ウは中部地方(長野県・新潟県)，エは東北地方(山形県)を流れる川である。

問5　越後山脈は，新潟県と福島県・群馬県の境を北東から南西に，1500～2000m級の山々が連なる山脈であり，関東地方は西は関東山地，北は越後山脈と接している。なお，ア・イは中部地方，エは東北地方に連なる山脈である。

問6　冬は気圧配置の関係で北から冷たい風が吹くことが多い。この風や，大陸から吹く冷たい北西の季節風が，日本海上空をわたるときに暖流の対馬海流の影響を受けて大量の水蒸気をふくみ，越後山脈など日本海に面する高い山々にぶつかって雲を発生させ，日本海側の地域に多くの雪を降らせる。

問7　北西の季節風が日本海側に雪を降らせて水蒸気を減らしたあと，乾いた風となって関東地方に吹きおろす。この風をからっ風といい，冬に関東地方に吹く風は乾いた風であることから，東京では雪が降る日が少なくなると考えられる。なお，アは春に最初に強く吹く南風，ウは冬の初めに吹く強く冷たい風，エは春から夏にかけて東北地方の太平洋側に吹く冷たく湿った北東風である。

2 オリンピックを題材とした歴史についての問題

問1　香港は，アヘン戦争で清がイギリスに敗北したことにより，1842年の南京条約でイギリスに譲り渡され，1997年に中華人民共和国(中国)に返還されたので，Xは誤り。1919年にフランスのパリで第一次世界大戦の講和会議が開かれ，ベルサイユ条約が結ばれたので，Yは正しい。1889年にフランス革命100周年を記念してパリで第4回万国博覧会が開催された際，そのシンボルとしてエッフェル塔が建てられたので，Zは正しい。

問2　日明貿易を行ったのは鎌倉幕府ではなく室町幕府である。3代将軍足利義満は，朝鮮・中国沿岸を荒らしていた倭寇の取りしまりを求めてきた明(中国)に応じ，明との貿易を開始した。この貿易には，倭寇と正式な日本の船を区別するために勘合が用いられたため，勘合貿易ともよばれた。

問3　オリンピック発祥国はギリシアである。フランスのクーベルタンの提唱により，1896年に第1回オリンピック大会がギリシアの首都アテネで開かれた。アテネに建っているパルテノン神殿の柱は，円柱の中央部がややふくらんでいるエンタシスとよばれる形状で，聖徳太子が奈良県の斑鳩に建立した法隆寺の柱にもそれがみられることから，ギリシア文化が飛鳥文化に影響を与えたと考えられている。なお，アはイタリア，イはエジプト，エはドイツの歴史に関して述べた文である。

問4　1998年2月，第18回オリンピック冬季長野大会が開かれた。野尻湖は，長野県北部に位置する湖で，1948年にこの湖底からナウマン象の化石が発見され，その後の発掘と研究により，日本が大陸と陸続きであったことが示された。なお，イは福岡県，ウは静岡県，エは大阪府と関係の深い文章である。

問5　東海道新幹線は，東京オリンピックの9日前の1964年10月1日に開業し，最高時速210キロで東京－新大阪間を４時間(翌年には３時間10分に短縮)で結んだ。なお，アは1971年，イは1970年，エは1953年のできごと。

問６　戦国時代，伊達政宗は伊達家の当主となり，陸奥南部を支配したが，1590年に豊臣秀吉に従い，江戸時代には仙台城(宮城県)を本拠地とする大名となった。なお，アは青森県，イは滋賀県，ウは岩手県と関係の深い文章である。

問７　Ｘの15代将軍徳川慶喜が京都の二条城で政権を朝廷に返した(大政奉還)のは1867年。Ｙの３代将軍徳川家光が武家諸法度を改定し，大名に１年おきに江戸と領地に住むことを義務づける参勤交代を制度化したのは1635年。Ｚの日米和親条約が結ばれ，下田(静岡県)・函館(北海道)の２港を開き，アメリカ船に水・食料・燃料などを提供することになったのは1854年。したがって，Ｙ→Ｚ→Ｘの順となる。

３ 2021年のできごとについての問題

問１　民主党のジョー・バイデンは，2020年11月に行われたアメリカ大統領選挙で，538人の選挙人の票のうち306票を獲得して共和党のドナルド・トランプに勝利し，2021年１月に第46代アメリカ大統領に就任した。

問２　2011年３月11日，宮城県の牡鹿半島沖を震源とするマグニチュード9.0の地震が，東日本の広い地域で発生した(東日本大震災)。これにより，東北地方の太平洋沿岸に大きな津波がおし寄せ，福島第一原子力発電所では，大量の放射性物質が外部にもれ出すという原発事故が起こった。

問３　人や物，情報などが国境を越えて移動・交流することをグローバリゼーションという。グローバリゼーションが拡大している現在，国どうしの結びつきが強くなり，自国だけでは解決できず，他国との協力が不可欠とされる問題も増えている。

問４　ICT は，インターネットなどの通信技術を利用した産業やサービスをふくめた情報通信技術のことで，近年では授業や会議でも活用が進んでいる。なお，イは世界保健機関，ウは非営利団体，エは国内総生産のことである。

問５　日本の国会は衆議院と参議院からなる二院制を採用している。任期４年で任期途中の解散もある衆議院に対して，参議院は任期６年で解散がないことから，長期的な視野にたって公平な立場で物事を判断し，議員一人ひとりの良心や信念にもとづいて自由な議論を行うことができるとされている。

問６　衆議院議員選挙について，選挙権は満18歳以上の国民，被選挙権(立候補できる権利)は満25歳以上の国民に与えられている。定数は465人で，１選挙区から１名が選ばれる小選挙区制で289人，全国を11ブロックに分けて行われる比例代表制で176人が選ばれる(2022年４月現在)。

問７　公衆衛生は，国民の健康を向上・増進するために，保健所や保健センターが中心となり，栄養指導，乳幼児健診，感染症予防などを行っている。社会保険・社会福祉・公的扶助とともに，社会保障の４つの柱となっている。

問８　日本国憲法第67条で「内閣総理大臣は，国会議員の中から国会の議決で，これを指名する。この指名は，他のすべての案件に先立って，これを行う」と定められている通り，内閣総理大臣は国会議員の中から，国会議員による投票によって指名される。

理　科　＜２月１日午後奨学生試験＞（社会と合わせて50分）＜満点：50点＞

解　答

1　**問１**　右図　**問２**　レンコンとジャガイモ　2　**問１**　（例）とける量には限界がある。　**問２**　（例）温度が低くなった場所から，とけていられなくなったミョウバンが，ビーカーの中に出てくる。

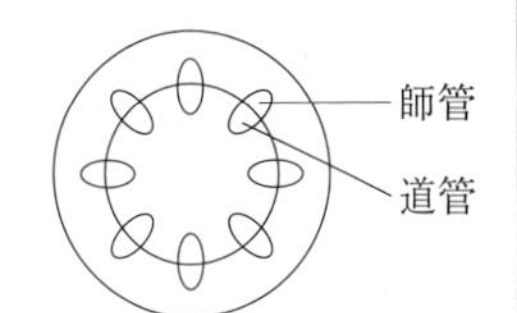

3　**問１**　４秒後　**問２**　８秒から10秒の間　**問３**　６ｍ

4　**問１**　太陽→地球→月　**問２**　（例）太陽の光が地球の「空気」により「くっ折」し，赤い光だけが月に届き，その光が「反射」するため，赤黒く見える。

解　説

1　植物についての問題

問１　双子葉類の茎（くき）の内部は，内側に道管，外側に師管が円状にならぶ。また，道管と師管の間には形成層がある。なお，道管と師管をあわせて維管束（いかんそく）という。

問２　地下に栄養を蓄（たくわ）える茎をもつのは，レンコンやジャガイモなどである。いっぽうで，ダイコンやサツマイモ，ゴボウ，ニンジンなどは，地下の根に栄養を蓄える。

2　身のまわりの物質についての問題

問１　一定の重さの水にとけることができる食塩の量には限界がある。なお，とけることができる食塩の量は，水の重さに比例する。

問２　水の温度が高くなるほど，水にとけることができるミョウバンの量は多くなるが，水の温度が低くなるほど，水にとけることができるミョウバンの量は少なくなる。よって，水の温度が低くなった場所から，とけきれなくなったミョウバンの結晶がビーカーの中に出てくると考えられる。

3　物体の運動についての問題

問１　１秒ごとに，ＡとＢのそれぞれが進んだきょりの合計を考える。Ａが進んだきょりの合計は，１秒後に１ｍ，２秒後に，１＋１＝２(m)，３秒後に，２＋３＝５(m)，４秒後に，５＋３＝８(m)になる。いっぽうで，Ｂの進んだきょりの合計は，１秒後に２ｍ，２秒後に，２＋２＝４(m)，３秒後に，４＋２＝６(m)，４秒後に，６＋２＝８(m)になるから，ＡがＢに追いつくのは４秒後とわかる。

問２，問３　問１と同様に，ＡがＢに追いついたあとのＡとＢのそれぞれが進んだきょりの合計を，１秒ごとに考える。Ａが進んだきょりの合計は，５秒後に，８＋４＝12(m)，６秒後に，12＋４＝16(m)，７秒後に，16＋３＝19(m)，８秒後に，19＋３＝22(m)，９秒後に，22＋１＝23(m)，10秒後に，23＋１＝24(m)となる。いっぽうで，Ｂの進んだきょりの合計は，５秒後に，８＋２＝10(m)，６秒後に，10＋２＝12(m)，７秒後に，12＋２＝14(m)，８秒後に，14＋２＝16(m)，９秒後に，16＋２＝18(m)，10秒後に，18＋２＝20(m)である。以上より，ＡとＢの間のきょりは，５秒後に，12－10＝２(m)，６秒後に，16－12＝４(m)，７秒後に，19－14＝５(m)，８秒後に，22－16＝６(m)，９秒後に，23－18＝５(m)，10秒後に，24－20＝４(m)になる。よって，ＡとＢの間のきょりが最大になるのは，８秒後と求められ，その後の２秒間に，また差は縮まっていく。

4　天体についての問題

問１　月食は，太陽側から見て，月が地球のかげに入ることでおこる。皆既月食は，太陽－地球－月の順にそれぞれが一直線にならび，満月のときに観測できる。

問２　皆既月食のときは月全体が地球のかげに入るため，月面に太陽の光は直接あたらなくなるが，地球の空気でくっ折した太陽の光の一部が月面に届く。このとき，月面に届く光は赤っぽい色をしており，この光が月面で反射されることで，皆既月食のときの月の表面は赤黒く見える。

英　語　＜2月１日午後奨学生試験＞（50分）＜満点：100点＞

解　答

1 (1) ウ　(2) エ　(3) エ　(4) ア　(5) イ　2 (1) 3　(2) 4　(3) 1　(4) 5　(5) 2　3 (1) in　(2) at／by　(3) with　(4) of　(5) from　4 **A** (1) オ　(2) イ　(3) ウ　(4) ア　(5) エ　**B** (1) ア　(2) ウ　(3) エ　(4) イ　(5) ア　5 (1) ア　(2) イ　(3) イ　(4) ウ　(5) ① plastic　② nests　(6) **ア** ×　**イ** ○　**ウ** ○　**エ** ×　**オ** ○　6 省略

国　語　＜2月１日午後奨学生試験＞（50分）＜満点：100点＞

解　答

一 ① せっく　② ほうぼく　③ ひひょう　④ ふせ　⑤ ほりゅう　⑥～⑩ 下記を参照のこと。　二 **問１** (1) エ　(2) カ　**問２** (例) 大輔の母親も三百歳なのかとふざけて聞いてしまったこと。　**問３** ウ　**問４** (例) 釣りの時にエサを分けてくれた子がウメちゃんだったと気付いたから。　**問５** エ　**問６** イ　**問７** オ　**問８** ア　**問９** Ⅱ　**問10** (例) 中学生になったら，自分のやりたいことや興味のあることに積極的にちょう戦していきたい。私は小学生のとき，クラス委員をやってみたいと思ったのに自信がなくて結局立候補をしなかったことがある。そのことを今でも心残りに思っているので，中学校では後でくやまないように積極的に行動したい。クラス委員だけでなく生徒会活動にも興味があるので，いろいろなことをして，充実した学校生活を送りたいと思う。　三 **問１** **a** 胸　**b** 目　**問２** **ア** 2　**イ** 1　**ウ** 2　**エ** 2　**問３** 人による動物たちの絶滅　**問４** (例) 安定した生産により人口が増加し，人が利用する食物や資源も増え，動物を捕らえるための技術が発達したから。　**問５** ウ　**問６** ア　**問７** エ　**問８** Ⅲ　**問９** ウ

●漢字の書き取り

一 ⑥ 移転　⑦ 演説　⑧ 子孫　⑨ 校舎　⑩ 退

解　説

一 漢字の読みと書き取り

① 年間の節目となる日。一月七日の人日(じんじつ)，三月三日の上巳(じょうし)，五月五日の端午(たんご)，七月七日の七夕(しちせき)，九月九日の重陽(ちょうよう)がある。　② 牛や馬などの放し飼い。　③ 良い点や悪い点などを指摘(してき)し

て，評価を述べること。　④　音読みは「ボウ」で，「防止」などの熟語がある。　⑤　その場で決定や発表を下さず，そのまま留めておくこと。　⑥　場所を移すこと。　⑦　多くの人の前で自分の主張や意見などを述べること。　⑧　子や孫。　⑨　学校の建物。　⑩　音読みは「タイ」で，「引退」などの熟語がある。

二　**出典は中島京子の『ハブテトル　ハブテトラン』による。**二学期の間だけ母の故郷である広島県の小学校に通うことになった小学校五年生の大輔は，登校した初日にさっそくウメちゃんという男の子にサッカーに誘われる。下校後，大輔はそのことを家で心配して待っていた父と母に話す。

問１　(1)「だいたいそんなもんだろ，転校生なんて」のように，文の成分である語や文節の順序を入れ換えて印象を強める表現技法を倒置法という。　(2)「ケラケラ」のように，人間や動物の声や自然界の音や物音などを言語で表したものを擬音語，または擬声語という。

問２　大輔は，「さっきは，ごめんな」と急に言われて「なんのことだろ」と思ったが，転校したばかりで，だれかに謝られることが「星野くんのお母さんも三百歳？」と言われたこと以外に思い当たらなかったので，この男の子が言ったのだとわかったのである。

問３　ハセガワさんのことを，「ダイスケのおじいさん？」とウメちゃんに思い違いされたので，大輔は「ち，違うよ！」と，あわてて否定したのである。

問４　「途中でエサが足りなくなっ」て，ハセガワさんと「もめて」いたときに，エサを「少し分けて」くれた男の子がウメちゃんだったと気づいたので，大輔はあらためて礼を言ったのである。

問５　ウメちゃんは，「星野くんのお母さんも三百歳？」と冗談を言ってクラスのみんなを笑わせたり，転校したばかりの大輔をすぐにサッカーに誘ったりしているので，「お調子者」「明るく元気いっぱいな」「積極的な」などとあるアとイとウの内容は合っている。エの「他人の言うことを聞き入れないがんこな」という内容は，本文から読み取れない。

問６　「興味津々」は，非常に強い関心を持っている様子，という意味。「喜怒哀楽」は，喜びや怒りや悲しみや楽しみなど人間の持っているさまざまな感情，という意味。「試行錯誤」は，試みと失敗をくり返しながら少しずつ解決や目的に近づいていくこと，という意味。「十人十色」は，考えや性格などが人によってそれぞれ異なること，という意味。

問７　大輔は，パパの表情を見て，腹を立てたという意味の「ハブテたね？」と言ったと考えられるので，不快な表情を表す「むっ」を入れるのが適切である。

問８　パパは，大輔が東京の学校での人間関係が原因で広島の学校に通うことになっていたため，学校から帰ってきた大輔を質問攻めにするほど心配し，公園へ遊びに行くという大輔に「パパも船公園に見学に行くかな」と言った。しかし，「いいよ。来なくて」「恥ずかしいじゃん」などと，邪魔者扱いしているような言い方をされたので，パパは腹を立てたのである。

問９　内海で釣りをしていたことを話すうちに，大輔はウメちゃんのことを「どっかで会ったよね？」などと少しずつ思い出し，「内海で会うたんじゃって」という言葉を聞き，エサを分けてくれた男の子のことを「ぼんやり思い出した」ので，Ⅱに入れるのが適切である。

問10　「中学生」という新たな環境で自分がどのように過ごしたいのかということについて，今までの反省や未来に向けての希望など，具体的にわかりやすく読み手に伝わる文章になるよう心がけて書くことが大切である。

三　**出典は高槻成紀の『動物を守りたい君へ』による。**地球上から姿を消した動植物について，どうして絶滅してしまったのかといったことなどについて説明されている文章。

問１　**a**　大きな恐竜が「歩いていたのを想像する」と興奮で胸が高鳴る，という意味になるように「胸がどきどきします」とする。　**b**　人間は「昆虫や貝類」といったものにまで注意が行き届かないとあるので，「注意が行きわたる」という意味の慣用句「目が届く」の「目」を入れる。

問２　火山の噴火は人間の手が加わらない現象なので，イは自然現象による絶滅といえる。これに対して，動物の大量乱獲や水質汚染は人間によって引き起こされたものであり，文明の発達も人間の手によるものなので，アとウとエは自然現象による絶滅ではないといえる。

問３　「一九世紀の後半から起き始め」て「二〇世紀に加速され」た「人による動物たちの絶滅」の「頻度」は，「自然の絶滅に比べて一〇〇倍も多い」と述べられている。

問４　人による絶滅が増えた原因を，指定された言葉の「人口」「技術」の変化という二つの視点から考える。「人口」の変化は，食物の「安定した生産に支えられて人口が増え」，「人が利用する食物と地球の資源とのバランスが危なくなっ」たということである。「技術」の変化は，「猟銃」や「漁網」や「魚群探知機やレーダー」などの性能が向上し，以前よりも容易に動物がとれるようになったことである。この二つを整理してまとめる。

問５　「疑う余地がない」は，明らかなことである，という意味。「絶滅がこれに関連していることは疑う余地が」ないとあるので，「これ」にあたるのが直前の「人口が増え」たことや，「産業が発達して，人の影響力が非常に大きくなったということ」であることをおさえる。

問６　動物を捕獲するための道具の性能が向上したことで，少ない労力でより多くの「動物が捕らえられる」ようになったという内容なので，「効率的」が適切である。

問７　本文は，「数と技術」が変化していったのとは反対に「人の心理」はあまり変わらなかったという内容になっている。これと同じ使われ方をしているのは，「激しい口調」とは反対に「心は意外なほど冷静だった」という内容のエである。

問８　入れる文が，「微生物」の数については不明である，という内容であることに着目して考える。Ⅲの前には，「鳥や哺乳類」の絶滅は記録されているが，「昆虫や貝類など」は「気がついたらいなくなっていたとか，その存在さえ知られないままに絶滅したものもたくさん」あると述べられている。「ましてや」は，「いうまでもなく」「さらに」といった意味であることから，この後に「ましてや微生物」などは「どれだけがいなくなったかも」不明であるという文を入れると文脈に合う。

問９　絶滅の原因は，「動物や植物によっても」異なるし，「国や社会によってもさまざまなケースがある」ので「直接的な原因」は特定できないが，人口が増加し，「技術」や「産業」が発達して，「人の影響力が非常に大きくなった」ことに関連していることは明らかだと述べられている。

Memo

Memo

2021年度　藤村女子中学校

〔電　話〕　(0422)22－1266
〔所在地〕　〒180－8505　東京都武蔵野市吉祥寺本町２－16－３
〔交　通〕　JR中央線・京王井の頭線 ―「吉祥寺駅」より徒歩５分

〈編集部注：この試験は算数・英語・国語から２教科または１教科を選択します。〉

【算　数】〈２月１日午前試験〉（50分）〈満点：100点〉

1　次の□に当てはまる数字を答えなさい。

(1)　$8+24\div6-4=\square$

(2)　$21\times3+21\times7=\square$

(3)　$1+4+7+10+13+16+19=\square$

(4)　$54\times\frac{1}{6}-12\times\frac{1}{3}=\square$

(5)　$0.25\times\frac{1}{4}+\frac{1}{8}\times3.5=\square$

2 次の各問いに答えなさい。

(1) りおさんはチョコレートを 15 個，ゆかさんはチョコレートを 12 個持っています。りおさんはゆかさんのチョコレートの何倍持っていますか。

(2) 120 cm のリボンがあります。めいさんには全体の $\frac{1}{2}$ の長さをわたします。みきさんには残りのリボンの $\frac{1}{3}$ の長さをわたします。そしてなつさんにはその残りの $\frac{1}{5}$ の長さのリボンをわたします。めいさん，みきさん，なつさんにリボンをわたした後の残りのリボンの長さを答えなさい。

(3) 50 円切手と 80 円切手を合わせて 16 枚買ったところ，合計金額は 980 円でした。50 円切手と 80 円切手はそれぞれ何枚買いましたか。

(4) 下の図形の面積を求めなさい。

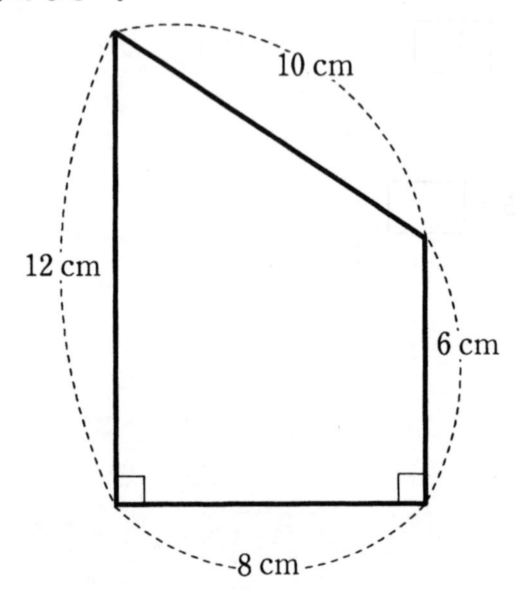

3 みくさんは家からおばあちゃんの家まで 6 km の道のりを7時50分に家を出て，分速 80 m で歩いていました。しかし，10分後に忘れ物に気がつき，家に引き返すことにしました。姉は8時に家を出て，分速 100 m で歩いておばあちゃんの家に着きました。次の各問いに答えなさい。

(1) 姉は何時におばあちゃんの家に着きましたか。

(2) みくさんは忘れ物に気がついた地点から家に帰っておばあちゃんの家に着くまで，合計で何 km の道のりを進むことになりますか。

(3) みくさんは忘れ物に気がついてから，家に帰っておばあちゃんの家に着く時間を，(1)で求めた時間にしたいと考えました。そのためにはみくさんは分速何 m で進む必要がありますか。四捨五入をして小数第1位まで答えなさい。ただし，家に着いてから忘れ物を取るまでの時間はかからないものとします。

4 大，中，小3個のさいころを同時に投げるとき，次の各問いに答えなさい。

(1) 目の和が5になる組み合わせは全部で何通りありますか。

(2) 目の和が4になる組み合わせは全部で何通りありますか。

(3) 目の和が5以下になる組み合わせは全部で何通りありますか。

(4) 目の積が5になる組み合わせは全部で何通りありますか。

5　次の図は一番内側の円が半径１cm で，外にいくにつれて半径が２倍，３倍となっていて，８つの直線で円は均等に分けられているものとします。また，一番外側の円は正方形で囲まれています。次の各問いに答えなさい。ただし，円周率は3.14とします。

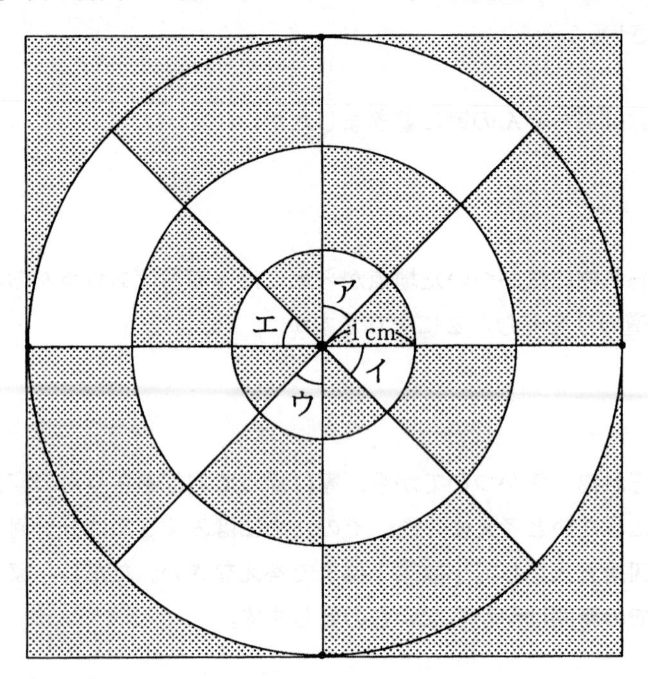

(1)　図のア，イ，ウ，エの角度をすべて足すと何度になりますか。

(2)　正方形の面積を求めなさい。

(3)　図の黒くぬられた部分の面積を求めなさい。

【英　語】〈２月１日午前試験〉（50分）〈満点：100点〉

1　次の英文の（　　）に最もふさわしいものをア～ウから１つ選び、記号で答えなさい。

(1) She got up (　　) seven this morning.
　ア in　　イ on　　ウ at

(2) Who are you waiting (　　)?
　ア for　　イ of　　ウ since

(3) Mathew was going to play yesterday, but he (　　).
　ア can't　　イ couldn't　　ウ isn't

(4) (　　) don't we go to a movie next Sunday?
　ア How　　イ Where　　ウ Why

(5) The (　　) was caused by the earthquake.
　ア water　　イ fire　　ウ earth

2　次の英文の（　　）に最もふさわしいものをア～ウから１つ選び、記号で答えなさい。

(1) Do you know (　　) she lives?
　ア who　　イ when　　ウ where

(2) It stopped (　　).
　ア raining　　イ rain　　ウ rainy

(3) He is good (　　) playing the piano.
　ア in　　イ at　　ウ on

(4) Liz is able (　　) speak four languages.
　ア for　　イ in　　ウ to

(5) Many (　　) visited the country last year.
　ア Japan　　イ Japan's　　ウ Japanese

3 次の英文に対する受け答えとして最もふさわしいものをア～オから1つ選び、記号で答えなさい。

(1) Which train should I take?
(2) Why do you like English?
(3) Who made it?
(4) How many brothers do you have?
(5) How much is this watch?

ア 10,000 yen.
イ Take the train on track two.
ウ Because it's very interesting.
エ Ken did.
オ I have two.

4 次の会話について、(　　)に入る最もふさわしいものをア～エから1つ選び、記号で答えなさい。

(1)
A: How do you like your new job?
B: I like it very much.
A: (　　)
ア We have to go home.　イ It's about twenty minutes.
ウ I'm glad to hear that.　エ I found it.

(2)
A: Where were you, Mark?　I was looking for you.
B: (　　)
ア It's a nice day.　イ I was in the garden.
ウ That's a great idea.　エ See you there.

(3)
A: What are your plans for this afternoon?
B: (　　)
A: Then, let's go to the library together.
ア Oh, I see.　イ I hope you like it.
ウ I'll be glad to.　エ I have no plans.

(4)　A: How are you feeling today, Jane?
B: (　　)
A: Good.

ア　Much better, thanks.　　イ　OK, sounds good.
ウ　I think so, too.　　エ　I'm busy later.

(5)　A: How many times have you been to Nara?
B: (　　)
A: When was the last time?

ア　He plays the guitar.　　イ　No, he was sick.
ウ　Three years ago.　　エ　Just twice.

5　次の英文は三浦環（Miura Tamaki）さんに関するものである。本文を読み、あとの問いに答えなさい。（先頭に[*]のある語句には、注がついています。）

Tamaki Miura was Japan's first opera star. She performed all over the world from the Taisho Era (1912-1926) up to after World War Ⅱ.

①<u>She graduated from Tokyo Music School</u>, now called Tokyo University of the Arts. She played main *roles in performances in front of the *emperor when members of the British and German *royal families came to Japan, and they received good *reviews. According to historical records, ②<u>she made her first trip to Germany in 1914 when she was 30 years old</u>. Her husband went with her. But before long, World War I ③<u>broke out</u>.

They visited Britain, and she got the chance to perform as the main character in "*Madame Butterfly" for the first time at the London Opera House. This opera was written by Italian *composer *Giacomo Puccini (1858-1924). The main character, *Cio-Cio-San, a 15-year-old *geisha*, marries a U.S. officer and *gives birth to a boy. Miura played the role about 2,000 times and received *praise from Puccini. He said, "Cio-Cio-San became a reality."

Miura returned to Japan in 1935 at the age of 51. When *the Pacific War broke out six years later, she traveled around the country to give charity performances. In addition to opera, ④<u>she sang popular songs at the time to cheer people up</u>.

Miura moved to Yamanakako after she turned 60 in 1944, about two years before her death. She did her vocal exercises every morning at the *lakeside. Some local people still remember her voice.

⑤<u>A special exhibition about Miura was held there in 2020</u>. Because she stayed at a guest house in Yamanakako, there were many pictures of her there. One *curator said, "She played an active role ⑥when women had few *opportunities to participate in society. I think that it was important for her to visit places to make people happy across the country during wartime, with her kindness, from a global *perspective."

Yamanakako hosts exhibition on Japan's first opera singer
From The Asahi Shimbun Asia & Japan watch
(一部改変)

[注] role 役　emperor 天皇　royal 王室の　review 批評
Madame Butterfly 蝶々(ちょうちょう)夫人(オペラの題名)　composer 作曲家
Giacomo Puccini ジャコモ・プッチーニ　Cio-Cio-San 蝶々さん(役の名前)
give birth to ～を産む　praise ほめ言葉　the Pacific War 太平洋戦争
lakeside 湖畔(こはん)、湖岸　curator 学芸員　opportunity 機会
perspective 考え方、見方

(1) 下線部①とほぼ同じ意味の英文をア～エから1つ選び、記号で答えなさい。
ア She taught art at Tokyo Music School.
イ She visited Tokyo Music School.
ウ She was a student at Tokyo Music School.
エ She was from the city near Tokyo Music School.

(2) 下線部②を正しく説明していない英文をア～エから1つ選び、記号で答えなさい。
ア It was the first time for Miura to visit Germany and she was thirty years old then.
イ Miura didn't have a chance to go to Germany before she was thirty years old.
ウ Miura went to Germany in 1914 when she was thirty years old.
エ When Miura was thirty years old, she visited Germany for the second time.

(3) 下線部③とほぼ同じ意味の英語をア～エから1つ選び、記号で答えなさい。
ア started
イ finished
ウ continued
エ crashed

(4) 下線部④の内容として適切な日本文をア～エから1つ選び、記号で答えなさい。

ア 三浦環は戦争に行く軍人に対して軍歌を歌った。

イ 三浦環は人々を元気づけるために当時人気のあった歌を歌った。

ウ 三浦環は人々を元気づけるために当時彼女が演じていたオペラの楽曲だけを歌った。

エ 三浦環は自分が歌う時に人々が一緒に歌ってくれると元気が出た。

(5) 下線部⑤の理由として適切な英文をア～エから1つ選び、記号で答えなさい。

ア Because Tamaki was born and grew up in Yamanakako.

イ Because Tamaki died in Yamanakako.

ウ Because Tamaki decided to work at the guest house in Yamanakako.

エ Because Tamaki stayed at a guest house in Yamanakako.

(6) 下線部⑥の内容として適切な日本語をア～エから1つ選び、記号で答えなさい。

ア 当時女性が社会参加する機会はたくさんあった。

イ 当時女性が社会参加する機会は一部の地域に集中していた。

ウ 当時女性が社会参加する機会はほとんどなかった。

エ 当時女性が社会参加する機会は全くなかった。

(7) 本文の内容として正しいものには○、間違っているものには×を答えなさい。

ア She performed from Taisho Era to before World War II began.

イ She went to Germany with her husband.

ウ After she came back to Japan, she gave charity performances.

エ She did her vocal exercises every evening at the lakeside.

オ The author thinks that it's important for Tamaki to make people happy.

6 次の質問にあなたの考えとその理由2つを英語で述べなさい。ただし、語数はそれぞれ20語以上とする。「.」「,」などの記号は語数に含めない。

(1) Do you like sport?

(2) What do you want to try in the future?

問六　――線⑤「すなわち」が正しく使われている文を次の中から一つ選び、記号で答えなさい。

ア　遊園地に行きたい、すなわち動物園にも行きたい。
イ　甘いものが好きだ、すなわちキャラメルはきらいだ。
ウ　今日は暑い、すなわち半そでのシャツを着た。
エ　あの人は私の父の妹の子、すなわちいとこだ。

問七　――線⑥「個性というものは生まれ得ないような気がする」とありますが、その理由としてもっともふさわしいものを次の中から一つ選び、記号で答えなさい。

ア　他者との違いを認識することで自分が持っている可能性に気づくことができるから。
イ　みんなと同じことをすることで、自分が隠していた能力を試すことができるから。
ウ　周りから肯定されることで、自分の居場所を確保して安心することができるから。
エ　集団からはみだすことで自由に好きなことを楽しむことができるから。

問八　次の中から本文の内容とあっているものを一つ選び、記号で答えなさい。

ア　自らの可能性に気づくには、「らしくない」自分を受け容れることが大切だ。
イ　個性をはぐくむためには、他者の考えを全て排除することが重要である。
ウ　みんなが「らしく」を心がければ、世界が進化・発展するはずである。
エ　自分の存在が集団から認められることで、個性が生まれるに違いない。

問一 ～～～線A「強制」、B「進化」の反対の意味の言葉としてもっともふさわしいものを次の中からそれぞれ一つずつ選び、記号で答えなさい。

A「強制」
ア 自由　イ 平和　ウ 義務　エ 依頼

B「進化」
ア 強化　イ 酸化　ウ 退化　エ 老化

問二 ――線①「吹き出してしまう」とありますが、このときの筆者の気持ちとしてもっともふさわしい熟語を次の中から一つ選び、記号で答えなさい。

ア 苦しい　イ あきれる　ウ 楽しい　エ 感動

問三 ――線②「これほど無意味な『らしく』もないのではないか」とありますが、その理由を四十字以内で書きなさい。

問四 ――線③「それ」が指す内容を本文から十五字以内でぬき出しなさい。

問五 ――線④「できるだけ目立たず、みんなと同じであることを心掛ける」とありますが、この状態が続くとどうなりますか。もっともふさわしいものを次のうちから一つ選び、記号で答えなさい。

ア みんなが同じような考えしか持たなくなり、自分の意見を発信する機会が無くなってしまう。
イ みんなが同じような考えしか持たなくなり、世界が発展するきっかけを失ってしまう。
ウ みんなが同じような考えしか持たなくなり、他人の可能性に気がつかなくなってしまう。
エ みんなが同じような考えしか持たなくなり、世界中の人口が一カ所に集中してしまう。

結果だと言うこともできよう。社会は、ほんらいヘテロ、⑤すなわち多様性を抱え込んだ存在であることが前提である。ヘテロであることが、生物学的にも、文化的、社会学的にも進化という観点からは必須である。個々の成員が一様になってしまったホモジーニアスな世界、同じ顔しか出てこない世界には、進化や発展の契機はないのである。

（中略）

学生が大学に入って、もっとも経験して欲しいことは、何度も繰り返すように、自らの可能性に気づくということ以外ではないと、私は強く思っている。それは、自分が他人と、あるいは友人たちと違っているということを意識することからしか始まらない。できるだけ周りと違っている部分には封印をしておこうという態度からは、自分が持っているかもしれない可能性に気づくことは不可能である。

自分がいやおうなく周りからはみ出してしまう部分。「らしく」という基準からは、どうにも収まりきれない部分に気づいたとき、そこから個々の個性というものが動き出すはずである。

みんなの中にいて、みんなと同じことをしているのが楽しくてしようがない。これはなんら責められるべきことではなく、めでたいことには違いないが、集団のなかで己の存在を自らも、周りからも全肯定されるといった状況からは、思想にせよ、表現にせよ、あるいはスポーツなどの己をぎりぎりまで追い詰めなければ開花しない才能にせよ、そのような一言でいえば⑥個性というものは生まれ得ないような気がする。

集団のなかに居ることの居心地の悪さ、周りとの折り合いのつけにくさ、自らの抱え込んでしまった本質的な寂しさ、孤独感、そのような〈世界〉との葛藤のなかにしか、個性の芽は育たないものだ。「自らの可能性」に気づくことの大切さを何度も言っているが、その可能性は〈他〉と異なる自分、「らしくない」自分に気づくところからしか糸口を見いだすことはむずかしい。

（永田和宏　『知の体力』）

※葛藤…心の中に正反対の二つの欲求が同時に起こり、そのどちらを選ぶか迷うこと。
※契機…きっかけ。
※ホモジーニアス…同じ種族であるさま。
※トートロジー…同じ言葉を意味も無く繰り返すこと。
※男やもめ…妻のいない男性のこと。
※蔓延…病気や悪習が広がること。

三　次の文章を読んで、後の問いに答えなさい。（一部問題の都合により省略、または変更しているところがあります。）

私は「らしく」という言葉がきらいである。世の中、「らしく」という言葉が※蔓延しすぎていないだろうか。

考えてみれば、私たちは小さいときから、この「らしく」ありなさいという強制(A)、あるいは無言の圧力を受けすぎていたのかもしれない。「子どもらしく」「男の子らしく」「女の子らしく」に始まって、「小学生らしく」「中学生らしく」「高校生らしく」「青年らしく」などなど、「らしく」のオンパレードである。優等生は優等生らしく、スポーツ選手はスポーツ選手らしく、新人は新人らしくあらねばならない。この世のなか、どんな場面においても、それぞれ「らしく」が求められているようなのだ。「らしく」としてよく使われ、聞くたびに①吹き出してしまうのが、「自分らしく」という「らしく」である。ちょっと考えて、②これほど無意味な「らしく」もないのではないか。そもそも「自分」という存在がもっともやっかいでわかりにくい存在である。どう振舞えば「自分らしい」のか。

自分と言っても、さまざまな要素があって、永田和宏と言えば、身長は170数センチ、男※やもめであり、大学の教授である。歌人でもあり、などなど。さて、私がもし「自分らしく生きたい」と言ったとしたら、私はそれらさまざまの私という成分のどれを意識して「らしい」と思っているのだろう。どの一部をとってみても、それは私という存在そのものではあり得ず、またその全体をひっくるめた総体としての私を考えてみるならば、それはそもそも私そのものなのであるから、「らしく」という概念ではくくれないはずなのである。「自分らしく」やっていきたい、などという言葉を聞くたびに、なんら意味のない言葉の※トートロジーでしかないじゃないかと思ってしまう。

「らしく」は言うまでもなく、同調圧力の一形態である、小さなときから「らしく」を刷り込まれることによって、それが一種の「ミーム」として作用し、私たち自身の行動を規制してゆくことになる。ミームというのは、遺伝子以外で、進化(B)を駆動する多くの情報一般をさす言葉だが、「らしく」というミームによってもたらされるのは、どこを切っても一様な、金太郎飴のような顔でしかないだろう。

「らしく」を強要されることはしんどいことである。しかし、いっぽうで③それを受け容れてさえしまえば、「らしく」いることは心やすらかなことでもある。みんなを見て、それと同じようにふるまっていれば、人からとやかく言われることがない。

逆に、「らしくない」生き方をしようとすると、たちまち周りとの摩擦に苦しむことになる。変わり者という決めつけくらいはまだしも、それがすなわち「いじめ」へと結びついていくことを無意識に警戒することになる。だから、④できるだけ目立たず、みんなと同じであることを心掛ける。ここがもっとも怖しいところである。

「らしくない」ものを排除する。これは社会自体が「らしく」というミームによって、自らの構造を変えてしまった、自己規制してしまった

問八　――線⑥「かずの声が震えている」とありますが、この時のかずの気持ちとして、もっともふさわしいものを次の中から一つ選び、記号で答えなさい。

ア　楽しみにしていた授業参観が台無しになって申し訳ない気持ち。
イ　困っている状況なのに眞子が助けてくれず孤独を感じている気持ち。
ウ　読み書きができないことを言い当てられて動揺している気持ち。
エ　年上の人を敬わず失礼な態度の綾乃ちゃんに怒っている気持ち。

問九　――線⑦「眞子は不意に泣きたくなった」とありますが、なぜですか。眞子の気持ちにふれつつ、二十五字以内で答えなさい。

問十　かずは、どのような人物だと考えられますか。もっともふさわしいものを次の中から一つ選び、記号で答えなさい。

ア　相手の年齢や立場に合わせて言葉を使い分け、言葉を大切にする人物。
イ　堂々とした態度を取ることで、読み書きができないことを隠している人物。
ウ　授業参観で眞子が順調に発言できるように見守る家族思いの優しい人物。
エ　十分に読み書きができない分、誰よりも文字を大事にしている人物。

問十一　今までに周囲の人から言われた言葉で、はっと気づかされたことや学んだことは何ですか。自分の経験をふまえて、百八十字以上二百字以内で改行せずに書きなさい。

〈注意〉書き出しの空らんはいりません。また、、や。や「などの記号はそれぞれ一字として数えます。

問四 ━━━線②「かずはしわしわのまぶたの奥の目で目配せした」とありますが、なぜですか。もっともふさわしいものを次の中から一つ選び、記号で答えなさい。

ア 眞子が書いた文字ではないと分かりつつ、実際に文字を書いた子をしかるためだと眞子に伝えるため。
イ 眞子や他の児童が自分の意見をしっかりと主張できるような雰囲気を作り出し、授業を盛り上げるため。
ウ 眞子にこっそりといじわるをする綾乃ちゃんを、保護者の前でしかる絶好のチャンスだと伝えるため。
エ 眞子にこっそりと目配せすることで、正しいことをきちんとみんなに言えるよう眞子を勇気づけるため。

問五 ━━━線③「かずに鋭い視線を向けた」とありますが、なぜですか。もっともふさわしいものを次の中から一つ選び、記号で答えなさい。

ア 授業参観では保護者は静かに見ているべきなのに、自由気ままにふるまうかずが許せないから。
イ 授業参観で良い姿を見せようとしたのに、かずのせいでペースを乱され答えられなかったから。
ウ 毎朝ゴミ置き場を掃除している親切な人が本当にかずなのだろうかと疑わしく思ったから。
エ 教科書には別の言葉が落書きしてあったので、かずが読み書きできるか確かめようとしたから。

問六 ━━━線④「心臓が落っこちたほどの衝撃」で使われている表現技法として、もっともふさわしいものを次の中から一つ選び、記号で答えなさい。

ア 比ゆ　イ 対句表現　ウ 体言止め　エ ぎ人法

問七 ━━━線⑤「眞子の左半身がちりちりする」とありますが、この時の眞子の気持ちとして、もっともふさわしいものを次の中から一つ選び、記号で答えなさい。

ア 字の読み書きができない家族がいることのはずかしさ。
イ 相手の気持ちを考えずに発言する綾乃ちゃんへの怒り。
ウ 困った状況になったかずを助けなくてはという焦り。
エ 保護者の評判を気にして助けてくれない先生への失望。

面談の順番を廊下のイスで待つ間、眞子は「どうして、あたしが書いた落書きじゃないってわかったの？」と聞いた。
「あの『か』はたなかの『か』だ。眞子はそんなことせんよ」
⑦かずは教室の戸を見つめて言い切った。その顎に力が込められている。
眞子は不意に泣きたくなった。おばあちゃんは疑ったりしないのだ。

（髙森美由紀『お手がみください』）

※怒号…怒った叫び声。
※正真正銘…本物。
※失態…かっこう悪い失敗。
※武者震い…興奮して体が震えること。
※紅潮…顔に血がのぼって赤くなること。

問一 □ に入る慣用句としてもっともふさわしいものを次の中から一つ選び、記号で答えなさい。
ア 息をはずませた　イ 息を吹き返した　ウ 息をのんだ　エ 息をぬいた

問二 〰〰線（１）「肝を潰している」、（２）「ふてぶてしい」の本文中の意味としてもっともふさわしいものを次の中からそれぞれ一つずつ選び、記号で答えなさい。
（１）「肝を潰している」
ア ふきげんになる　イ しらけている　ウ こわがっている　エ 非常に驚いている
（２）「ふてぶてしい」
ア 勝ちほこった様子　イ ずうずうしい様子　ウ よそよそしい様子　エ 本心が読めない様子

問三 ――線①「なんだいこれは！」には、かずのどのような気持ちが読み取れますか。解答らんに合わせて、本文中から十六字でぬき出しなさい。

どこから目線で、何を言い出す気だろう、と眞子は警戒した。

彼女は——眞子が思うに——(2)ふてぶてしい笑みを浮かべて眞子を視界に据えた。いや、射程に収めたといったほうがしっくりくる。

「ゴミ捨ての日を聞いたんだってね。ちゃんと回覧板で知らせてることも町内会の集まりのときに必ず聞くって。四月の集会で書記を頼んだら、自分は字が汚いからって断ったけど、配ったプリントは上下反対に見ていたんだって。本当はあの人」

顔を紅※潮させた綾乃ちゃんは、ほとばしる興奮のせいか、飛び跳ねてまで言い放った。

「読み書きができないんじゃないのって！」

眞子の胸がドクンと鳴った。④心臓が落っこちたほどの衝撃だった。

教室が、しん、と鎮まった。子どもたちはぽかんとし、保護者は投下された爆弾になすすべもない。

綾乃ちゃんは、静まり返ったみんなの反応に戸惑って周りを見まわした。

眞子は綾乃ちゃんから目が離せない。

かずは——。

⑤眞子の左半身がちりちりする。

かずのほうを、眞子は振り向けなかった。

教室中の視線が眞子を通り過ぎ、かずに集まる。かずに向かって目が動いた音が聞こえてきそうだった。

おばあちゃんを助けなきゃ。おばあちゃんを守らなきゃ。焦りは増していくのに、どうすればいいのか思いつかない。頭が働かない。

えへん、とかずが咳払いをした。

「でしゃばって悪かったね。ええ、お嬢ちゃんが言うように」

そばにいる眞子には⑥かずの声が震えているのがわかった。何度も咳払いをして声を作ろうとしている。

「あたしは文字が書けん、読むのもさっぱりさね」

団子ののった頭をかいた。「かけると言ったらせいぜい、頭をかくとか、鼾をかくぐらいしかできん」

誰も笑わない。もう一度咳払いをして、肩を上下させた。

「だが、こんなあたしでも、せっかくの文字を使ってこんな言葉を書いてはいけないということぐらいは、わかるんだよ」

穏やかなかずの声は、教室に静かに降りた。

「消しなさい」

眞子は消しゴムで消し、かずは「ばか」の「か」が消えるまで、むんっとした顔で腕組みをして見張っていた。

授業が再開されたものの、左手を上げるつもりであった子たちが動転して右手に替えたために、先生は混乱し、やけっぱちで当てた子が答えられずに親共々赤っ恥をかいた。

その当てられた子は綾乃ちゃんだった。

綾乃ちゃんは真っ赤になって「ごめんなさい、途中でわからなくなりました」と言い訳した。あちこちからため息が上がる。

先生が「そういうこともあるわ。大丈夫よ、座ってください」とフォローし、綾乃ちゃんは腰かけようとしたが、何を思ったか立ち直り、③かずに鋭い視線を向けた。

「おばあさんはゴミ置き場を掃除する人でしょ」

よく通る声は震えていた。※失態を引きずっているのかそれとも、※武者震いなのか。

友達同士顔を見合わせる。保護者が小声で話し始める。教室がまたざわつきだした。先生が焦りを押し殺して手を打ち鳴らした。

「みんなちゃんと前を向いて。授業にちゅうちゅうしま……」

言い間違えたことに対して子どもは耳ざとかった。

「ちゅーちゅーだって。ちゅーちゅー」

大声で囃し立てゲラゲラ笑う。立ち上がる子、歩き出す子、訳もなく近くの子の頭をひっぱたく子。この事態を引き起こしたのはすべて先生だと決めつけた面持ちで、非難がましい目で見ながらひそひそと話す保護者。先生は顔を真っ赤にさせてわなわなと震える。

「だまらっしゃい！」

いきなり怒鳴ったのはかずだった。眞子の左耳がキーンとした。

子どもは目を丸くして固まり、おとなは私語をやめた。教室の空気が引き締まる。

真ん中にいるかずは、みんなの注目を集めやすかった。

「先生が教えている最中だろう。そんなに騒ぐもんじゃない」

綾乃ちゃんは咳払いをして仕切り直した。

「おばあさん、毎朝ゴミ捨て場の掃除をしてるでしょう？　ママが褒めてたよ」

二

仕事で忙しい両親に代わって、小学二年生の眞子の授業参観に曽祖母のかずがやって来ました。担任の先生は児童たちに「答えられる問題には右手を上げて、分からない問題には左手を上げる」と事前に指示していました。次の文章を読んで、後の問いに答えなさい。
（一部問題の都合により省略、または変更しているところがあります。）

「はい、では次の部分は誰に読んでもらおうかな」
みんなが手を上げた。眞子は初めて右手を上げた。見渡していた先生が眞子に気がついて「おや」という顔になった。
「じゃ、田中さん」
「はい」
眞子はよい返事をして立ち上がると、教科書を目の高さにまっすぐに掲げて、大きく息を吸い込み、ページを開いた。
固まった。
かずが耳の後ろではっと［　　］。
「こらあ、眞子！」
①いきなりの※怒号に、全員が緊張し、綾乃ちゃんはまたイスから落ちた。眞子はかずに教科書をひったくられた。
「なんだいこれは！」
かずは教科書を掲げた。みんなによく見えるように。
見開き二ページにわたって鉛筆で「左手ばか」と書かれてある。
「大事な大事な文字を使って、『ばか』なんて書くのは※正真正銘のばかじゃあないかい！」
「おばあちゃん、違う、あたしじゃ……」
②かずはしわしわのまぶたの奥の目で目配せした。眞子は口をつぐんだ。
隣で綾乃ちゃんが顔をうつむけじっとしている。
「ほら眞子、ごめんしなさい。字に謝りなさい！」
かずの迫力は本気だった。文字を悪いことに使うのが許せないのだ。
「ご、ごめんなさい」
『ばか』に向かって頭を下げた。先生もみんなも(1)肝を潰している。

二〇二一年度　藤村女子中学校

【国　語】〈二月一日午前試験〉（五〇分）〈満点：一〇〇点〉

一　次の――線の漢字の読みをひらがなに、カタカナを漢字に直しなさい。

① 詩を朗読する。
② 無実を証明する。
③ 仕事の分担を決める。
④ 学校の規則を守る。
⑤ バスの車窓から山が見える。
⑥ 毎月チョキンする。
⑦ 他国とドウメイを結ぶ。
⑧ ホウタイを足に巻く。
⑨ 衆議院がカイサンする。
⑩ 目上の人をウヤマう。

2021年度
藤村女子中学校

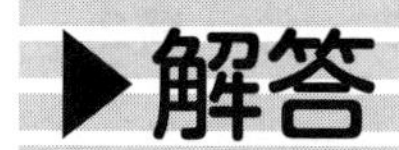

※編集上の都合により，２月１日午前の解説は省略させていただきました。

算　数　＜２月１日午前試験＞（50分）＜満点：100点＞

解　答

1 (1)　8　(2)　210　(3)　70　(4)　5　(5)　$\frac{1}{2}$　2 (1)　$1\frac{1}{4}\left(\frac{5}{4}\right)$倍　または 1.25倍　(2)　32cm　(3)　50円切手　10枚　80円切手　６枚　(4)　72cm^2　3 (1)　９時　(2)　6.8km　(3)　分速113.3m　4 (1)　６通り　(2)　３通り　(3)　10通り　(4)　３通り　5 (1)　180度　(2)　36cm^2　(3)　21.87cm^2

英　語　＜２月１日午前試験＞（50分）＜満点：100点＞

解　答

1 (1)　ウ　(2)　ア　(3)　イ　(4)　ウ　(5)　イ　2 (1)　ウ　(2)　ア　(3)　イ　(4)　ウ　(5)　ウ　3 (1)　イ　(2)　ウ　(3)　エ　(4)　オ　(5)　ア　4 (1)　ウ　(2)　イ　(3)　エ　(4)　ア　(5)　エ　5 (1)　ウ　(2)　エ　(3)　ア　(4)　イ　(5)　エ　(6)　ウ　(7)　ア　×　イ　○　ウ　○　エ　×　オ　○　6 (1)　(例)　I like sweet fruits, such as strawberries and apples. They are delicious. They are healthy, too. Eating them after dinner makes me really happy.(24語)　(2)　(例)　I want to visit Australia. Australia has many wonderful places. It will be great to swim and relax on the beautiful beaches. I also want to see koalas and kangaroos.(30語)

国　語　＜２月１日午前試験＞（50分）＜満点：100点＞

解　答

一 ①　ろうどく　②　しょうめい　③　ぶんたん　④　きそく　⑤　しゃそう　⑥～⑩　下記を参照のこと。　二 **問１**　ウ　**問２**　(1)　エ　(2)　イ　**問３**　文字を悪いことに使うのが許せない(という気持ち。)　**問４**　ア　**問５**　イ　**問６**　ア　**問７**　ウ　**問８**　ウ　**問９**　(例)　かずが自分を信じてくれていて，うれしかったから。　**問10**　エ　**問11**　(例)　家族で出かけていて帰宅したとき，「あぁ，つかれた」と言って冷蔵庫を開けた私に，母が「もの言わんもんが先」と言った。「もの言わんもん」とは言葉を話せない生き物や小さな子のことだという。何ごとも，まず自分ではなく，何も言わないけれど何かを要求しているかも知れない「もの言わんもん」を，まず思いやる。そのとき静かに私の足元にすり寄ってきたネコとしっかり目が合って，私はすなおになっとくした。　三 **問１**　**A**　ア　**B**　ウ　**問２**　イ　**問３**　(例)　自分はさまざまな要素でできており，「らしく」という概念ではくくれないから。　**問４**　「らしく」を強要されること　**問５**　イ　**問６**　エ　**問７**　ウ　**問８**　ア

●漢字の書き取り

一 ⑥　貯金　⑦　同盟　⑧　包帯　⑨　解散　⑩　敬

2021年度　藤村女子中学校

〔電　話〕　(0422)22－1266
〔所在地〕　〒180－8505　東京都武蔵野市吉祥寺本町２－16－３
〔交　通〕　JR中央線・京王井の頭線 ―「吉祥寺駅」より徒歩５分

〈編集部注：この試験は算数・英語・国語から２教科，または算数・英語・国語より２教科と社会と理科の合計４教科のいずれかを選択します。〉

【算　数】〈２月１日午後プレミアム試験〉(50分)〈満点：100点〉

1　次の $\square$ に当てはまる数字を答えなさい。

(1)　$4+16\div 2\times 4=\square$

(2)　$0.4\times 50-100\div 8=\square$

(3)　$1+1+2+2+\cdots\cdots+18+18+19+19=\square$

(4)　$\frac{1}{4}\div 0.25+1\frac{1}{4}\times 1.6=\square$

(5)　$\left(2\times\square+1\right)\div 21\times 4=\frac{20}{21}$

2　次の各問いに答えなさい。

(1)　15％の食塩水200ｇに水を何ｇ加えると，10％の食塩水になりますか。

(2)　あるクラスで算数のテストをしました。男子20人の平均点は56点で，女子の平均点は62点，全体の平均点は58点でした。女子は何人いますか。

(3)　ある学校の生徒250人に部活動に入っているかの調査をしたところ，全体の60％の生徒は運動部に入っていて，その人数の $\frac{1}{3}$ 倍の生徒が文化部に入っていることがわかりました。部活動に入ってないと答えた生徒は全体の何％か答えなさい。ただし，部活動に入っていると答えた生徒は，運動部か文化部のどちらか一方に入っているとします。

3 次の文章を読んで，次の各問いに答えなさい。

りえさんは分速 80 m で学校から公園に向かって午前 8 時 00 分に出発しました。もえさんはりえさんより 4 分遅れて学校を出発し，自転車で学校と公園の間を往復しました。りえさんは学校から公園までの距離の $\frac{3}{4}$ の地点で，公園から戻ってきたもえさんと出会いました。下のグラフはそのときの様子を表したものです。2 人はそれぞれ一定の速さで進むものとします。

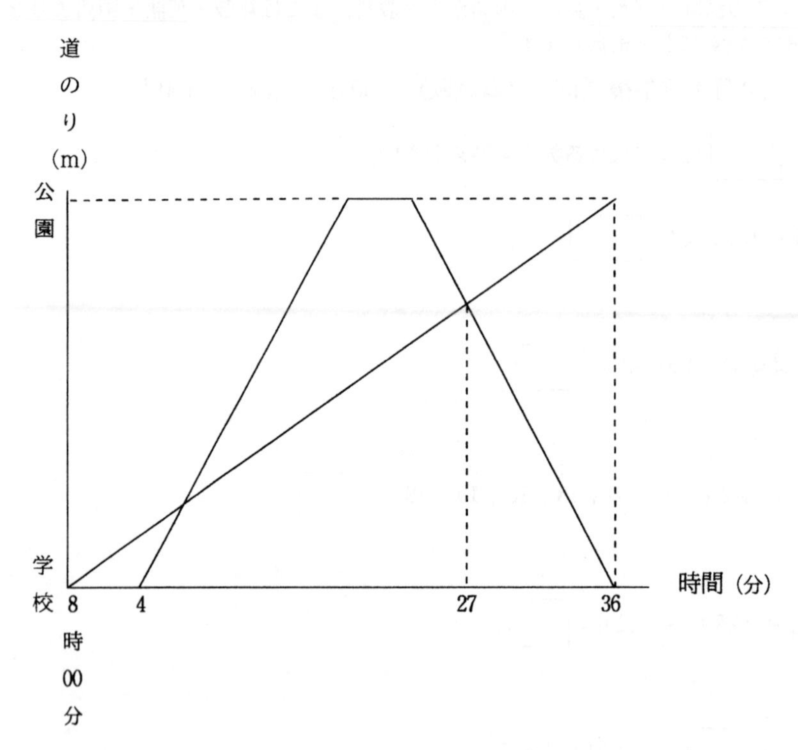

(1) 学校から公園までの道のりを求めなさい。

(2) もえさんの速さを求めなさい。

(3) もえさんがりえさんを追い越したのは学校から何 m の地点か求めなさい。

4 図１は AB = 6 cm，BC = 8 cm の直角三角形 ABC です。
この直角三角形 ABC を，図２のように，辺 AB と辺 BC が重なるように折り曲げたときの折り目を BE，点 A が移った点を D とします。このとき，次の各問いに答えなさい。

(1) 図１の三角形 ABC の面積を求めなさい。

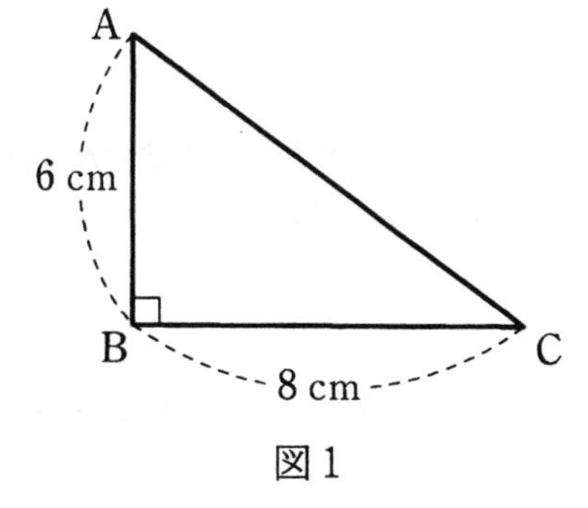

図１

(2) 図２の BD の長さを求めなさい。

(3) 三角形 BDE と三角形 CDE の面積の比を求めなさい。

(4) 三角形 ABC と三角形 CDE の面積の比を求めなさい。

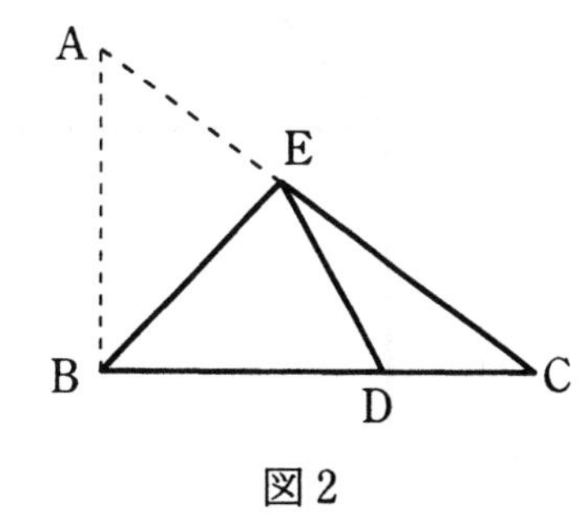

図２

(5) 三角形 CDE の面積を求めなさい。

5 図１のような直方体の容器Ａいっぱいに入っているオレンジジュースがあります。次の各問いに答えなさい。

(1) この容器Ａに入っているオレンジジュースを図２のような直方体の容器Ｂに入れかえるとき，すべてのオレンジジュースを入れかえるのに容器Ｂは何個必要か答えなさい。

(2) 容器Ａから容器Ｂに１個分だけオレンジジュースを入れたとき，容器Ａに残ったオレンジジュースの高さを求めなさい。ただし，底面を辺の長さが 20 cmと 15 cm の長方形とします。

(3) 容器Ａと容器Ｂの表面積を求めなさい。

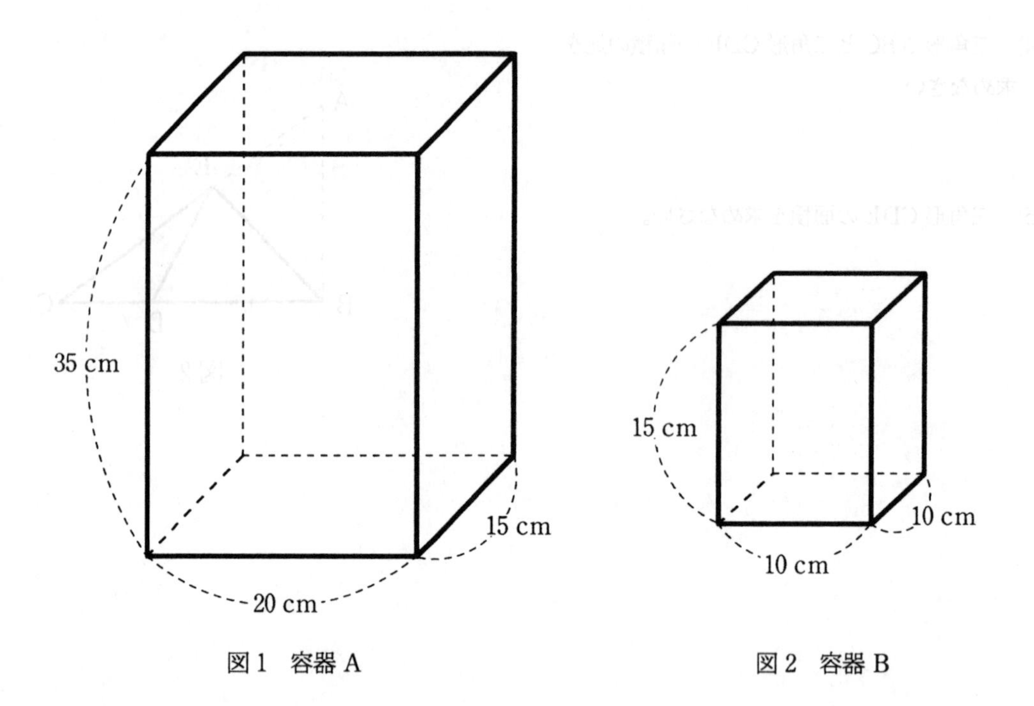

図１　容器Ａ　　　図２　容器Ｂ

【社　会】〈２月１日午後プレミアム試験〉（理科と合わせて50分）〈満点：50点〉

1　次の地図を見て、以下の問いに答えなさい。

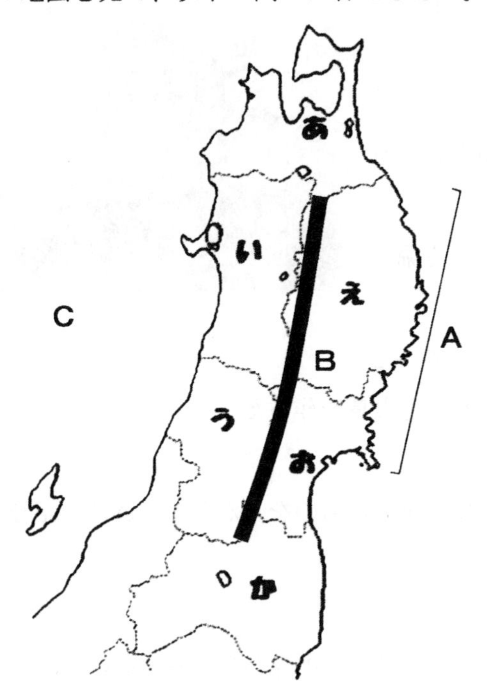

問１　**あ**の県の北側にはどのような形の島がありますか。正しいものを下から１つ選び、記号で答えなさい。　　　　（※ただし、地図の縮尺は同一ではありません）

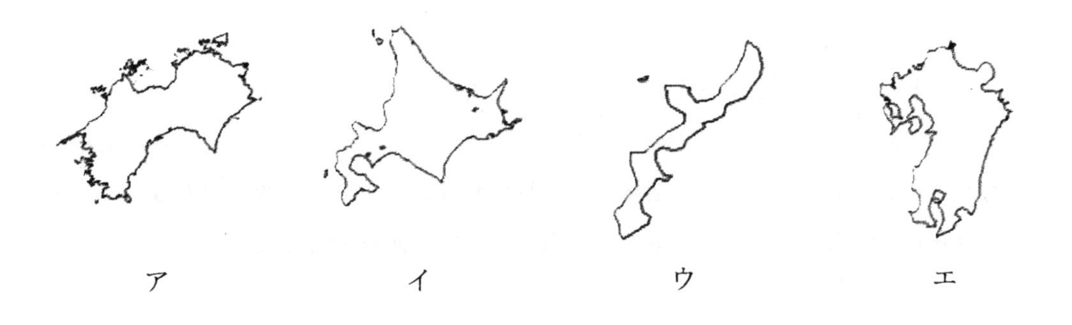

問２　右は**あ**の県にある縄文時代の三内丸山遺跡（さんないまるやまいせき）の写真です。縄文時代について述べた文として、正しいものを下から１つ選び、記号で答えなさい。

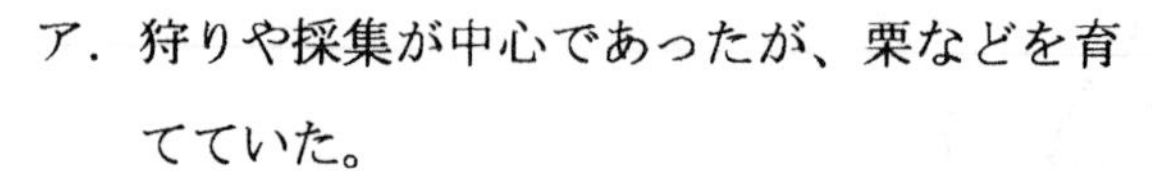

ア．狩りや採集が中心であったが、栗などを育てていた。

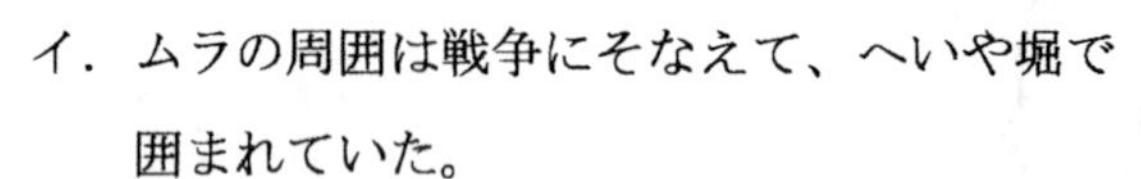

イ．ムラの周囲は戦争にそなえて、へいや堀で囲まれていた。

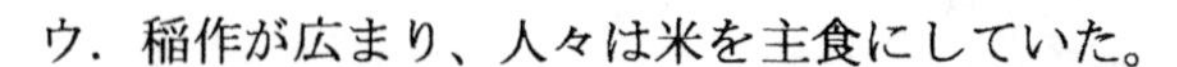

ウ．稲作が広まり、人々は米を主食にしていた。

エ．有力者が死ぬと、かぎ穴の形をした大きな墓を作った。

問３　**い**の県の県庁所在地の気候の特徴として、正しいものを下から１つ選び、記号で答えなさい。

ア．夏はすずしく、冬は非常に寒い。一年を通して雨はあまり降らない。

イ．夏は晴れた日が多い。冬は風が強く雪の降る日が多い。

ウ．夏は暑く雨が多く降る。冬は風が強く雨や雪はあまり降らない。

エ．夏は台風による雨がとても多く降る。冬は温暖で雪が降ることはない。

問４　**う**の県が全国生産第１位の農作物を下から１つ選び、記号で答えなさい。

ア．ぶどう　　イ．さくらんぼ　　ウ．もも　　エ．りんご

問５　**え**の県の平泉で、源平合戦で活躍した人物が滅ぼされました。壇ノ浦（だんのうら）の戦い後、兄と対立して滅ぼされたこの人物を下から１人選び、記号で答えなさい。

ア．平将門　　イ．平清盛　　ウ．源頼朝　　エ．源義経

問６　**お**の県の県庁所在地はこの地域で最大の都市です。その都市の地名として正しいものを下から１つ選び、記号で答えなさい。

ア．仙台市　　イ．盛岡市　　ウ．金沢市　　エ．水戸市

問７　**か**の県の会津若松市（あいづわかまつし）では、今から約１５０年前に戦いがあり、多くの少年が亡くなりました。この戦いはどのようなものであったかについて、正しいものを下から１つ選び、記号で答えなさい。

ア．京都に都を築いた天皇が、日本全体を支配するために会津若松の人々を攻撃した。
イ．戦国時代の戦乱の中で、会津若松に城があった大名が滅ぼされた。
ウ．江戸幕府に変わって新しくできた政府の軍によって、会津若松の町が攻撃された。
エ．第二次世界大戦の空襲で、会津若松のたくさんの子どもたちが犠牲（ぎせい）になった。

問８　**か**の県の出身者で、伝染病などの原因となる細菌を研究した学者として、正しいものを下から１人選び、記号で答えなさい。

ア．森鴎外（もりおうがい）　イ．樋口一葉（ひぐちいちよう）　ウ．野口英世（のぐちひでよ）　エ．新渡戸稲造（にとべいなぞう）

問９　**A**の海岸について、**誤っている文**を下から１つ選び、記号で答えなさい。

ア．入り組んだ入り江が多く港を作るのに適している。
イ．東日本大震災など何回か大きな津波（つなみ）の被害（ひがい）を受けている。
ウ．沖合が優（すぐ）れた漁場となっていて漁業がさかんである。
エ．東京や横浜などの都市に近く、広大な工業地帯が形成されている。

問１０　**B**の山脈を下から１つ選び、記号で答えなさい。

ア．奥羽山脈（おううさんみゃく）　イ．木曽山脈（きそさんみゃく）　ウ．日高山脈（ひだかさんみゃく）　エ．越後山脈（えちごさんみゃく）

問１１　**C**の海の名称として、正しいものを下から１つ選び、記号で答えなさい。

ア．太平洋　イ．日本海　ウ．東シナ海　エ．インド洋

問１２　東日本大震災の時に事故が起き、近隣が封鎖され、今でも帰宅できない人がいる原子力発電所（げんしりょくはつでんしょ）がある県を**あ〜か**より１つ選び、記号で答えなさい。

2 次の文章を読み、以下の問いに答えなさい。

A．すべての人が安心して暮らせる社会、B．人間らしく豊かに生活することができる制度を整えていくことは、政治の重要な働きの一つです。日本国憲法では、すべての国民には、（ ① ）で（ ② ）的な生活を送る権利があることがうたわれています。誰もが、生命や身体の自由が大切にされ、人間らしく生きる権利をもっているのです。

また、C. 憲法では、さまざまな権利とともに、国民が守らなければならない義務も定めています。

日本には、今なお人権が十分に保障されていない人々がいます。D．少数民族であることや、いわれのない差別によって、就職や結婚などの際に差別を受けたり、E．子どものような弱い立場の人々の人権がおかされたりするということが今でも起こっています。憲法にかかげられた理想の実現に向けて、わたしたち一人一人が、差別を許さないという強い自覚をもち、おたがいの人権を保障しあう社会をつくる努力をしていかなければなりません。

問１　**下線部A**について、障がい者や高齢者等が、社会生活に参加するうえで生活の支障となるものを取り除くための施策を何と言うか答えなさい。

問２　**下線部B**について、障がいの有無や年齢、性別、人種などにかかわらずたくさんの人々が利用しやすいように製品やサービス、環境をデザインする考え方を何と言うか答えなさい。

問３　空欄（①）（②）に当てはまる語句の組み合わせとして、正しいものを下から１つ選び、記号で答えなさい。

【語群】

ア．①＝安全　②＝多様　イ．①＝健康　②＝文化
ウ．①＝安全　②＝文化　エ．①＝健康　②＝多様

問４　**下線部C**について、日本国憲法の三大原則のうち、第９条で述べられている内容を解答欄に合うように答えなさい。

問５　**下線部D**に関して、1997年に日本の北海道などに住む民族の独自の文化を守る法律がつくられました。この法律の名前を解答欄に合うように答えなさい。

問6　**下線部E**について、1994年に日本では子どもの権利条約を承認しましたが、1989年にこの条約を採択した機関はどこですか。正しいものを下から1つ選び、記号で答えなさい。

ア．国際連合　　イ．国際連盟　　ウ．国際司法裁判所　　エ．国際通貨基金

【理　科】〈2月1日午後プレミアム試験〉（社会と合わせて50分）〈満点：50点〉

1　下の文章を読み、次の各問いに答えなさい。

地球上の生物は必ず他の生物とのつながりの中で生活しており、その多くで食べる－食べられるのつながりが見られます。そこで井の頭公園の池で見られる生物を調べたところ、そこにはアオミドロ（藻類(そうるい)）・アメリカザリガニ（節足動物(せっそくどうぶつ)）・カワセミ（鳥類(ちょうるい)）・ミジンコ（動物プランクトン）・モツゴ（小型魚類(こがたぎょるい)）などがいることがわかりました。またそれぞれの生物の数も調べてみたところ、食べる側よりも食べられる側の生物の方が多く見られることがわかりました。

問１　文章中の下線部にあるような生物どうしの関係を何といいますか。以下の①～④から１つ選び、番号で答えなさい。

①　光合成(こうごうせい)　　②　食物(しょくもつ) 連鎖(れんさ)　　③　血液(けつえき) 循環(じゅんかん)
④　地球(ちきゅう)温暖化(おんだんか)

問２　井の頭公園の池で見られる生物の中で、最も数が少ないと考えられる生物はどれですか。以下の①～⑤から１つ選び、番号で答えなさい。

①　アオミドロ　　②　アメリカザリガニ　　③　カワセミ
④　ミジンコ　　⑤　モツゴ

問３　井の頭公園の池では以前、多くのコイ（大型魚類(おおがたぎょるい)）がすんでおり、観光客によるエサやりなどで親しまれていました。しかし数年ほど前から複数回にわたって、コイを含(ふく)めたさまざまな種類の外来魚(がいらいぎょ)がつかまえられたため、現在ではコイがほとんど見られなくなっています。すると以前まで濁(にご)っていた井の頭公園の池の水は次第に透明(とうめい)になり、水質の改善(かいぜん)が確認されました。このとき、コイをつかまえたことによって井の頭公園の池の水質が改善(かいぜん)された理由と思われることを１つ答えなさい。

2　下の文章を読み、次の各問いに答えなさい。

　ここ何年か、今まで経験したことのない大雨や、気温の上昇（じょうしょう）がみられます。大気の状態が不安定になって、雷（かみなり）の鳴る回数も増えています。雷（かみなり）が発生したとき、稲妻（いなずま）が光ってから音が聞こえてきます。光が見えてから音が聞こえるものに、打ち上げ花火があります。花火には赤色、紫（むらさき）色、黄色などいろいろな色があります。下の表に示すように、物質によって炎（ほのお）の色が異なるものがあります。花火はそれらを応用したものです。

物質	炎（ほのお）の色
リチウム	赤色
ナトリウム	黄色
カリウム	赤紫（あかむらさき）色
銅	青緑色

問１　光と音では、どちらの方が速く進むか答えなさい。

問２　新しい鍋（なべ）に食塩水（塩化ナトリウム水よう液）を入れてガスコンロでわかしてふきこぼれたとき、何色の炎（ほのお）になるか答えなさい。

問３　食塩２０ｇを水１００ｇにとかしました。このときできる食塩水の質量パーセント濃度（のうど）は何％ですか。小数第２位を四捨五入して答えなさい。

3 下の文章を読み、次の各問いに答えなさい。

問１　金属の球に糸をつけてふりこをつくり、図１のような方法で木製のブロックに衝突(しょうとつ)させる実験をしました。ふりこが真下にきたときにブロックに衝突(しょうとつ)したとして、ブロックが最も遠くまで進むのはどれですか。表１の①～⑥から１つ選び番号で答えなさい。

	金属球の重さ	ふれはば
①	200 g	30 cm
②	200 g	20 cm
③	200 g	10 cm
④	300 g	30 cm
⑤	300 g	20 cm
⑥	300 g	10 cm

表　１

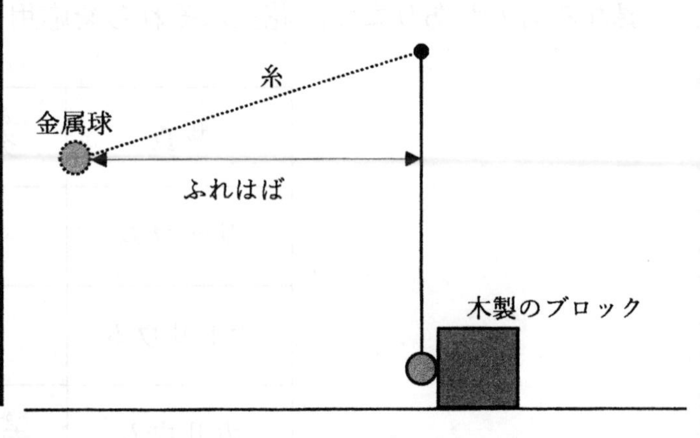

図　１

問２　次に木製ブロックを取り除いてふりこをふらせることを考えます。ふりこは一般(いっぱん)に、ふれはばや球の重さを変えても、ひもの長さが同じならば、ふりこの球が往復する時間は変わらないことがわかっています。では、ふれはばを変えたときに変わるのは球の何ですか。次の①～⑥から２つ選び、番号で答えなさい。

①　最高点の高さ　　②　最高点の速さ　　③　最下点の高さ
④　最下点の速さ　　⑤　球の温度　　⑥　球の体積

４ 次の会話文の（１）、（２）に当てはまる語句を答えなさい。

先　生：みなさん、星にはどのような種類があるか知っていますか。
生徒Ａ：太陽と地球は別の種類だと思います。
先　生：Ａさんが言ったとおり、太陽と地球はちがう種類です。
地球は太陽を中心としてほぼ円を描(か)くように太陽の周りを回っています。太陽は自ら輝(かがや)く星で恒星(こうせい)といいます。地球は自ら輝かず恒星(こうせい)の光を反射し、恒星(こうせい)の周りを回っていて、惑星(わくせい)といいます。太陽と地球は別の種類の星、天体といいますが、それでは地球の仲間の天体を他に１つ挙げてみて下さい。
生徒Ｂ：（１）は地球の仲間の星だと思います。
先　生：正解です。輪をもっていることが特徴(とくちょう)の（１）は地球よりも外側で太陽の周りを回っています。ただ地球と違うのは気体でできているということです。ところで、（１）には、現在分かっているだけでも８０以上の（２）が存在します。
生徒Ｃ：（２）が８０以上もあるのですね。もし（１）にいたら、夜空は輪と（２）だらけになってしまいますね。
先　生：そうかもしれませんね。火山が見つかった（２）もあるのですよ。
生徒Ｃ：それでは（１）は気体でできているのに、（２）は岩石、つまり固体でできているのですか。
先　生：そうです。その通りです。地球の（２）も成分は異なりますが、そうですよね。
生徒Ｄ：それでは、（２）は自ら輝(かがや)かないから惑星(わくせい)ですか。
先　生：（２）は確かに自ら輝(かがや)きませんが、恒星(こうせい)の周りを回っているのではなく、惑星(わくせい)、地球や（１）の周りを回っているので３つ目の種類の天体となります。

【英　語】〈２月１日午後プレミアム試験〉（50分）〈満点：100点〉

1 次の英文の（　　）に最もふさわしいものをア～ウから１つ選び、記号で答えなさい。

(1) Would you like (　　) more coffee?
　ア　some　　イ　any　　ウ　no

(2) They'll arrive in Tokyo (　　) two hours.
　ア　on　　イ　in　　ウ　at

(3) She left (　　) New York last night.
　ア　to　　イ　in　　ウ　for

(4) He wrote his first novel at the (　　) of 20.
　ア　age　　イ　time　　ウ　hour

(5) This is the (　　) TV in this shop.
　ア　cheap　　イ　cheaper　　ウ　cheapest

2 次の会話の（　　）に最もふさわしいものをア～ウから１つ選び、記号で答えなさい。

(1) A: How did you come here?
　B: I came here (　　) bus.
　ア　on　　イ　by　　ウ　in

(2) A: How will the weather be tomorrow?
　B: It will be (　　).
　ア　crowd　　イ　cloud　　ウ　cloudy

(3) A: How about some milk?
　B: Yes, (　　).
　ア　sir　　イ　please　　ウ　I do

(4) A: Why did you stop reading the book last night?
　B: Because I was very (　　).
　ア　happy　　イ　fine　　ウ　tired

(5) A: Are you going with your brother?
　B: No.　He has to (　　) for a test.
　ア　study　　イ　studying　　ウ　studied

3 次の会話について、(　　)に最もふさわしいものをア～エから1つ選び、記号で答えなさい。

(1) A: Can I help you, sir?
B: (　　)
ア I think it's not good.　イ I'll take it.
ウ I'm just looking.　エ I will look for you.

(2) A: How much is it to Tokyo Station?
B: (　　)
ア I take this one.　イ Certainly.
ウ 30 minutes.　エ 380 yen.

(3) A: Would you like anything to drink?
B: (　　)
ア Don't worry.　イ A hot dog, please.
ウ One apple juice, please.　エ That's nice.

(4) A: Do you like watching soccer games?
B: (　　) I come here twice every week.
ア Yes, I do.　イ I don't know.
ウ The next game.　エ Yes, I can.

(5) A: Where do you play the piano?
B: (　　) I go there once a week.
ア At my teacher's house.　イ In the morning.
ウ I have to buy the book.　エ Yes, I will.

4 次の各問の日本文の意味を表すように①から④までをならべかえて、**1** 番目と **3** 番目にくるものの最もふさわしい組み合わせをア～エから1つ選び、記号で答えなさい。ただし、文頭にくる語も小文字で表してあります。

(1) 彼はお兄さんより背が高いです。

He (1番目) ( ) (3番目) ( ).

① his brother ② than ③ taller ④ is

ア ②－③ イ ②－④ ウ ④－② エ ④－③

(2) あなたはどんな本を読みますか。

What (1番目) ( ) (3番目) ( ) you read?

① book ② kind ③ of ④ do

ア ①－④ イ ①－③ ウ ④－① エ ②－①

(3) ベティはこの夏カナダに行きたいです。

Betty (1番目) ( ) (3番目) ( ) this summer.

① wants ② to ③ Canada ④ to go

ア ①－② イ ③－① ウ ③－② エ ③－④

(4) あなたは明日何をするつもりですか。

What (1番目) ( ) (3番目) ( ) do tomorrow?

① going ② to ③ are ④ you

ア ②－④ イ ②－① ウ ③－① エ ③－④

(5) ここでは写真をとらないでください。

Please (1番目) ( ) (3番目) ( ).

① take ② here ③ don't ④ pictures

ア ④－① イ ④－② ウ ③－② エ ③－④

5 次の英文を読み、あとの問いに記号で答えなさい。(先頭に[*]のある語句には、注がついています。)

Lauren Nelson lives in Attica, New York in the United States. Though she's only 11 years old, she has her own *camper van. How did she get it?

During the *coronavirus *lockdown, Lauren really wanted a *comfortable place to stay and do something fun. When she was looking through the pages of an American Girl Doll magazine, she found that a $650 little bus for dolls was for sale. She wanted to buy it but her father said to her, "It's *ridiculous because you could buy your own real camper van for that price." It gave her an idea to buy her own one.

Lauren had a special way of saving money by using three envelopes. The words GIVE, SAVE and SPEND were written on each envelope. When she got money on her birthday and on Christmas and so on, she always put it into the SAVE one. One day, she counted how much she had in those envelopes and it was $400. She started to look for an *available camper van. Finally, Lauren found out that a neighbor just down the street had the very same camper van and she fell in love with it.

One day a "FOR SALE" sign *popped up on the camper van and Lauren was shouting *the whole way home. She had to *negotiate with the owner of the camper van because the original price was $500. Lauren explained how much she loved the camper van and how much money she could pay for it. Her passion *beat the owner. She was so happy that she felt like living in the camper van forever.

To stay in the camper van, she had to spend two months *renovating it. First of all, she had to clean the inside of the camper van and it was not so easy. She found a family of *mice living there. There was a lot of garbage like an insect *spray can, *sunscreen, and other camping *equipment. She and her family did a lot of deep cleaning with great support from their neighbors.

Second, Lauren wanted to *decorate the inside of the camper van. Her parents saved money for Lauren to *participate in the summer camp but it was *canceled because of the coronavirus. They decided to let Lauren spend the money on the camper van. Lauren tried to save the money from her parents, so she made good use of various things around her house to decorate the inside of the camper van. She really enjoyed working on it to make it her *ideal place.

In two months Lauren *completely finished renovating and decorating the camper van. She named it, "Camp Hygge", from a TV *commercial. It meant "comfortable and safe".

Now Lauren spends five days a week in her new camper van with its own kitchen and bathroom.

"If you have some big plans for the future, you should go out and make them happen," said Lauren.

［注］ camper van　キャンピングカー　coronavirus　新型コロナウイルス
lockdown　ロックダウン（都市を封鎖し、行動を制限すること）
comfortable　快適な　ridiculous　ばかげている　available　入手できる
pop up　現れる　the whole way home　帰宅途中ずっと
negotiate　交渉する　beat　打ち負かす　renovate　改造する
mice　ネズミたち　spray　スプレー　sunscreen　日焼け止め
equipment　用品　decorate　飾る　participate in　参加する
cancel　中止する　ideal　理想的な　completely　完全に
commercial　コマーシャル

(1) Why did Lauren decide to buy her own camper van?
ア Because she found a nice camper van in the magazine.
イ Because she got enough money for a camper van on her birthday.
ウ Because her father said that she could buy a camper van with $650.
エ Because her father said that a neighbor wanted to sell a camper van.

(2) How much did Lauren pay for her own camper van?
ア $400.
イ $500.
ウ $650.
エ $800.

(3) What did Lauren have to do to use her camper van?
ア She had to repair the engine of the camper van.
イ She had to use a spray can to keep many insects away from the camper van.
ウ She had to participate in the summer camp to drive a camper van.
エ She had to remove many things out of the camper van.

(4) Who cleaned the camper van?
ア Only Lauren did.
イ Lauren and her parents did.
ウ Lauren, her parents, and their neighbors did.
エ The camper's original owner did.

(5) What did Lauren's parents save money for?
ア For the camper van.
イ For the summer camp.
ウ For decorating their house.
エ For Lauren's future.

(6) How long did Lauren spend to renovate and decorate her camper van?
ア Eleven years.
イ Four months.
ウ Two months.
エ Five days.

(7) What did the name of the camper van mean?
ア It meant “fall in love”.
イ It meant “special forever”.
ウ It meant “an insect and garbage”.
エ It meant “comfortable and safe”.

(8) What is the best title for this story?
ア “Try to do it, and it will come true”.
イ “The importance of how to save money”.
ウ “Nobody should have a ridiculous plan”.
エ “A sad story of a family of mice”.

6 次の質問にあなたの考えとその理由２つを英語で述べなさい。ただし、語数はそれぞれ20語以上とする。「.」「,」などの記号は語数に含めない。

(1) What kind of food do you like?

(2) Which foreign country do you want to visit?

問四　――線②『哲学』という言葉は、それ以前にはなかった新しい日本語」とありますが、なぜこのように新しい日本語が生み出されたのですか、もっともふさわしいものを次の中から一つ選び、記号で答えなさい。

ア　自分の生き方について日本人に関心を持たせるために名前が必要だったから。
イ　外国から取り入れた新しい学問に対応する名前をつくる必要があったから。
ウ　わかりやすい名前にすることで難しい学問に親しみを感じてもらう必要があったから。
エ　大学という場で教えるにあたってふさわしい名前を付ける必要があったから。

問五　――線③「すべての受験者に、哲学の試験が課せられている」とありますが、その理由を二十字以内で答えなさい。

問六　――線④「いま消えたロウソクの火は、どこへ行ったのだろうか？」、⑤「昨日まで元気に野良仕事をしていたお婆ちゃんが、今日は仕事から帰るなり、ちょっと疲れたから休むといって、寝室で横になりました。そして寝ているうちに、そのまま息を引き取りました。お婆ちゃんは、どこへ行ってしまったのだろう」について、

(1)　――線④「いま消えたロウソクの火は、どこへ行ったのだろうか？」という問いについて、

(A)「あなたの考え」を答え、(B) そのように考えた理由を自由に書きなさい。

(2)　これら二つの問いに共通するのはどのようなことですか、もっともふさわしいものを次の中から一つ選び、記号で答えなさい。

ア　正解がないため考える意味がないということ。
イ　みんなを納得させる答えを出さなければならないということ。
ウ　答えを出すことよりも考えることが大切だということ。
エ　どのような答えであってもすべて正解であるということ。

問七　――線⑥「この悪しき伝統」とはどのようなことですか、二十字以内で答えなさい。

問八　――線⑦「自分の価値観をしっかりかため、自分を信じ、他人の意見には簡単に左右されないこと」とありますが、同じ意味で使われている言葉を本文中から四字でぬき出しなさい。

十八歳からは、独り立ちできるし、独り立ちしなければなりません。
[c]、自由に開放される十八歳までに、生きていくのに必要な基本的なことを身につけ、自分の人生行路の、方向づけをしなければならないのです。

そこで⑦大事なのは、自分で考えるということ。
徐々(じょじょ)に自分の価値観をしっかりかため、自分を信じ、他人の意見には簡単に左右されないことです。
付和雷同(ふわらいどう)（自分の意見がなく他人の意見にしたがうだけ）なんて、Bもってのほか！
ぜったい　避(さ)けなければいけませんよ！

（小島俊明　『ひとりで、考える』）

※ひもじい…お腹が空いて食べ物が欲しい。
※うらみ…他と比べて不満に思うこと。
※バカロレア…フランスの政府が管理する、高等学校教育を終えたことを認めるための国家試験。
※窮した…困りきっていた。
※利己主義…社会や他人のことを考えず、自分の利益や快楽だけを追求する考え方。

問一　～～線A「普及しきれていない」、B「もってのほか」の意味としてもっともふさわしいものを次の中からそれぞれ一つずつ選び、記号で答えなさい。

A　普及しきれていない
ア　影響を与えていない　　イ　大切にされていない　　ウ　支持されていない　　エ　広く行き渡っていない

B　もってのほか
ア　とんでもない　　イ　めったにない　　ウ　信じる必要はない　　エ　おもしろくない

問二　[a]～[c]に入る言葉としてもっともふさわしいものを次の中からそれぞれ一つずつ選び、記号で答えなさい。
ア　あるいは　　イ　ですから　　ウ　そして　　エ　つまり　　オ　やはり　　カ　しかし

問三　――線①「哲学する」とありますが、これを別の言葉で表現している部分を本文中から三十六字で探し、最初の八字をぬき出しなさい。

「④いま消えたロウソクの火は、どこへ行ったのだろうか?」

生徒たちは、きょとんとしていました。それから考え込み、答えを出す生徒もいたようですが、多くは答えに※窮したようでした。

それを見ていたぼくも「それでは」と自分に問いかけてみました。

「⑤昨日まで元気に野良仕事をしていたお婆ちゃんが、今日は仕事から帰るなり、ちょっと疲れたから休むといって、寝室で横になりました。そして寝ているうちに、そのまま息を引き取りました。お婆ちゃんは、どこへ行ってしまったのだろう」

ぼくは呟きました。

テレビのなかでは、その理科の先生はこういいました。

「正解がない、というのがこの種の問題の特徴です。君たち一人ひとりが出す答えが、みんな正しいということになります」

「正解がないからといって、考えないでいいことにはならないよね。どうしても、自分なりに納得できる答えがほしいな」

そして出した答えがみな正しいのであれば、こんなにいいことはないではありませんか。自分で考え、答えをみつければいいのですから。

哲学することは、そこからはじまるのですね。

哲学するには、まず孤独になる必要があります。

日本人はずっと孤独を悪とみなし、群れることを善しとしてきました。「孤独死」という日本語がありますが、こういう、人の尊厳を傷つけ、侮辱する日本語は、早く日本社会から消えてほしいものです。

日本人は群れることが好きだ、といわれてきました。群れることは個人や個性を否定し、殺し、全体主義につながります。

⑥この悪しき伝統を、根絶やしにしなければ、日本の近代化は完成しません。

近代人は、一人ひとりが自律して、個性に生きるところに成り立つものです。

群れて個性を埋没させたり、殺したりするのと正反対に、自分独自の考えをしっかり持ち、つらぬく強さが必要なのです。それを、個人主義と呼びます。

これまでは、※利己主義ととりちがえて否定しがちだったこの個人主義を、つよく標ぼうしようではありませんか。

みなさんは若くて、人生への船出の準備がはじまるところにいます。十八歳からは親や先生の意見から解放されて、自由に自分の判断で生きていくことになります。

三 次の文章を読んで、後の問いに答えなさい。(一部問題の都合により省略、または変更しているところがあります。)

やなせたかしのアンパンマンが投げかけたのは、人生について、生き方について考えようということでした。ひもじい思いをしている子に、自分のホッペの一部(アンパン)をあげる行為は、貧富ということについて考えさせますが、それより何よりも人としてのありかたを、理屈なしにごく自然な行為で示しています。

人生について、生き方について考えることを①「哲学する」と言い換えましたが、実はこの「哲学」という日本語は、ヨーロッパでphilosophyを勉強してきた西周が、文部大臣だった森有礼に進言して生まれた言葉・新日本語なのです。それも文明開化を旗印に、欧米に追い付け追い越せの明治時代が終わり、大正時代になってからのことです。

②「哲学」という言葉は、それ以前にはなかった新しい日本語です。ヨーロッパから輸入した、新しい学問の呼び名であります。生まれてからこんにちまで百年ばかり、おもに大学で使われてきました。ですから、国民一般には馴染みの薄い言葉となって、いまだにA普及しきれていないうらみがあります。[a]、これからは、小中学生から馴染む言葉になることでしょう。

注意していただきたいのは、ここでいう「哲学する」とは、「哲学の歴史」を学ぶことよりも、「人生について学び考える」という意味のほうが強いということです。

紀元前の古代ギリシャの時代には、すべての学問を包括していたphilosophy(哲学)は、「知を愛する」という意味で、ヨーロッパにおいては一般の人たちにまで普及しているのです。人生について、世界・宇宙について、自分の知力で、論理的に、日々考えることを忘れないことです。

学問の歴史をながめると、「哲学」という学問はまず理科系、文科系に分科しました。さらに系ごとに例えば物理学、化学、数学などこまかく分科しつつ発展してきました。しかし、どの学問にも哲学は含まれているのです。

そんなわけで、フランスのバカロレアには、分野ごとの試験に先立って、試験週間の初日に、③すべての受験者に、哲学の試験が課せられているのです。

いつかNHKテレビを見ていたら、ある中学校(小学校?)の授業風景が映りました。

理科の先生が教卓の上にロウソクを立てて、火をつけました。[b]そのロウソクの火を、フウッと吹き消したのです。火は煙になって、立ち消えていきました。

先生は、それを見ていた生徒たちに、こう尋ねました。

問四　――線④「そういう人間」の説明としてもっともふさわしいものを次の中から一つ選び、記号で答えなさい。

ア　何かつらいことがあるとすぐにあきらめてしまうような人間。
イ　自分の身に起こったできごとを他人の責任だと考える人間。
ウ　自分のなやみやつらさを誰かに打ち明けることができない人間。
エ　一度失敗したことをずっと気にし続けるような人間。

問五　[a]、[b]に入る言葉としてもっともふさわしいものを次の中からそれぞれ一つずつ選び、記号で答えなさい。

ア　しっかり　　イ　こっそり　　ウ　ひっそり　　エ　こくり　　オ　ゆったり　　カ　ぼそり

問六　――線⑤「新は目を見開いた」とありますが、この時の気持ちとしてふさわしいものを次の中から二つ選び、記号で答えなさい。

ア　とまどい　　イ　怒り　　ウ　悲しみ　　エ　後ろめたさ　　オ　驚き　　カ　もどかしさ

問七　――線⑥「週末や長期の休みになると、おじいさんだか誰かの知り合いが住職をしている寺で世話になっていた」とありますが、この理由を境野はどのように考えていますか。それを説明した次の文の[　　]にふさわしい言葉を、二十字以内で答えなさい。

これまで当たり前にやっていたことができなくなってしまった自分の姿を[　　　　]と思ったからだと考えている。

問八　[Ⅰ]、[Ⅱ]に入る語としてもっともふさわしいものを次の中からそれぞれ一つずつ選び、記号で答えなさい。

ア　頭　　イ　耳　　ウ　唇（くちびる）　　エ　手　　オ　首　　カ　鼻

問九　あなたがこれまでに自分が変わろうと思って頑張ったことはどのようなことですか。そのきっかけやどのような努力をしたかを具体的に、百八十字以上二百字以内で改行せずに書きなさい。

〈注意〉書き出しの空らんはいりません。また、、や。や「　などの記号はそれぞれ一字として数えます。

「人って変わるんだよ。よくも悪くもね。でも、変わってしまうのと、変わろうとするのは違う」

「変わろうとする……」

境野はテーブルに肘をついて手を組んだ。

「彼がどうして変わったのか、いつか聞いてみたいと思ってるけど、朔君はずっと変わろうとしているんだと思う。いまも」

素直に新は頷いた。

（いとうみく『朔と新』）

※晴眼者…視覚に障がいのない者。

問一　――線①「これまで何度も何度も同じことを考え、悔やみ後悔し」とありますが、どのようなことを「考え、悔やみ後悔」したか書かれている部分を本文中から三十字程度で探し、最初の五字をぬき出して答えなさい。

問二　――線②「……」とありますが、ここに言葉を入れるとしたら、どのような言葉が入りますか。十字以内で答えなさい。

問三　――線③「自分の思いを否定し、ブレーキをかけてきた」とありますが、それはなぜですか。もっともふさわしいものを次の中から一つ選び、記号で答えなさい。

ア　兄のことを全く考えることなく、自分の楽しみを優先したことを申し訳ないと考えていたから。

イ　兄を早く走らせようという思いが強くなりすぎて、無理をさせてはいけないと考えていたから。

ウ　兄の視力をうばってしまった自分のような人間が、何かを楽しむことなど許されないと考えていたから。

エ　兄が楽しんで走ることが大切なのであり、自分は全ての感情を捨てて伴走すべきだと考えていたから。

親が相談されて、引き受けてもらっていたらしい」

「なんで……」

そこまでして家に戻らなかった兄のことが、新には理解できなかった。

「そこが彼の弱さ。で、強さ」

「………」

「見えていたものが突然見えなくなるって、相当な恐怖だと思う。※晴眼者の僕がその怖さをわかるなんてことは絶対に言えないんだけど」

新は黙って頷いた。

手も足も自由に動く。からだは健康なのに、目が見えないというだけであたりまえにできていたことができなくなる。自分で服を選んで着替えることも、ひとりで出かけることも、自販機で飲みたいものを買うことも、どれひとつ容易ではない。いまの朔を見ていても、わかる。

「そういう姿を見られたくないっていうのと、見せたくないっていうのが彼にはあったんじゃないかな。家族や親しい人にはとくに」

家族を悲しませたくないから、大切な人を苦しませたくないから、そういう姿を見せたくないから、悲観されたくないから、可哀そうだと思われたくないから……。新は［Ⅰ］を強く噛んだ。

「彼が変わったのは夏休みのあとだよ。なにがあったのかは朔君も言わないし、先生たちも聞かなかったようだけど。つきものが落ちたみたいに、歩行訓練なんかの自立活動も勉強も積極的に取り組むようになったって。僕は月に二度くらいしか行ってないけど、九月に朔君を見たときは正直驚いた。声を聞いたのも初めてだったしね」

境野の口から語られる朔は、どれも新の知らない姿ばかりだった。夏の間になにがあったんだろう。何が朔を変えたんだろう――。

新は浅く息をした。

「そんなに変われるもんかな」

「変われると思うよ、僕は」

そうだろうか、と新は［Ⅱ］を傾げた。少なくとも、自分はなにも変われていない。

「新君だって変わったよ」

えっ、とかぶりをあげると、境野は微笑んだ。

「朔は、強いから」

こうべを垂れ、新は膝の上でこぶしを強く握った。

「そうかな」

[a]と言った境野の顔を、新は驚いたように見つめた。

「彼は、そんなに強い人間じゃないと思うけど」

「そんなことっ」

「弱いから、強くなろうとするんじゃないの?」

境野はプラカップの表面についている水滴を指で拭いながら、イスの背にからだを預けた。

「朔君、盲学校に入った当初は完全に人と関わることを絶っちゃってね。学校でも寄宿舎でも誰とも口をきかなくて、寄宿舎では四人部屋だったんだけど、いつも部屋の隅で膝を抱えて顔をふせているような具合で。心理的な引きこもりっていうのかな。そんな具合だったらしいよ」

⑤新は目を見開いた。

そんなはずはない。朔は失明したとわかったとき、家族のだれよりも冷静だった。悲嘆して泣く母親や失明を認めず別の病院を探しまわる父親に大丈夫だからと頷き、盲学校へ行きたいと言った。

「朔君、盲学校に入ってから今年の春まで、家に帰ってないだろ」

[b]と頷くと、境野はゆっくりまばたきをした。

「寄宿舎っていうのは、自宅から通うことが困難な場合に利用するところで、利用者はけっこういるんだ。でも週末は全員自宅に帰る。で、また週の初めに寄宿舎に戻って生活をする」

知らなかった。そんなことは母親からも誰からも聞かされていない。

「でも朔は」

⑥「週末や長期の休みになると、おじいさんだか誰かの知り合いが住職をしている寺で世話になっていたって」

「寺?」

「詳しいことはわからないけど、その寺はいろんな事情のある人を受け入れているらしくてね。家に帰りたくないっていう朔君のことを、ご両

二

朔と弟の新はバスが横転する事故に巻き込まれ、その事故により朔は視力を失います。しばらくして朔はマラソンを始めることを決め、新がその伴走者を引き受けたものの、ある日怖くなってしまい伴走者をやめたいとコーチである境野に伝えます。次の文章を読んで、後の問いに答えなさい。（一部問題の都合により省略、または変更しているところがあります。）

「朔の目、オレのせいなんです」
えっ、と境野は数度まばたきをしてわずかにからだを寄せた。
「バスの事故だったんだろ」
「あのバスに乗ることになったのは、オレのせいだから」
境野は安堵したように息をついた。
「それは新君のせいとは言わないよ。あの事故のことは僕も知ってる。同じバスに乗っていても、軽傷だった人もいれば、亡くなった人もいた」
「でも、あの日に予定を変えていなかったら、事故にあうこともなかった」
新がそのことを口に出したのは初めてだった。
①これまで何度も何度も同じことを考え、悔やみ後悔し、そのたびに、でもと言い訳をして自分を擁護し、そんな自分を新は嫌悪してきた。
もう二度と、朔を巻き込むようなことはしない。兄を傷つけることだけはしないと誓った。なのに今日もまた②……。すり傷だと朔は笑ったけれど、程度の問題ではない。
伴走を始めたのは朔のためだ。朔に頼まれたから、朔が望んだから、朔が求めたから。でも、いつしか新は、走ることを楽しむようになっていた。そんな③自分の思いを否定し、ブレーキをかけてきた。あってはならないことだからだ。
なのに今日、あの瞬間、夢中になっていた。
あのとき自分は、伴走者ではなかった――。
「朔君は自分の目のことを新君のせいだなんて思ってないよ」
「わかってます」
そんなことは新にもわかる。兄がそ④ういう人間でないことも知っている。
「だったら」

二〇二一年度 藤村女子中学校

【国　語】〈二月一日午後プレミアム試験〉（五〇分）〈満点：一〇〇点〉

一　次の――線の漢字の読みをひらがなに、カタカナを漢字に直しなさい。

① 休日に近くの公園を散歩する。
② 句読点がなく読みにくい文章。
③ その事件は新聞の報道で知った。
④ 詳しい説明を省く。
⑤ 彼女は町で用品店を営んでいる。
⑥ この夏はキロク的な暑さだった。
⑦ 専門的なギジュツを身につける。
⑧ 敵にイサましい姿で立ち向かう。
⑨ 将来は医者をココロザしている。
⑩ 生活委員の委員長をツトめる。

2021年度 藤村女子中学校 ▶解説と解答

算　数　＜２月１日午後プレミアム試験＞（50分）＜満点：100点＞

解　答

1 (1) 36　(2) 7.5　(3) 380　(4) 3　(5) 2　2 (1) 100g　(2) 10人　(3) 20%　3 (1) 2880m　(2) 分速240m　(3) 480m　4 (1) $24cm^2$　(2) 6cm　(3) 3：1　(4) 7：1　(5) $3\frac{3}{7}\left(\frac{24}{7}\right)cm^2$　5 (1) 7個　(2) 30cm　(3) 容器A　$3050cm^2$，容器B　$800cm^2$

解　説

1 四則計算，計算のくふう，還元算

(1)　$4+16\div2\times4=4+8\times4=4+32=36$

(2)　$0.4\times50-100\div8=20-12.5=7.5$

(3)　$1+1+2+2+\cdots\cdots+18+18+19+19=(1+2+3+\cdots\cdots+18+19)\times2=(1+19)\times19\div2\times2=380$

(4)　$\frac{1}{4}\div0.25+1\frac{1}{4}\times1.6=\frac{1}{4}\div\frac{1}{4}+\frac{5}{4}\times\frac{8}{5}=\frac{1\times4}{4\times1}+\frac{5\times8}{4\times5}=1+2=3$

(5)　$(2\times\square+1)\div21\times4=\frac{20}{21}$より，$2\times\square+1=\frac{20}{21}\div4\times21=\frac{20\times21}{21\times4}=5$，$2\times\square=5-1=4$　よって，$\square=4\div2=2$

2 濃度，平均算，割合

(1)　15%は0.15倍で，10%は0.1倍である。15%の食塩水200gの中に含まれる食塩の重さは，200×0.15＝30(g)で，水を加えても食塩の重さは変わらない。30gの食塩が水を加えたあとの食塩水の10%にあたるので，食塩水の重さは，30÷0.1＝300(g)になる。よって，加えた水は，300−200＝100(g)である。

(2)　男子20人の平均点が56点で，女子の平均点が62点，全体の平均点が58点になることを面積図に表すと，右の図のようになる。右の図で，アの部分は，男子の平均点が56点から58点に上がったときに増えた点数の合計で，(58−56)×20＝40(点)である。これは，女子が62点から58点に下がったときに減ったイの部分の点数と等しいので，イの部分は40点である。よって，女子の人数(□人)は，40÷(62−58)＝10(人)となる。

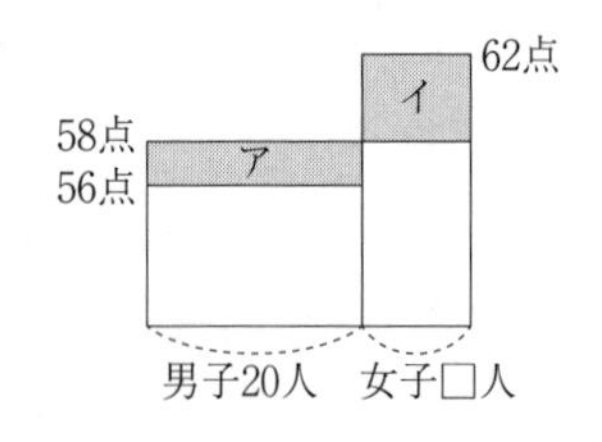

(3)　ある学校の生徒全体の60%が運動部に入っている。また，文化部に入っている生徒は，運動部に入っている生徒の$\frac{1}{3}$倍だから，生徒全体の，$60\times\frac{1}{3}=20$(%)にあたる。部活動に入っていると答えた生徒は，運動部か文化部のどちらか一方に入っているので，部活動に入っていないと答えた生徒は全体の，100−(60+20)＝20(%)である。

3 速さ−グラフ，旅人算

(1)　グラフより，りえさんは午前８時00分に学校を出発し，午前８時36分に公園に着いたことがわかる。よって，りえさんは学校から公園まで分速80mで進んで36分かかったので，学校から公園までの道のりは，80×36＝2880(m)である。

(2)　学校から公園までの距離の$\frac{3}{4}$は，2880×$\frac{3}{4}$＝2160(m)である。グラフより，もえさんはりえさんと出会ったあと，2160mを，36－27＝９(分間)で進んだことがわかる。よって，もえさんの分速は2160÷９＝240(m)である。

(3)　りえさんは午前８時00分から４分間に，80×４＝320(m)進んでいる。午前８時４分からもえさんが分速240mでりえさんを追いかけると，１分間に，240－80＝160(m)ずつ差が縮まるので，もえさんがりえさんを追い越すのは，もえさんが出発してから，320÷160＝２(分後)である。よって，もえさんがりえさんを追い越したのは学校から，240×２＝480(m)の地点である。

4 平面図形―面積，比

(1)　直角三角形ABCの底辺が８cmで，高さが６cmだから，その面積は，８×６÷２＝24(cm^2)である。

(2)　BEを折り目として，点Aが移った点をDとしたので，ABとBDの長さは等しくなるから，BDは６cmである。

(3)　三角形BDEと三角形CDEにおいて，それぞれBD，CDを底辺としたときの高さは等しくなる。三角形BDEの底辺の長さが(2)より６cmで，三角形CDEの底辺の長さは，８－６＝２(cm)となり，底辺の長さの比は，６：２＝３：１である。三角形BDEと三角形CDEは高さが等しいので，底辺の長さの比と面積の比は等しくなる。よって，三角形BDEと三角形CDEの面積の比は，３：１である。

(4)　(3)より，三角形BDEと三角形CDEの面積の比は，３：１である。また，三角形ABEと三角形BDEはBEを折り目として重なる三角形だから面積は等しくなるので，三角形ABCの面積は，３＋３＋１＝７になる。よって，三角形ABCと三角形CDEの面積の比は，７：１である。

(5)　(1)より，三角形ABCの面積は24cm^2で，(4)より，三角形ABCと三角形CDEの面積の比は，７：１だから，三角形CDEの面積は，24×$\frac{1}{7}$＝$3\frac{3}{7}\left(\frac{24}{7}\right)$($cm^2$)である。

5 立体図形―体積，表面積

(1)　直方体の容器Aの体積は，20×15×35＝10500(cm^3)で，直方体の容器Bの体積は，10×10×15＝1500(cm^3)である。よって，この容器Aに入っているオレンジジュースを容器Bにすべて入れかえるのに，容器Bは，10500÷1500＝７(個)必要である。

(2)　容器Aから容器Bに１個分だけオレンジジュースを入れたとき，容器Aに残ったオレンジジュースの体積は，10500－1500＝9000(cm^3)になる。直方体の高さ＝体積÷底面積で求められるので，容器Aに残ったオレンジジュースの高さは，9000÷(20×15)＝30(cm)になる。

(3)　容器Aの表面積は，(35×20＋35×15＋20×15)×２＝3050(cm^2)で，容器Bの表面積は，(15×10＋15×10＋10×10)×２＝800(cm^2)である。

社　会　＜２月１日午後プレミアム試験＞（理科と合わせて50分）＜満点：50点＞

解　答

1　問１　イ　問２　ア　問３　イ　問４　イ　問５　エ　問６　ア　問７　ウ
問８　ウ　問９　エ　問10　ア　問11　イ　問12　か　2　問１　バリアフリー
問２　ユニバーサルデザイン　問３　イ　問４　平和(主義)　問５　アイヌ(文化振興法)
問６　ア

解　説

1　東北地方についての問題

問１　この地図は東北地方の地図であり，地図のあは青森県である。東北地方の北側にある島は，イの北海道である。アは四国，ウは沖縄島(沖縄本島)，エは九州である。なお，東北地方がある本州も島であり，日本最大の島である。面積が広い順に，本州，北海道，九州，四国であり，日本列島はこれらの４つの島と周辺の島々から成り立っている。

問２　三内丸山遺跡は，青森県にある縄文時代後期の遺跡である。縄文時代の人々は，狩りや漁，採集などで生活していたが，三内丸山遺跡では栗の栽培などが行われていたことがわかっている。イのムラとムラの争いがあったのは弥生時代，ウの稲作が広まったのも弥生時代，エの大きな墓を作ったのは古墳時代である。

問３　地図のいは秋田県である。秋田県の県庁所在地は秋田市で，日本海側にある。日本海側は，冬に北西の季節風の影響を受け，雪や雨などが降り降水量が多くなる。アは北海道の気候で，亜寒帯(冷帯)に属しているため，冬の寒さがきびしい。梅雨や台風の影響を受けにくいため，１年を通して降水量は少ない。ウは太平洋側の気候で，夏に南東の季節風の影響を受け，降水量が多くなる。エは沖縄など南西諸島の気候で，高温多雨の亜熱帯の気候である。

問４　地図のうは山形県である。山形県は，さくらんぼ(おうとう)の都道府県別生産高が第１位で，山形盆地などで生産がさかんである。アのぶどうとウのももは山梨県，エのりんごは青森県が生産高１位である。

問５　地図のえは岩手県である。平安時代中期から後期にかけて，岩手県の平泉を拠点に東北地方で力を持っていたのが奥州藤原氏である。壇ノ浦の戦いで平氏を滅ぼした源義経は，その後，兄の源頼朝と対立し，奥州藤原氏をたよって逃れたが，裏切りにあい，その地で滅ぼされた。平泉には中尊寺金色堂などがあり，世界文化遺産に登録されている。

問６　地図のおは宮城県で，宮城県の県庁所在地は仙台市である。人口100万人をこえる東北地方最大の都市で，政令指定都市にもなっている。夏に仙台で開かれる七夕祭は，青森のねぶた祭，秋田の竿灯祭とともに東北三大祭りに数えられている。イの盛岡市は岩手県，ウの金沢市は石川県，エの水戸市は茨城県の県庁所在地である。

問７　地図のかは福島県であり，問題文にある戦いは戊辰戦争である。1867年に大政奉還によって政権が江戸幕府から朝廷に返された。しかし，その後も旧幕府を支持する勢力が新政府(明治政府)と対立し，戊辰戦争へと発展した。京都での鳥羽伏見の戦いで始まったこの戦いは，新政府軍が優勢で旧幕府軍は東へ兵を引いていった。旧幕府を支持した会津藩もこの戦いに巻きこまれ，16

～17歳の少年たちで編成された白虎隊の隊員の多くが自刃した。

問８　野口英世は福島県出身の医師で細菌学者である。黄熱病の研究でアフリカに渡った際に，自らも黄熱病にかかり亡くなった。アの森鷗外は島根県出身の小説家で，「舞姫」，「高瀬舟」などの作品を残した。イの樋口一葉は，「たけくらべ」，「にごりえ」などの作品を残した東京出身の小説家で，五千円札に描かれている(2021年現在)。エの新渡戸稲造は岩手県出身で，国際連盟の事務局次長を務めた人物である。樋口一葉の前の五千円札に描かれていた。

問９　地図のＡの海岸は三陸海岸である。三陸海岸は，日本を代表するリアス海岸の１つである。リアス海岸は山地が沈んでできた海岸で，入り組んだ入り江には港が作りやすく，天然の良港とも言われる。また入り江は比較的波が静かで養殖業をしやすい。しかしながら，地震がおきたときには津波の被害を受けやすく，2011年におきた東日本大震災では，三陸海岸の地域は津波によってとても大きな被害を受けた。三陸海岸の沖合には，暖流の日本海流(黒潮)と寒流の千島海流(親潮)がぶつかる潮目があり，魚のえさとなるプランクトンが豊富で優れた漁場となっている。三陸海岸は東京や横浜に近いとはいえず，広大な工業地帯も形成されていないので，エが誤りである。

問10　Ｂの山脈は，「東北の背骨」とも言われる奥羽山脈である。イの木曽山脈は日本アルプスの１つに数えられる山脈で中央アルプスともよばれる。ウは北海道にある山脈である。エは北陸地方と関東地方をへだてる山脈で，冬に北陸地方の新潟県などに雪をふらせ，関東地方に「からっ風」とよばれる冷たいかわいた風を吹かせる原因となる。

問11　日本の周りには４つの海がある。北海道の北に広がっているのがオホーツク海で，冬には流氷が見られる。日本列島の東に広がっているのが太平洋で面積が世界１位の海である。南西諸島のあたりに広がっているのが東シナ海，日本列島とアジア大陸(ユーラシア大陸)の間にあるのが日本海であり，地図のＣの海は日本海である。

問12　2011年に発生した東日本大震災の際に，地震と津波の被害により原子力事故がおきたのが福島県の福島第一原子力発電所(福島第一原発)である。事故により放射性物質が放出され，近隣の住民は避難し一帯は封鎖された。2021年３月現在も帰還困難地域など，立ち入りを制限されているところがある。

2　人権についての問題

問１　障がい者や高齢者などが生活していくうえで生活の支障となるものがバリアであり，それを取りのぞくことが，バリアフリーである。車いすを利用する人や足が不自由な人にとって段差は障がいであり，通路の段差の横に設けたスロープ(ゆるい坂道)や，乗り降り口に段差のないノンステップバスなどがバリアフリーのこころみである。

問２　すべての人が同じように利用できる製品や設備，サービス，環境をデザインする考え方をユニバーサルデザインという。自動販売機で，商品を選ぶボタンやお金の投入口，飲み物の取り出し口などがすべて下の部分にある販売機は，車いすの人や子どもなども使いやすいように工夫されたもので，ユニバーサルデザインの例である。

問３　人が生まれながらに持っている人間らしく生きる権利が基本的人権で，自由権，平等権，社会権，参政権，請求権がある。その社会権の中に生存権があり，日本国憲法第25条で，「すべて国民は健康で文化的な最低限度の生活を営む権利を有する」と定められている。

問４　日本国憲法には，国民主権，平和主義，基本的人権の尊重の三大原則がある。このうち，平和主義については，日本国憲法の前文と第９条に定められている。第９条には，国際紛争を解決する手段として戦争を放棄すること，そのために，戦力を持たず交戦権を認めないことが記されている。

問５　北海道や樺太(サハリン)，千島列島にもともと住んでいたのがアイヌ民族である。しかしながら，明治政府によりアイヌ民族に対して，日本人と同じ生活をするような政策がとられ，アイヌ独自の文化が失われ，差別や偏見を受けるようになった。そのような歴史があり，1997年にアイヌの文化や伝統を守るために「アイヌ文化振興法」が制定された。国際的に先住民族の権利を認め文化や伝統を大切にすべきという機運が高まる中で，2019年にはアイヌ新法とも言われる，アイヌ民族を先住民族と明記する法律が制定された。また，国により，北海道にアイヌ文化の復興や創造の拠点となる「ウポポイ」(アイヌ語で大勢で歌うという意味)を愛称とする「民族共生象徴空間」が設立され，2020年に開業した。

問６　子どもの権利条約は，正式には「児童の権利に関する条約」といい，1989年に国際連合の総会で採択された。18歳未満を児童とし，成人と同じように児童一人ひとりの人権を認め，その権利を守るという条約である。「生きる権利」，「育つ権利」，「守られる権利」，「参加する権利」があり，いかなる差別も受けないとされている。

理　科　＜2月1日午後プレミアム試験＞（社会と合わせて50分）＜満点：50点＞

解　答

1　**問１**　②　**問２**　③　**問３**　(例)　コイのしていたフンがなくなったから。(コイによって池の底のヘドロが巻き上げられなくなったから。／観光客があげていたエサによる水の汚れが減ったから。／水草が生えるようになり，水がきれいにされたから。)　**2**　**問１**　光　**問２**　黄色　**問３**　16.7％　**3**　**問１**　④　**問２**　①と④　**4**　⑴　土星　⑵　衛星(月)

解　説

1　**生物のつながりについての問題**

問１　生物どうしの食べる―食べられるという関係のつながりのことを食物連鎖という。なお，光合成とは，植物が太陽の光のエネルギーを受け取って，でんぷんなどの栄養分をつくり出すはたらきのこと。血液循環とは，心臓の拍動によって血液が血管を通り，体内を循環すること。地球温暖化とは，二酸化炭素などの温室効果ガスの増加によって，地球全体の平均気温が高くなること。

問２　食物連鎖では，食べる側の生物よりも食べられる側の生物のほうが数が多く，この関係は植物が底面のピラミッド型で表すことができる。よって，最も数が多い生物はアオミドロ，最も数が少ない生物はカワセミであると考えられる。

問３　コイが減少したことによって水が透明になったことから，コイのフンが減少したことによって水質が改善されたと考えられる。また，問題文中に，「観光客によるエサやり」とあるので，コイが減少したことによって，観光客がエサやりを行わなくなり，エサによる水のよごれが減少し，水質が改善されたと考えられる。

2 光の速さや色（炎色反応），濃度についての問題

問1　光の速さは秒速約30万km，音の速さは秒速約340mなので，光のほうが音よりも速い。

問2　食塩水にとけている食塩（塩化ナトリウム）にはナトリウムがふくまれているので，表より，黄色の炎になると考えられる。

問3　食塩20gを水100gにとかしたときにできる食塩水の重さは，20＋100＝120(g)である。この食塩水の質量パーセント濃度は，$\frac{20}{120}\times 100 = 16.66\cdots$より，16.7％である。

3 ふりこのふれ方や衝突（しょうとつ）についての問題

問1　木製のブロックがより遠くまで進むのは，金属球の重さが重く，金属球の速さが速いときである。金属球の重さが同じときの最下点での金属球の速さは，金属球をはなす高さにのみ関係している。ふりこのふれはばが大きいほど金属球をはなす高さが高くなり，ブロックに衝突するときの速さが速くなる。よって，④の条件のとき，ブロックは最も遠くまで進む。

問2　ふりこのふれはばが大きいほど金属球をはなす高さ（最高点の高さ）が高くなり，ブロックに衝突するときの速さ（最下点の速さ）が速くなる。

4 恒星（こうせい），惑星（わくせい），衛星についての問題

(1)　土星は，木星の次に大きい惑星で，小さな氷や岩石の粒（つぶ）が集まってできた輪をもっている。

(2)　恒星の周りを回っている土星や地球といった星を惑星といい，惑星の周りを回っている星を衛星という。惑星である土星には衛星が多数ある。

英語　＜2月1日午後プレミアム試験＞（50分）＜満点：100点＞

解答

1 (1) ア　(2) イ　(3) ウ　(4) ア　(5) ウ　2 (1) イ　(2) ウ　(3) イ　(4) ウ　(5) ア　3 (1) ウ　(2) エ　(3) ウ　(4) ア　(5) ア　4 (1) ウ　(2) エ　(3) ア　(4) ウ　(5) エ　5 (1) ウ　(2) ア　(3) エ　(4) ウ　(5) イ　(6) ウ　(7) エ　(8) ア　6 (1) （例） Yes, I do. I love sports. They are great fun to play and watch. They are good for your health, too, both physically and mentally.（25語）　(2) （例） I want to travel around the world in the future. I'm interested in the cultures of different countries. Also, I want to make friends with the local people.（28語）

国語　＜2月1日午後プレミアム試験＞（50分）＜満点：100点＞

解答

一 ① さんぽ　② くとうてん　③ ほうどう　④ はぶ　⑤ いとな　⑥～⑩ 下記を参照のこと。　二 **問1** あの日に予　**問2** （例） 兄を傷つけてしまった　**問3** ウ　**問4** イ　**問5** a カ　b エ　**問6** ア・オ　**問7** （例） 家族や友人に見られたくも見せたくもない　**問8** Ⅰ ウ　Ⅱ オ　**問9** （例） 私には二つ年下の弟がいる。腹が立つと強い口調でおこり，泣かせてしまう。でも私は，弟にすぐおこるのをやめようと思った。きっかけはテレビで見た兄弟の話だ。体の弱い弟をその兄はいつも一番に考え，そばにいた。その兄弟はいつも笑っていた。私は弟とあんな風に笑い合っていない。弟にすぐおこるくせを直すため，私は小指に赤いマジックでしるしをつけて，おこりそうになった時にはそのしるしを見て深呼吸することにした。　三 **問１**　A　エ　B　ア　**問２**　a　カ　b　ウ　c　イ　**問３**　人生について，世　**問４**　イ　**問５**　(例)　どの学問にも哲学は含まれているから。　**問６**　(1)　(A)　(例)　目に見える「火」が姿を変えて「熱」となって空気中にまぎれこんだ。　(B)　(例)　先生が息を吹きかけたことで火は消えてしまったが，今まで確かに存在していたものが急に存在しなくなるはずはないと考えたので，熱に姿を変えて空気中にまぎれこんでいるとした。　(2)　エ　**問７**　(例)　群れることで個人や個性を否定すること。　**問８**　個人主義

●漢字の書き取り

一 ⑥　記録　⑦　技術　⑧　勇　⑨　志　⑩　務

解　説

一　漢字の読みと書き取り

①「散歩」の「散」の訓読みは「ち(る)」。「歩」の訓読みは「ある(く)」「あゆ(む)」。　②「句点(。)」と「読点(、)」のこと。　③　社会の出来事などを広く世間に知らせること。また，その内容。　④　不要のものとして取り除く。　⑤　経営する。　⑥「記録的」は，従来の記録に並ぶ，また，それを上回るほど程度がはなはだしいさま。　⑦　物事を取りあつかったり処理したりする際の方法や手段。　⑧　勢いが強くて元気があり，恐れずに危険や困難に向かっていくさま。　⑨　心の中に立てた目的・目標に向かって進もうと決心する。動詞の場合，「志す」というように送りがながつくが，名詞では「志(こころざし)」と送りがなはつかないことに注意しよう。　⑩　役目を受け持ち，その役割や任務を果たすために力を出すこと。

二　出典はいとうみく『朔(さく)と新(あき)』による。兄の朔が視力を失ったのは，自分のせいだと悔(く)やみ後悔(こうかい)し，過去の思いにとらわれる弟の新。前向きで強いと思っていた兄の，強さの裏にある弱さを知り，人は変われるものだということに気づかされる場面が描(えが)かれている。

問１　「新がそのことを口に出したのは初めてだった」を受けている点をとらえる。「そのこと」とは，朔の目が見えなくなったのは，自分が「予定を変え」たせいで「事故にあ」ったと思っていることである。

問２　「なのに今日もまた」とある。「もう二度と」「兄を傷つけることだけはしないと誓(ちか)った」のに，「傷つけてしまった」という文脈である。

問３　兄の朔が視力を失ったのは，自分のせいだと思い，「何度も何度も」「悔やみ後悔し」ている新にとって，「走ること」は，あくまで，朔のためであり，「伴走者(ばんそうしゃ)」としてのものなのである。新自身が「走ることを楽しむ」ことは「あってはならないこと」だと考えているのである。

問４　朔の人物像である。「そういう人間」とは「そんなこと」をする人間を意味する。傍線(ぼうせん)後に「でない」とあることから，「朔君は自分の目のことを新君のせいだ」と考える人間ではない，と読み取る。

問５　a　前後の「そうかな」「～思うけど」といった言葉から，強く断定する表現ではないこと

がわかるので，小さな声で一言二言つぶやくさまを表現する語である「ぼそり」が適切である。

b　言われたことに対して，肯定する意味で軽く「頷く」さまを表す「こくり」が適切である。

問6　直後の「そんなはずはない」に着目する。境野の言葉は，新にとっては意外な内容だったのである。その意外さに「とまどい」や「驚き」をおぼえたのである。

問7　「家に帰りたくないっていう朔君のことを」「引き受けてもらっていた」のである。傍線⑥を説明した文の「これまで当たり前にやっていたことができなくなってしまった」に対応する，本文の「目が見えないというだけであたりまえにできていたことができなくなる」に着目し，次の境野の言葉の「そういう姿を見られたくないっていうのと，見せたくないっていうのが彼にはあったんじゃないかな。家族や親しい人にはとくに」の部分をとらえてまとめる。

問8　Ⅰ　「家族を悲しませたくないから，大切な人を苦しませたくないから，そういう姿を見せたくないから，悲観されたくないから，可哀そうだと思われたくないから」という，朔が家に帰らなかった理由を知らされ，朔の苦しみに気づけなかったくやしさをこらえているのである。怒りやくやしさをこらえるさまを表すのは「『唇』を噛む」である。　Ⅱ　直前の「そうだろうか」に着目する。疑問に思う，不審に思う動作は，「『首』を傾げる」である。

問9　記号をふくめ，ひとマス一文字であり，原稿用紙としての書き方ではない点に注意する。変化前の状態，きっかけや変わるための努力，変化後，という三つのポイントを頭に置いて，具体的にまとめると良い。

三　**出典は小島俊明『ひとりで，考える』による。**哲学に関する考察が述べられ，十八歳までに，生きていくのに必要な基本的なことを身につけ，自分の人生行路の，方向づけをするためには，自分で考えるということが大事である，ということが述べられた文章。

問1　A　「国民一般には馴染みの薄い言葉」とある。「普及」は広く行き渡ること。広く行き渡っていないのである。　B　「大事なのは，自分で考えるということ」とある。「付和雷同なんて」，「ぜったい　避けなければいけません」という表現から判断する。

問2　a　「いまだに普及しきれていない」とあり，後ろで「これからは，小中学生から馴染む言葉になる」とあるので，逆説の「しかし」が入る。　b　「火をつけ」て，その後「火を」「吹き消した」という文脈である。前の内容を受け，後ろで発展させる，順接の「そして」が入る。

c　「十八歳からは，独り立ちできるし，独り立ちしなければ」ならないので，「十八歳までに，生きていくのに必要な基本的なことを身につけ，自分の人生行路の，方向づけをしなければならない」という文脈である。前が原因・理由，後ろが結果という関係をつなぐ，順接の「ですから」が入る。

問3　「哲学」の定義が述べられているところをおさえた読解が求められる。「哲学」の言いかえはいくつかされているが，設問文で指定されている36字で探す。第5段落で「philosophy（哲学）は」「知を愛する」という意味だとし，さらにその説明として「人生について，世界・宇宙について，自分の知力で，論理的に，日々考えること」とある。

問4　「『哲学』という日本語は，ヨーロッパでphilosophyを勉強してきた西周が，文部大臣だった森有礼に進言して生まれた言葉・新日本語」とあり，「ヨーロッパから輸入した，新しい学問の呼び名」とある点をとらえる。

問5　傍線部の文頭の「そんなわけで」に着目する。「そんなわけで」の前に理由があるので，「どの学問にも哲学は含まれている」をとらえてまとめる。

問６　「正解がない，というのがこの種の問題の特徴です。君たち一人ひとりが出す答えが，みんな正しいということになります」に着目。「どのような答えであってもすべて正解である」ので，「ロウソクの火」が「どこへ行った」のかを明確にし，自分で考えた理由をしっかり述べる。

問７　「近代人は，一人ひとりが自律して，個性に生きるところに成り立つ」とある。したがって，「この悪しき伝統」の「この」の内容は，傍線部の直前で述べられている，「近代人」とは逆の要素となる「群れることは個人や個性を否定」することである点をとらえてまとめる。

問８　傍線部と同様の内容としての，「自分独自の考えをしっかり持ち，つらぬく強さが必要」に着目し，その直後にある，「それを，個人主義と呼びます」とある点をとらえる。

2021年度　藤村女子中学校

〔電　話〕　(0422)22－1266
〔所在地〕　〒180－8505　東京都武蔵野市吉祥寺本町2－16－3
〔交　通〕　JR中央線・京王井の頭線 ―「吉祥寺駅」より徒歩5分

〈編集部注：適性検査Ⅰ・Ⅱまたは適性検査Ⅰ・Ⅱ・Ⅲを選択します。また，**【適性検査Ⅰ】**は国語ですので最後に掲載してあります。なお，実物の試験問題では，資料の大半は色つきです。〉

【適性検査Ⅱ】〈2月1日適性検査試験〉(45分)〈満点：100点〉

《注 意》答えを直すときは，きれいに消してから，新しい答えを書きなさい。

1 今日は総合学習の発表の日です。クラスは各グループに分かれて、テーマを決めて調べました。

〈グループ分け〉
グループ名：テーマ（メンバー）
Aグループ：マラリア（**あい、まき、みわ**）
Bグループ：コレラ（**なぎ、さき**）
Cグループ：台風（**えみ、はな、りさ**）
Dグループ：防災（**みき、りん、もも、まゆ**）

先生：では、各グループに発表してもらいましょう。みなさんは注意しながら聞きましょう。

あい：私たちのグループは、マラリアについて調べました。マラリアとは、マラリア原虫を持った蚊（ハマダラカ属）に刺されることによって感染する病気です。1週間から4週間ほど経ってから、発熱、寒気、頭痛などの症状が出ます。マラリアにはいくつかの種類があり、その中でも熱帯熱マラリアに感染してしまうと、症状が出てから24時間以内に治療しないと亡くなってしまう可能性もあります。

まき：資料を見てください。この3つの資料を見るとマラリアが流行する地域は、（　①　）ということが分かります。その理由は（　②　）です。

資料1　マラリアの流行地域

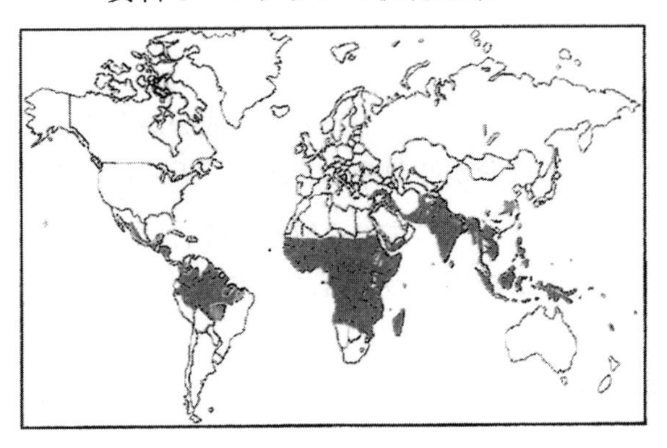

資料2　世界の熱帯地域

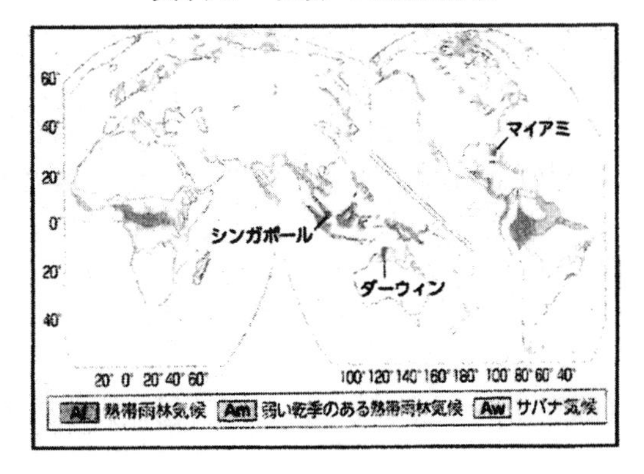

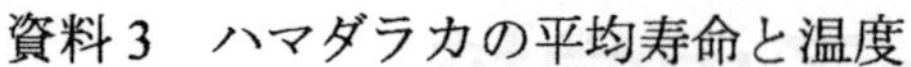

資料3　ハマダラカの平均寿命と温度

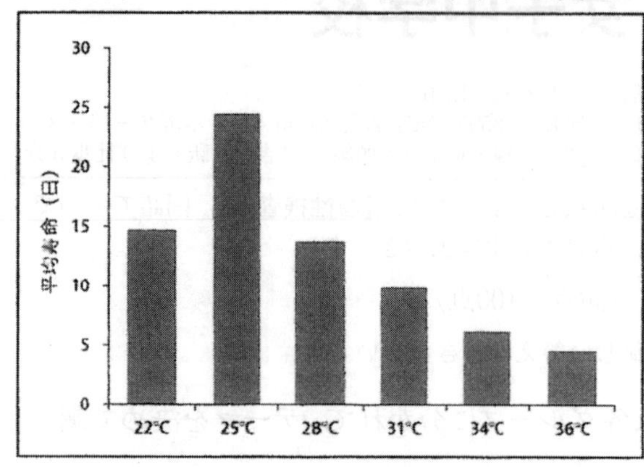

資料1　厚生労働省検疫所より引用
https://www.forth.go.jp/keneki/naha/01infectious/malaria/Mmalaria.htm

資料2　『フォトグラフィア』東京法令出版より引用

資料3　国立環境研究所 地球環境研究センターから引用 cger.nies.go.jp

【問題1】　文中の（　①　）と（　②　）に入る語句を考えなさい。

みわ：かつて、日本でもマラリアがはやったことがありました。特に太平洋戦争中は、日米両国ともマラリアで苦しんだそうです。戦後にマラリアを広めないために、DDTという殺虫剤をまいて、マラリアの流行をおさえることに成功しました。しかしその後、レイチェル＝カーソンが『沈黙の春』という著作の中で、DDTなどの農薬の使用により鳥や動物などの姿が消えたと指摘しました。この現象は人間の手によって起こったものです。これは海でも起こります。ラッコの生息する地域では、ラッコはウニを食べています。また、ウニはジャイアントケルプと呼ばれる海藻を食べています。ラッコが人間の手によって捕まえられることによって数が減ると、ウニの数が増えます。ウニの数が増えると、ジャイアントケルプがいなくなります。ジャイアントケルプは海藻なので、太陽の光エネルギーを使い、栄養分を作ります。栄養分はその周辺に住んでいるエビやカニが生きるために必要なものです。エビやカニは魚に食べられ、魚はアザラシに食べられます。

【問題2】　ラッコがいなくなるとアザラシの数が減りました。なぜアザラシの数が減ったのでしょうか。考えられることを書きなさい。

みこ：現在では、DDTを使用せずにマラリア対策を進めています。その方法として蚊取り線香が挙げられます。蚊取り線香には、ピレスロイド系という成分が含まれています。火をつけることで、熱によってその成分が空気中に広がり、近くにいる蚊を退治します。また蚊を追い払う効果もあります。つまり、蚊取り線香は、（　③　）としても（　④　）としても使うことができると言えます。

【問題3】　（　③　）と（　④　）に入る語句を考えなさい。

先生：次はBグループの発表です。

なぎ：私たちのグループはコレラについて調べました。コレラとは、コレラ菌が原因となり食物や水を通じて体内に入る感染症です。特に、汚染された生活用水をそのまま料理や飲料に使用することにより、コレラは爆発的に感染が広がりました。感染すると米のとぎ汁のような下痢が続き、脱水症状になり、最悪の場合は亡くなってしまいます。

さき：<u>コレラは元々、インドのある地方でしかはやらない病気でしたが、19世紀にイギリスがインドに進出すると、一気に世界中に広がりました。</u>

【問題4】　下線部に関して、なぜインドの地方病だったコレラが全世界に広がったのでしょうか。資料4を参考に答えなさい。

資料4

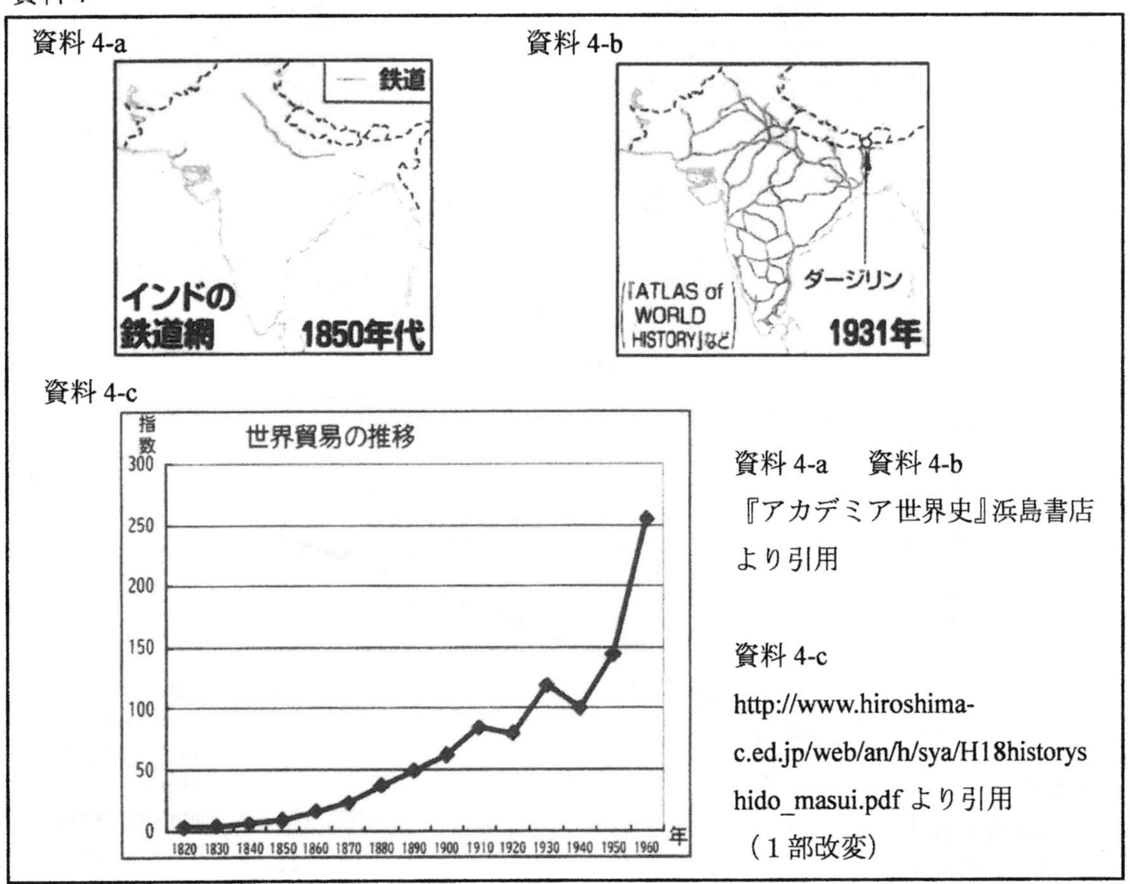

資料4-a　資料4-b
『アカデミア世界史』浜島書店より引用

資料4-c
http://www.hiroshima-c.ed.jp/web/an/h/sya/H18historyshido_masui.pdf より引用
(1部改変)

先生：次はCグループの発表です。

えみ：私たちのグループは、最近大型化して被害が大きくなっている台風について調べました。2019 年に大型の台風が２回も関東地方に接近しました。学校が休みになっておどろいたので、台風について調べようと決めました。

なな：台風とは、熱帯の海上で発生した低気圧（熱帯低気圧）のうち、最大風速（10 分間の平均）が毎秒 17.2m 以上になったものです。日本では台風と呼びますが、インド洋や南太平洋ではサイクロン、北アメリカではハリケーンと呼びます。

りさ：台風のでき方について話していくので、資料５を見てください。日本の南の海上では日差しが強いです。海水温が高くなって、海水が蒸発して多量の水蒸気が発生します。この水蒸気は周りの空気よりも軽いため上昇（しょう）して、上昇気流というものを作ります。

えみ：次に資料６を見てください。上昇気流に乗った水蒸気は上空で冷やされると、水や氷に変わって雲が出来ます。このときに、熱をだして周りの空気をあたため、上昇気流はさらにいきおいを増します。さらに、うずをまくように上昇していきます。

資料５

資料６

資料７

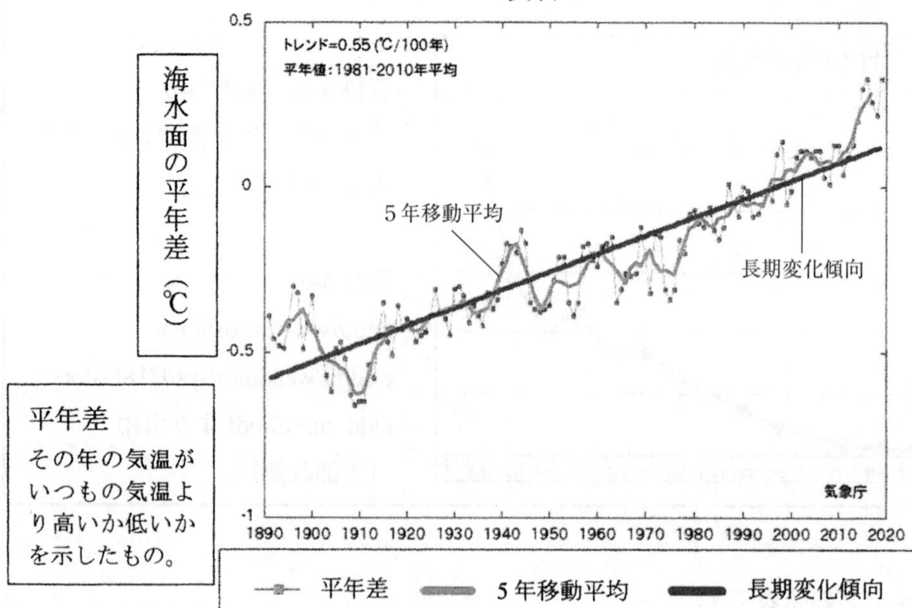

https://www.data.jma.go.jp/gmd/kaiyou/data/shindan/a_1/glb_warm/glb_warm.html より引用

りさ：これが繰り返されると、資料８のように積乱雲ができて、熱帯低気圧となります。さらに、熱帯低気圧が発達すると台風になります。資料９は台風を上空から撮影したものです。台風の目がくっきりと見え、うずをまいていることがわかります。

資料８

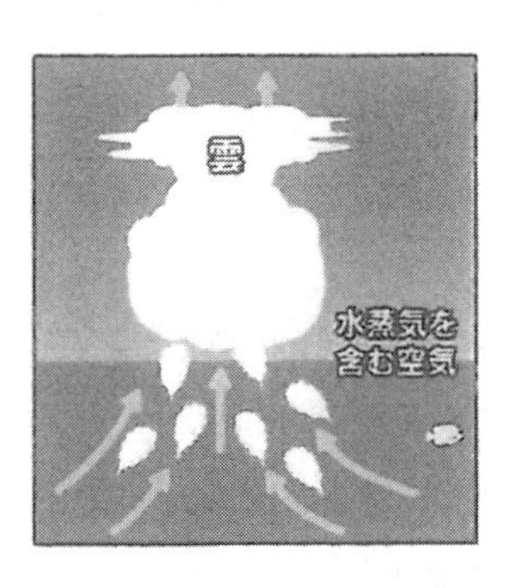

資料 5、資料 6、資料 8 は https://tenki.jp/docs/note/typhoon/page-2.html より引用

資料９

https://www.huffingtonpost.jp/2014/10/10/typhoon19nasa_n_5963518.html より引用

なな：近年、台風が巨大化して強い勢力のまま日本列島におそいかかります。過去５年の被害の大きかった台風をみていくと、まずは、2016年の台風７号です。2016年の台風７号は、23年ぶりに北海道に上陸しました。北海道にはさらに４つ台風が上陸し、集中豪雨が重なったことにより、多くの農作物が被害を受けました。私の大好きなおかしで使用されるジャガイモも大きな被害を受けました。そのおかしが食べられなくなるのではないかと夜も眠れなくなりました。

りさ：2018年の台風21号は、非常に強い勢力で日本に上陸し、死者14人の被害をもたらしました。特に印象的だったのは、暴風で流されたタンカーが関西国際空港の連絡橋にぶつかり、人と物の流れがストップしたことです。さらに、関西国際空港は台風による高潮被害で、滑走路が水につかり、多くの利用客が一時孤立しました。資料10と資料11は、その時の関西国際空港の様子です。

資料10

https://www.nikkei.com/article/DGXMZO49287500S9A900C1000000/より引用

資料11

https://modern-media.net/archives/5898 より引用

えみ：2019年の台風15号と19号も大きな爪痕(つめあと)を残しました。2019年9月の台風15号は、観測史上最高クラスで関東地方に上陸しました。10月の台風19号では、関東地方だけではなく、山梨(なし)県や長野県、東北地方で大雨となり、強い雨風により100人以上が亡くなりました。この台風19号は、21世紀の日本で最悪の被害をもたらしました。

【問題5】　近年、台風が大型化している原因を、資料を参考にして説明しなさい。

先生：次はDグループの発表です。

みき：私たちのグループは、防災について調べました。前のグループが調べた2019年の台風の時、全国各地でこんなに多くの被害が出ていたなんて想像できませんでした。次は私たちのところで台風に限らずいろいろな災害が発生するかもしれません。そこで、私たちは災害が起きたときにどのような準備をすれば命を守れるかについて発表します。

りん：私は非常用持ち出し袋(ぶくろ)、防災グッズについて考えました。ついこのあいだ、家族で非常用持ち出し袋に何を入れるかについて話し合い、実際に防災グッズをそろえたからです。私の家族は父と母と小学5年生の妹と私の4人家族です。まず、非常用持ち出し袋に入れるものとして準備したものは、家族全員の3日分の水と食料です。次に避難所(ひなんじょ)までの地図が必要となりました。そして、ばんそうこうや包帯などの救急用品を用意しました。

【問題6】　**りん**さんが準備した非常用持ち出し袋には、あと1つ防災グッズを入れるスペースがありました。あなたならあと1つどのようなものを入れるか書きなさい。また、その理由も答えなさい。

もも：私はハザードマップについて調べました。ハザードマップとは、武蔵野市や練馬区などが自然災害の被害を予測して地図に表したものです。自然災害の予測以外にも避難場所や、避難をする時に特に注意が必要な場所などの情報がのっています。ハザードマップでも、災害に応じていくつか種類があります。大地震(じしん)が発生したときに備えるもの、台風などの大雨による浸水を予測するもの、土砂災害の危険性をまとめたものなどがあります。

りん：私は武蔵野市のハザードマップを調べました。みんなに見てもらいたいハザードマップは、資料12の藤(ふじ)村女子中学・高等学校がある武蔵野市の浸水(しんすい)を予測したハザードマップです。これを見ると、藤村、吉祥寺(きちじょうじ)駅付近は、大雨が降ってもほとんど浸水が予想されていないことが分かります。この地図の中で、予測されている最も被害の大きい浸(しん)水は2~3mくらいです。したがって、吉祥寺駅周辺のエリアは比較(ひかく)的安全だと言えます。さすが、住みたい街ナンバー1に選ばれたことのある街だと感じました。

資料 12　武蔵野市の浸水を予測したハザードマップの一部

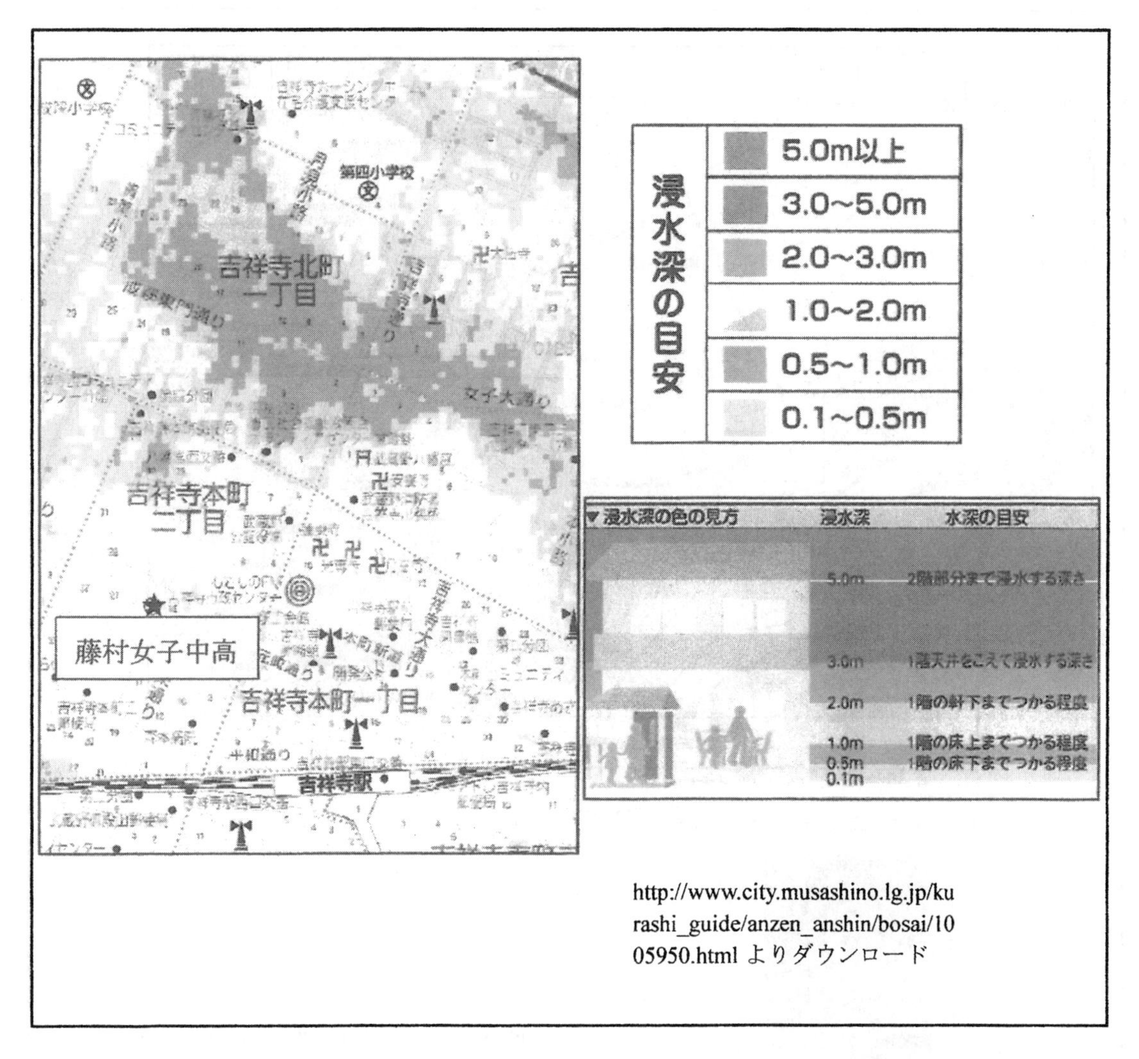

http://www.city.musashino.lg.jp/kurashi_guide/anzen_anshin/bosai/1005950.html よりダウンロード

〈編集部注：資料12, 資料13についてはカラーのものを弊社のホームページに掲載してあります。右のQRコードからもアクセス可能です。〉

まゆ：次に、資料 13、藤村の姉妹校の東京女子体育大学がある国立市の浸水を予測したハザードマップを見て下さい。資料 12 と資料 13 の国立市の浸水を予測したハザードマップを比較しておどろきました。国立市では 10m 以上の浸水が予測されている場所もあるからです。

資料13　国立市の浸水を予測したハザードマップの一部

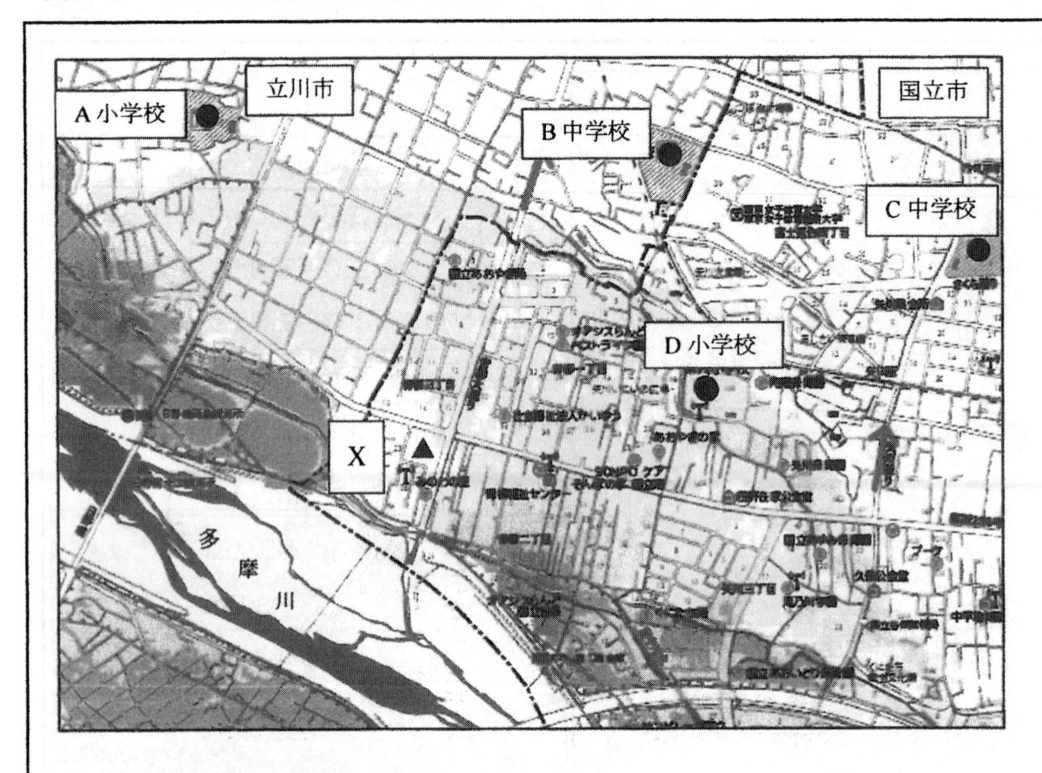

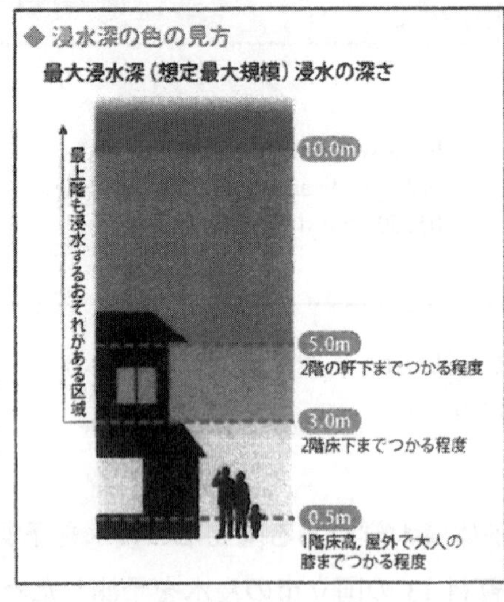

https://www.city.kunitachi.tokyo.jp/kurashi/emergency/disaster/1465447521904.html よりダウンロード

【問題７】　国立市の浸水予測はなぜ武蔵野市の浸水予測よりも浸水する地域が広く、水が深く浸水すると考えられているのでしょうか。２つのハザードマップを比較して答えなさい。

【問題８】 あなたは、国立市の浸水が予測されたハザードマップ上でＸの地点に住んでいます。朝起きると大雨の影響（えいきょう）で家の周りが洪水ハザードマップで予測されたとおりに洪水（こうずい）が起きていました。この場合、あなたはどのような経路で、地図上の避難場所Ａ～Ｄのどこに避難しますか。解答用紙の地図にはっきりと分かるように書きなさい。また、その理由も答えなさい。

２ **あゆむ**さんたちは社会の授業で世界の国名と国旗について学んでいます。その授業があった日の放課後の会話です。

先　生：世界にはたくさんの国と地域があって、その国と地域ではそれぞれが国旗を掲（かか）げています。

あゆむ：世界にはたくさんの国があるということが分かりましたが、国旗もそれぞれ違（ちが）うんですね。

ただし：それぞれ国旗もさまざまな特徴（とくちょう）があって面白いですね。

先　生：そうなんです。国旗というものはそれぞれの国がいろいろな想いを込めて作ったものなんですよ。

あゆむ：そう考えると日本の国旗はシンプルですね。なにか意味があるのかな。

ただし：みんなで調べてみようよ。

国旗に興味をもった**あゆむ**さんたちは国旗の意味について調べ始めました。

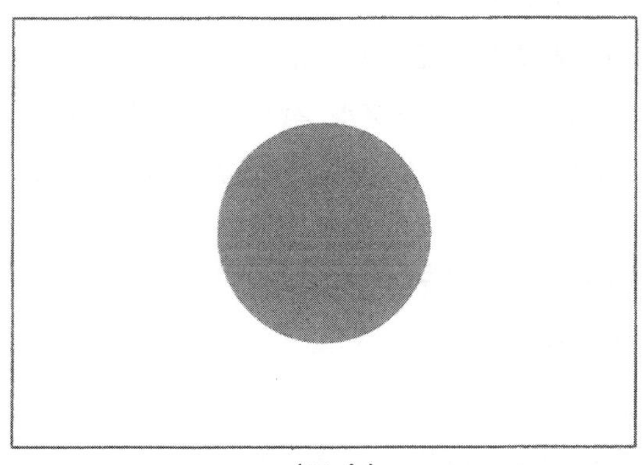

（日本）

あゆむ：日本の国旗は1999年に正式に法律で国旗と定められたんですね。歴史は古いみたいだけど、正式な決定からはまだ20年くらいしか経っていないと初めて知りました。

先　生：国旗にはどんな意味があるのかな。

ただし：調べてみると赤い丸は「日の丸」と呼ばれているくらいだから「太陽」って意味も

あるみたいです。ほかにも「博愛」や「活力」って意味も込められているみたいです。

先　生：白色にはどんな意味があるのかな。

あゆむ：白は「神聖」や「純潔」って意味があるみたいです。

ただし：へーそうなんだ。なんか意味を調べると自分の国の国旗にも愛着がわくね。面白いから、ほかの国についても調べてみよう。

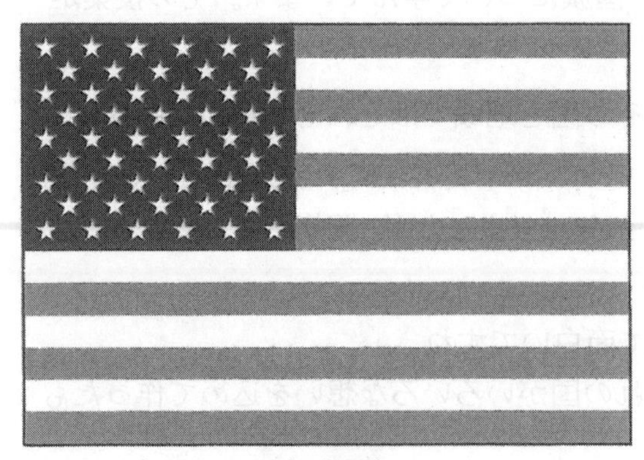
(アメリカ合衆国)

(カナダ)

あゆむ：アメリカは星の数が州の数になっているみたいだね。赤と白のよこしま模様はアメリカが独立したときの13州に合わせてるんだって。

ただし：なるほどね。国の独立したときの想いを込めているんだね。

あゆむ：カナダは、国の特産品を国旗のデザインのもとにしてるみたいだよ。

ただし：そうなんだ。あの葉っぱはカエデなんだね。カナダはメープルシロップが国の特産品になっているよね。白は雪、両サイドの赤は大西洋と太平洋に挟まれている自国をイメージしてるんだって。

先　生：特産品や国の特徴を国旗にするのも面白いアイディアですね。

あゆむ：日本で星を付けるなら47都道府県の47個かな。

ただし：日本は島国だし、他にもいろいろな特徴があるよね。

先　生：では、日本の特徴や特産品などを使って自分たちで国旗を考えてみましょう。

【問題１】　上記の話の内容などをふまえ、新しい日本の国旗をデザインしなさい。日本の特徴や特産品など取り入れるデザインは、いくつでもかまいません。ただし、なぜそのようなデザインにしたか理由も説明しなさい。

あゆむさんたちは国旗について学んだのち、世界と日本の政治の違いに疑問を持ちました。

あゆむ：先生、国旗の違いは分かりましたが、世界と日本では国のシステムが違うように感じるのですが……。

先　生：どのようなことに違いを感じるのですか。

あゆむ：アメリカはこの間、「大統領選挙」が行われたと思うのですが、日本にはありませんよね。

ただし：確かにそうだね。日本もこの間、総理大臣が代わったけれど、私たちが直接選んだわけじゃないもんね。

あゆむ：総理大臣を私たちが直接選ぶことは出来ないのですか。

先　生：それは無理ですね。日本とアメリカでは政治のシステムが大きく違うんですよ。みんなその違いが気になるようだから、それについて説明しますね。少し長くなるけどきちんと理解してみよう。

あゆむさんたちの疑問から、先生は政治システムの違いについて教え始めました。

先　生：日本とアメリカはどちらも民主主義国家であることには変わりはないんです。民主主義とは話し合いを通じて政治を行う仕組みのことです。日本でも国会と呼ばれている話し合いをする機関があるよね。

あゆむ：国会って聞いたことがあります。政治家の人たちが集まって話し合いをするところですよね。

先　生：その通りです。

ただし：でも民主主義が同じだったら、なぜ国の代表の呼ばれ方が違うのですか。

先　生：それは国を動かす政治システムが違うからです。日本は「議院内閣制」、アメリカは「大統領制」を選んでいます。

あゆむ：なんだか難しい言葉ですね。それぞれどんなシステムなんですか。

先　生：まず、どちらの国も国会議員は国民が直接選挙で選び、その国会議員たちが国民の意思をもとにして政治を行う「代議制民主主義」の形であることを理解しましょう。そしてその政治の運営の仕方が違うということです。日本は、国の代表を決める時に国民一人一人に選挙は求めませんね。国民の意思で選ばれた国会議員たちが投票で選ぶんです。そしてあくまでも議会の代表として選出されたというわけで、さまざまな政策は必ず国会で承認を得て多数決で決定しない限りは実行できないというシステムになっています。

ただし：なるほど。ということは、あくまでも日本の総理大臣は国会議員の代表であるだけで、他の議員とそこまで変わらないんですね。

あゆむ：そうなのか。でもそうなると、物事を決める度に話し合いが必要になるから時間がかかりそうだよね。

先　生：その通りですね。日本が採用している議院内閣制は、政策を進めていく時に少し時間がかかるという欠点があります。でもその代わりに、国会が内閣という国会の代表を選出して少しでも話し合いがしやすくなるようにされています。そしてその内閣に入る大臣を選ぶのは総理大臣の役割になるんです。

ただし：なるほど。そうなると総理大臣の役割も大切になるんですね。でもそうすると、内閣という組織が強くなりませんか。

先　生：その通りですね。総理大臣、内閣に選ばれればやはり少し他の議員よりは権力が増す形になりますね。

あゆむ：もし、内閣が独裁のようになってしまったらどうするんですか。

先　生：その時にはそれを止めるシステムもきちんと整備されています。それが、内閣不信任決議という制度です。もし衆議院から内閣不信任決議を受けてしまったら、内閣は「衆議院の解散」か「内閣の総辞職」を選ばなければならないという決まりがあるんです。「衆議院の解散」になると、総選挙で衆議院議員を初めから選び直さなければならないので、これまでの内閣の働きがどうだったのかを直接国民に問うことの出来る良いシステムですよね。

ただし：日本がそんなシステムで動いていたって知らなかったな。とてもよくできたシステムですね。それではアメリカの大統領制はどんなシステムなんですか。

先　生：初めに伝えましたが、アメリカも日本と同じ代議制民主主義であるから、日本と同じ国会のようなものが存在して、国民に直接選ばれた議員たちが政治を動かしているのは変わらないです。ただし、国のトップの決め方が違うんです。

ただし：それが大統領なんですね。どのように選ばれるんですか。

先　生：それは、国民一人一人が選挙へ行って投票して選ぶんですよ。

あゆむ：そうすると、国民が選んだ議員と、国民が選んだ大統領は何が違うんですか。

先　生：とても良い質問ですね。アメリカの政治システムは日本でいう国会を連邦(れんぽう)議会と呼ぶんですが、この連邦議会と大統領ははっきり区別されているんです。

ただし：どういうことですか。

先　生：日本は国会が総理大臣を選出しているから、総理大臣も国会の議員ということになります。だから政策や法律を決める会議には総理大臣も出席するんですが、大統領は連邦議会から選ばれたわけではないからその会議に出席することはあまりないんですよ。

あゆむ：それでは大統領の仕事ってどんなことがあるんですか。

先　生：大統領は自ら法案は作れないから、議会に必要な法案を作って欲しいと要望書を出すことが出来るし、その逆で議会が作る法案を拒否(きょひ)することができるんです。当然、議会の一員ではないから不信任決議を議会から提出されることはないし、代わりに議会を解散させる権限もないんですよ。そしてアメリカの大統領は大きな権力を持っているから、国の様々な重要な役職に対する任命権を持っているのも特徴ですね。1人の大統領が代わると2000人くらいの役職が代わると言われていますよ。

ただし：大統領ってなんでも出来る役職だと思っていたけど、法案を作れなかったりするんですね。しかし2000人もの人を任命出来るってやっぱりすごい権力ですね。

先　生：そうですね。大統領は国の代表として国民に選ばれているから、その時の国民の期待に対して責任を持ちながら国を動かしているんです。それくらいアメリカでは大統領を選ぶということは重要なことなんですね。それからアメリカの大統領の忘れてはいけない大きな仕事の1つが、軍の最高責任者ということです。戦争をするもしないも大統領の一人の考えで決まってしまうということはとても大きな責任がありますね。

あゆむ：それはとても大きな責任ですね。独裁者が生まれてしまいそうで怖いな。

先　生：そういった不安に対応するシステムもきちんと整備されていますよ。まず先ほども話したけど、大統領は法案を作ることはできないので自分の行いたい政治を行うためには議会と仲良くしなければいけません。それに議会が作った法案を大統領が拒否したとしても議会が会議をし直して、3分の2以上の多数決が得られれば成立させることができるんですよ。そしてもし大統領が重大な罪を犯したと認められた場合に限り、議会は3分の2以上の多数決によって大統領を辞めさせることができるんですよ。

ただし：なるほど。どちらの政治システムも良くできたシステムですね。

先　生：そうですね。アメリカの大統領制のように国民が主体的に国のリーダーを選出することが出来るし、国民の信頼(しんらい)を得ることで思い切った政策をすることができますよね。ただし大統領は任期を保証されているのでどんなに支持率が下がっても、犯罪を犯さない限り辞めさせることはできないという点もあります。その点を考えると選ぶ側も慎重(しんちょう)に選ばなければなりませんよね。

日本のような議院内閣制は国会の意思の上に内閣があるので、国民の意思がストレートに通り、より民主主義が徹底(てってい)されるといわれているし、1人に権力が集中しないという良い点がありますね。それにもし国民の支持率が下がれば、解散させることができるという国民の意思が反映されやすいシステムであるけれど、国民の政治に参加している感覚や、外国との交渉(こうしょう)や危機管理でリーダーシップを発揮しにくいという点もありますね。

あゆむ：日本とアメリカそれぞれで、政治のシステムが違うということが理解できました。

ただし：とても面白かったね。2つの国だけでこれだけ違うのだから、きっと他の国も違いがあるんでしょうね。

先　生：その通りです。他には、政治に対する考え方がそもそも違う国もあるんですよ。その国その国で、それぞれで違うシステムをとっているから面白いですよね。では、続きはまた今度お話しましょう。

【問題２】　上記の話の内容をふまえ、日本の議院内閣制とアメリカの大統領制の長所、短所を表に書きなさい。

【問題３】　あなたは、もし選べるとしたら日本とアメリカのどちらの政治システムを選びますか。選んだ政治システムを書き、その理由を説明しなさい。

【適性検査Ⅲ】〈２月１日適性検査試験〉（45分）〈満点：100点〉

《注意》答えを直すときは，きれいに消してから，新しい答えを書きなさい。

1　**かな**さんと**ゆめ**さんは放課後に話をしています。

かな：今日は石取りゲームをして遊ぼうよ。
ゆめ：何それ。どんなゲームなの。
かな：簡単に石取りゲームのルールを説明するね。石取りゲームは、最後の１個の石を取った人が負けのゲームだよ。
ゆめ：なるほど。その他のルールは何があるの。
かな：１回に取れる石は１個から３個までだよ。
ゆめ：１回につき１個または２個または３個の石を取れるということね。
かな：そうだよ。石を何個取るかを考えるゲームだよ。
ゆめ：なるほど。楽しそうだね。
かな：まずは25個でやってみよう。私が後攻でいいから、**ゆめ**さんが先攻ね。
ゆめ：ありがとう。よし、負けないぞ。じゃあ、まず私は１個取るわ。
かな：そしたら私は３個取ろうかな。
ゆめ：じゃあ、今度は２個。
かな：私も２個にするわ。
ゆめ：……あれ。最後の１個になっちゃった。
かな：うふふ、私の勝ちだね。
ゆめ：悔しい。もう１回やろう。

この後、何回やっても**かな**さんが勝ちました。

ゆめ：なんで私は勝てないんだろう。もしかして**かな**さんは超能力者なの。
かな：そんなはずないよ。実はね、このゲームには必勝法があるんだよ。
ゆめ：そうなの。ずるいよ、私にも教えて。
かな：石の数が４の倍数より１個多い場合は、後攻が必ず勝てるんだよ。今回は石の数が25個だから、４の倍数より１個多いでしょ。だから、後攻の私が勝てたの。
ゆめ：なんでそうなるの。
かな：お互いに取った石の数が４個になるようにするといいんだよ。例えば、石の数が21個だったとするよ。先攻が１個の石を取った場合は後攻が３個石を取る。こうすることで最後の１個を相手に取らせることができるんだ。

【問題１】 石の数が42個の場合、先攻と後攻のどちらが必ず勝ちますか。また、理由も書きなさい。

ゆめ：そうだったんだね。悔しいけど勝てなくて当たり前なんだね。
かな：次は新しいルールを追加してやってみよう。
ゆめ：面白そうだね。
かな：今回はお互いに石を取って、相手より多く石を取った人の勝ちにしよう。
ゆめ：楽しそうだね。
かな：さらに特別ルールとして、最後の石は30個分として数えようよ。
ゆめ：いいね。今度は負けないぞ。

【問題２】 石の数を60個として新しいルールで遊んだ場合、先攻が毎回３個取ると先攻と後攻のどちらが勝ちますか。また、理由も書きなさい。

かな：楽しかったね。今度は違うゲームをしようよ。
ゆめ：じゃあ、数字当てゲームをしようよ。
かな：いいね。私もやってみたいと思っていたの。

かなさんと**ゆめ**さんは石取りゲームにあきたので、数字当てゲームをすることにしました。そのルールは以下の通りです。

＜数字当てゲーム　ルール説明＞
① このゲームは２人で行う。（以後、対戦者２名をＡ、Ｂとする）
② １から５までの数字が書かれたカードを用意する。
③ Ａはそのカードを１列に自由に並べる。このとき、右側・左側は以下の図のように定める。

④ ＢはＡに質問を５つまでできる。
⑤ 質問に入れていい数字は２つまでとする。
⑥ 質問は「はい」または「いいえ」で答えられるものとする。
⑦ ＢはＡの並び順を当てたら勝ち。

かな：カードはあるの。

ゆめ：カードは私が持っているわ。まず私がカードを並べるね。できたよ。質問してみて。

かな：オッケー。質問は全部で何問しても良かったんだっけ。

ゆめ：全部で5問までよ。しかもその質問は、はい、いいえで答えられるようなにしないといけないの。

かな：1はどこにありますかという質問はだめなのね。

ゆめ：そうね。その質問だと、ここにありますというように文章で答えないといけないもの。

かな：わかったわ。

ゆめ：5回の質問で数字の並び方を当てるのは難しいかもね。

かな：頑張って当てられるように質問するわ。じゃあ、1番左にあるカードは1ですか。

ゆめ：いいえ。

かな：なるほど。1は1番左に来ないのね。次の質問ね。

ゆめ：わかったわ。

かな：1は右から3番目よりも右にありますか。

ゆめ：はい。

【問題3】 この時点で、1が置いてあると考えられる場所には○を、絶対に1が置かれていない場所には×を書きなさい。

左側 □ □ □ □ □ 右側

ゆめ：質問はあと3回だけよ。

かな：どうしよう。1つの質問に数字は2つまで入れられるから、今度は質問の中に数字を2つ入れてみようかな。

ゆめ：2と3は1よりも右側にありますかというような質問は、数字が3つ入っているからだめね。

かな：そうだね。なかなか質問が難しいな。

ゆめ：まだ時間はたっぷりあるからゆっくり考えてもいいよ。

かな：ありがとう。えっと、こういうのはどうかしら。

[　　　　　　　　　　]にありますか。

ゆめ：数字を2つ使ったのね。この質問には、はいと答えるよ。

【問題4】 文中の□には以下の(ア)〜(カ)の文章のうちどれか1つが入ります。この会話によって、1と2の場所が決定しました。□に入る適切な文章を記号で選びなさい。

(ア) 1は2よりも右側

(イ) 1は2よりも左側

(ウ) 1は3よりも右側

(エ) 1は3よりも左側

(オ) 2は3よりも右側

(カ) 2は3よりも左側

ゆめ：あと質問は2回ね。ドキドキしてきたわ。

かな：あと2回で**ゆめ**さんが並べた数字の順番を当てるなんて難しいよ。

ゆめ：1と2の場所は決まっているんだから残りの3、4、5の順番を当てるだけね。

かな：それが難しいのよ。1つの質問に数字は2つまでだから、どの数字を使うかも迷っちゃうし。1個目の質問は違うものにしておけばよかったかな。

ゆめ：とりあえず、あと2回質問してみてね。

【問題5】 今の時点で、この5つの数字の並び方は何通りありますか。

ゆめさんと**かな**さんが家に帰るとき、先生のお手伝いが終わった**みく**さんと会いました。

ゆめ：**みく**さん、どうしたの。

みく：先生のお手伝いしてたんだ。

かな：そうだったんだ。もう帰るの。

みく：うん、帰るよ。2人も今から帰るの。

ゆめ：そうだよ。一緒に帰ろう。

みく：うん、帰ろう。今まで何してたの。

ゆめ：**かな**さんと一緒にゲームをして遊んでたんだ。

みく：そうだったんだね。どんなゲームをしたの。

かな：石取りゲームと数字当てゲームをやったのよ。数字当てゲームは結局私が負けちゃったの。次は勝ちたいな。

ゆめ：今度は**みく**さんも一緒にやろうね。

みく：うん、ありがとう。じゃあ、帰りも何かゲームをしながら帰ろうよ。

かな：いいね。どんなゲームにしようか。

ゆめ：私、面白いゲーム知ってるよ。言葉探しゲームっていうゲームなんだけどね。

みく：言葉探しゲームってどんなゲームなの。
かな：私もそのゲーム知らないな。
ゆめ：簡単なゲームだよ。

ゆめさんと**かな**さんと**みく**さんは帰り道に言葉探しゲームをすることにしました。言葉探しゲームのルールは以下の通りです。

<言葉探しゲーム　ルール説明>
① じゃんけんをする。勝った人はその勝ち手が以下の文字数分だけ前に進むことができる。

グーの場合：グがつく言葉の文字数分 チョキの場合：チョまたはチヨがつく言葉の文字数分 パーの場合：パがつく言葉の文字数分

② 1文字につき1マス進むことができ、30マス進んだ人の勝ち。
③ 1度使った言葉はそれ以降使用することができない。
④ 「っ、ゃ、ゅ、ょ」や「ー」などは1文字として数えることができる。

かな：じゃあ、さっそくやってみよう。
みく：じゃんけんぽん。
ゆめ：私の勝ちね。グーで勝ったから、グから始まる言葉ね。グ、グ、グミ。
みく：それだと2文字しか進めないのね。
ゆめ：じゃあ、もう1回いくよ。じゃんけんぽん。
かな：わーい、勝った。私はパーで勝ったから、パイナップルにしよう。
みく：パイナップルはパイナツプルって数えるから6文字で、6マス分進めるわね。私も勝ったから、パで始まる言葉を探さないと。
かな：私がパイナップルって言葉を使っちゃったから、それ以外の言葉で探さないとだね。
みく：パから始まる言葉ってなかなか見つからないのね。どうしようかな。パ、パ、パーソナルコンピュータ。
ゆめ：すごく長い言葉を見つけたね。パーソナルコンピュータはパソコンって略されていることが多いけど、略さないで言うとパアソナルコンピユウタだから11文字もあるよ。一気に11マス進めるね。
かな：この言葉探しゲームはじゃんけんの強さと言葉選び、両方大切なのね。
ゆめ：そうね。じゃあ、いくよ。じゃんけんぽん。

みく：私と**ゆめ**さんの勝ちね。私から答えるよ。チョコ。
かな：チョコ、良いね。でもそれならチョコレートの方が多く進めたのかな。
みく：そうね。今から変えるのだめだよね。ああ、失敗しちゃったな。
ゆめ：私は何にしようかな。チョってなかなか難しいのよね。最近算数の授業のときに先生が言っていた言葉があったわ。直角三角形にしよう。
かな：すごく長そうな言葉ね。1つの角度が90°の三角形のことよね。
ゆめ：そうよ。次いきましょう。
かな：じゃんけんぽん。やった。勝った。勝ったのは私だけね。どうしようかしら。グ、グ、グリンピース。

【問題6】 この時点での3人の順位はどうなるか答えなさい。

みく：なかなか30マス分進むのは難しいね。
ゆめ：そうだね。よし、もう1回いくよ。じゃんけんぽん。
かな：**みく**さんの勝ちね。
みく：このゲームって、グミの袋とかはだめかな。
ゆめ：それがオッケーになったら、なんでもよくなるよね。
かな：そうしたら、〇〇の〇〇っていう言葉はなしにしよう。
みく：わかったわ。じゃあ、地名とかはどう。最近社会の授業で地名は習っているから、探しやすいと思うし。
ゆめ：そうだね。〇〇川とか〇〇山脈とかもありってことにしてもいいかな。
みく：地名はありでいいんじゃないかな。
かな：うん、いいと思う。
みく：じゃあ、私がグのつく言葉を言うんだよね。群馬。
ゆめ：そういえば、社会の授業で出てきたね。
かな：よし、じゃあいくよ。じゃんけんぽん。
ゆめ：私の勝ちね。私は、チョ、チョ……。何がいいかな。チヨでも良かったのよね。じゃあ、千代田線にする。
みく：千代田線ね。その路線、私もよく乗るわ。
かな：じゃあ、いくよ。じゃんけんぽん。
ゆめ：私の勝ちね。今回はパーだから、パイロットにしようかしら。

【問題７】 この時点での順位は以下の通りになりました。

1位 **ゆめ**さん 2位 **みく**さん 3位 **かな**さん

かなさんが次にじゃんけんに勝ったとき、**みく**さんには負けずに**ゆめ**さんには勝てないような言葉を探すには、何文字以上何文字以下の必要があるか答えなさい。

みく：**ゆめ**さんはもうそろそろゴールできそうじゃない。

ゆめ：そうね。あと少しでゴールだから、がんばらなきゃ。

かな：30マス進めばゴールだけど、使った言葉の文字数が30マス以上になればいいのかな。

ゆめ：30マスぴったりでゴールにしようよ。

みく：それだとゴールできるかどうか、難しいね。

かな：でも、30マスぴったりの方が面白いかもね。

【問題８】 **ゆめ**さんは次にパーで勝ってパイプオルガンという言葉を使い30マスぴったりでゴールをしたいと考えました。**ゆめ**さんがパーで勝つのは何回中何回の割合か求めなさい。

2 ロボットの開発者である**博士**と**助手**が話しています。

博士：私のもとでロボットについて学びたいというのは君かな。

助手：そうです。私が連絡(れんらく)した者です。これからお世話になります。

博士：私は厳しいことを言うかもしれないけれど、やる気があれば必ず一人前のロボット**博士**にしてあげるよ。それでも大丈夫(だいじょうぶ)かな。

助手：もちろんそのつもりです。がんばります。

博士：じゃあ私の研究所まで行こうか。離(はな)れたところにあるから、君を迎(むか)えに来たついでに買い物をしていたんだ。運ぶのを手伝ってくれないかな。

助手：いいですよ。これらを運ぶんですか。

博士：そう。オオカミ１匹(ぴき)、ヤギ２匹(ひき)、野菜２つだよ。

助手：**博士**は、研究所にこれらを運んで何をするつもりなんですか。

博士：まあまあ、それはおいといて。あと、私が開発したロボットが１体あるからね。

助手：え。それはさすがに多すぎませんか。無理がありますよ。**博士**も運ぶんですよね。

博士：運べるなら運びたいけれど、最近腰(こし)を痛めてしまってね。申し訳ないけれど役に立たないから、私は先にヘリコプターで研究所へ向かうことにするよ。その代わりに、荷物を運ぶことができたり、船の操作やロボットだけで帰ってくることができるようにロボットにプログラミングを組んでおいたから大丈夫だよ。

助手：ロボットが手伝ってくれるのはありがたいのですが……。**博士**だけヘリコプターで先に行くなんてずるいですよ。ヘリコプターでは運べないんですか。

博士：残念ながら1人用でね。途中に大きな川があって船で運ばないといけないから大変だけど、がんばってくれ。

助手：川ですか……。たくさんのものを運ぶことができる大きい船があるんですね。

博士：いや、そんなに大きくないよ。船には合計3の重さまでしか乗せられないからね。運ぶものの重さはこんな目安だよ。

	助手	ロボット	オオカミ	ヤギ	野菜
重さ	1	2	1	1	1

助手：1回で運べないんですか。

博士：そうだね。

助手：そんな大変なこと、どうやればいいんですか。厳しいと言ってましたけど、最初から厳しすぎませんか。

博士：早く一人前になりたいんだろう。弱気でいると**博士**への道は遠くなるぞ。じゃあ、最初だからせめてヒントはあげようか。

助手：お願いします。

博士：君はオオカミ1匹、ヤギ1匹、野菜1つを川の向こう岸に少ない回数で運ぶ有名な問題を知っているかい。

助手：聞いたことがあるような気がします。たしか、一度に1つのものだけ運べるんでしたっけ。あまり覚えてないですね。

博士：そう、1つだけなんだよ。この有名な問題では以下の条件になるよ。

＜条件＞
1．オオカミはヤギと同じ岸に残したり、一緒に運ぶと食べてしまう。
2．ヤギは野菜と同じ岸に残したり、一緒に運ぶと食べてしまう。

助手：そのような条件があったような気もしますね。

博士：この時に船でどうやって運ぶかを示したものが、下の表だよ。運ぶ人は君にしておいたよ。

	船で運ぶもの（選択できるもの：助手、オオカミ、ヤギ、野菜）
行き	助手、ヤギ
帰り	助手
行き	助手、オオカミ
帰り	助手、ヤギ
行き	助手、野菜
帰り	助手
行き	助手、ヤギ

助手：運ぶのは私じゃなくてもいいですよね……。でも、この表を見ると、一度ヤギを戻すことがポイントになりそうですね。

博士：そうだよ。そのままヤギを置いておくとオオカミに食べられてしまうから戻さないといけないんだけれど、オオカミを戻すと野菜を運んだ時にヤギに食べられてしまうからね。

助手：これが今回のヒントになるんですか。

博士：そうだよ。この有名な問題と比べて、一度に１つだけ運ぶという条件はなくなるよ。ただし、数は増えているし、さっきの条件１と２にもう１つこの条件も加えようか。

＜条件＞
３．オオカミと助手を一緒に同じ岸に残したり、運ぶと襲われる。

助手：そんな怖い条件加えないでくださいよ。

博士：その代わり、ロボット１体にこの条件１～３のどれか１つ防げるプログラミングを組み込んであげよう。

助手：ぜひお願いします。

博士：川を渡って運ぶ回数を少なくできれば、立派な開発者に１歩近づけるよ。

助手：わかりました。

博士：じゃあもしできたら、ごほうびに研究所で私のロボットのコレクションを見せてあげるよ。

助手：よし、見せてもらうためにがんばります。

博士：少ない回数と言っても何が正解であるか難しいだろうから、確認だけど、さっきの有名な問題での運ぶ回数は行きと帰りを別で数えるから７回となるよ。

助手：わかりました。行きと帰りは別で数えるんですね。

博士：そうだね。実は、３つの条件のうち２つは９回で運べるんだけど、１つだけ７回で運べるからそれを選べるといいね。

【問題１】 ７回で運ぶことができるのは、条件１～３のどれを防ぐプログラムを組み込んだときですか、条件の番号を答えなさい。

助手：じゃあ、この条件でお願いします。

博士：わかった。じゃあこれで１つ条件を防ぐためのプログラミングを組んでおいたから、がんばって運んでくれ。じゃあ私は先に研究所で待ってるから頼(たの)むよ。

～数時間後～

助手：やっと研究所についたぞ。**博士**、なんとか少ない回数になるように工夫して運びましたよ。

博士：お疲(つか)れ様。疲れただろうから、今日はゆっくり休んで明日ごほうびのロボットを見せてあげようか。

助手：ありがとうございます。

～翌日～

助手：早速(さっそく)**博士**のロボットを見せてくださいよ。

博士：昨日のロボットは比較(かく)的万能で、同じロボットでも組み込むプログラミングを変えることによっていろんなことに使えるんだよ。なにか機能を試す練習問題があるといいけど、何かないかな。

助手：うーん。すぐには思い浮(う)かばないですね。

博士：そうだ。君は、一筆書きってやったことあるかな。

助手：このようなものですか。

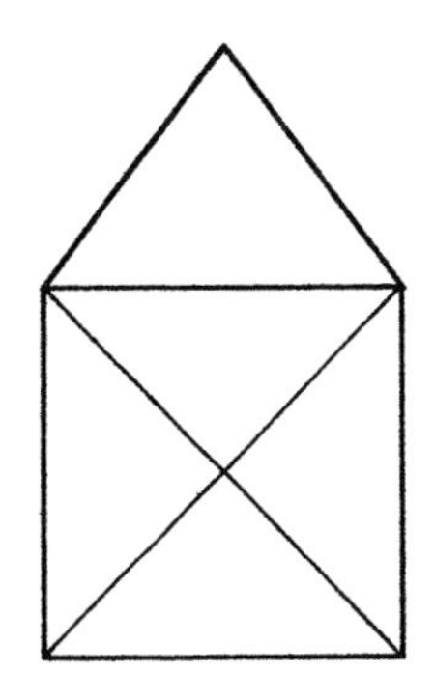

博士：これは有名な一筆書きができる問題だよね。でも今回はこの一筆書きじゃなくてこんな問題なんだ。■をスタートして□を１回ずつ通って全部通り切れるかどうかという問題だよ。ちなみに上下左右にしか次のマスに進めないよ。

①

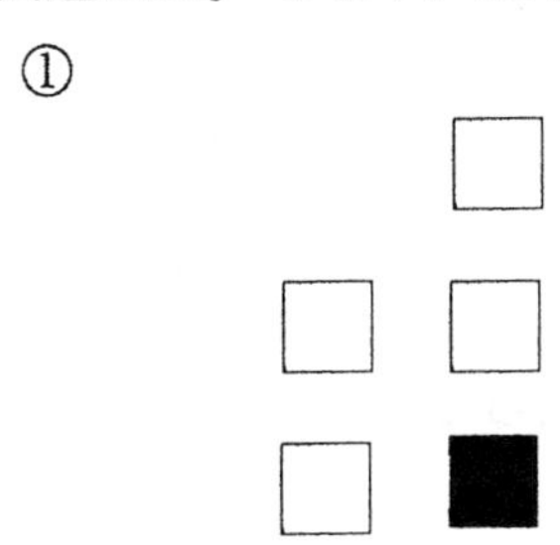

助手：この問題だったらこのような感じで進めば一筆書きで通り切れますよね。

①

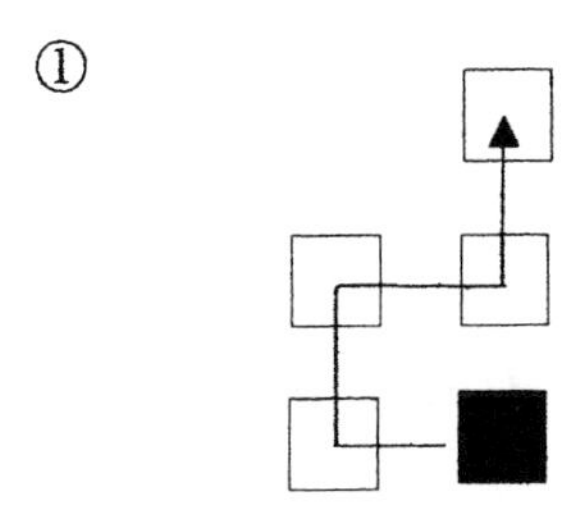

博士：その通りだ。この問題をロボットにプログラミングで指示して、自動で解いてもらうためにはどうすればいいか考えてみよう。

助手：左に１つ、上に１つ、右に１つ、上に１つ進むようにプログラミングを組むのですか。

博士：それだとさっきの問題は解けるけど、他の問題ではロボットがうまく作動してくれないぞ。

助手：そうですよね。じゃあゴールの１マス前のマスは、ゴールのマスを除いて全部通らないと進めないという指示をプログラミングしたらどうですか。

博士：そうすれば上には進まずに左に進み、そのあとは上にしか進めないね。その調子だぞ。

助手：やった。褒(ほ)められたぞ。

博士：じゃあ、早速次の問題だけど、さっきの指示だけでは解けない問題だ。どんな条件の指示をすればいいかな。

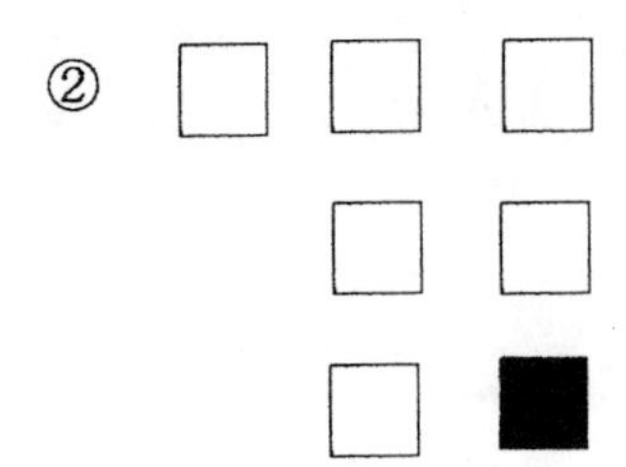

助手：とりあえず、答えはこうですよね。

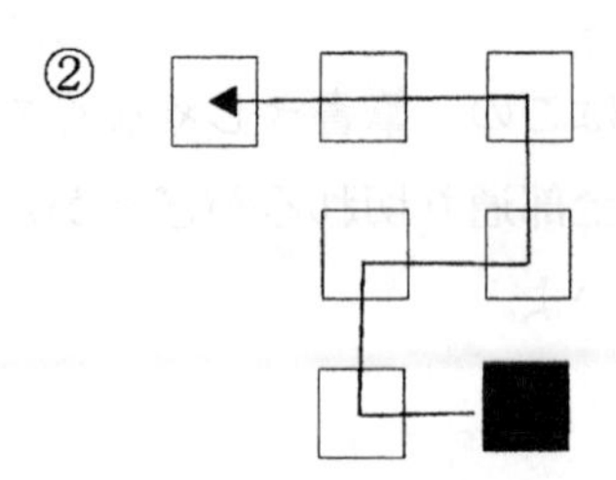

博士：もちろん正解だね。ポイントはスタートのマスからなぜ左に進んだのかだよ。

助手：上に進むとスタートのマスの左とゴールのマスは角になってしまいます。

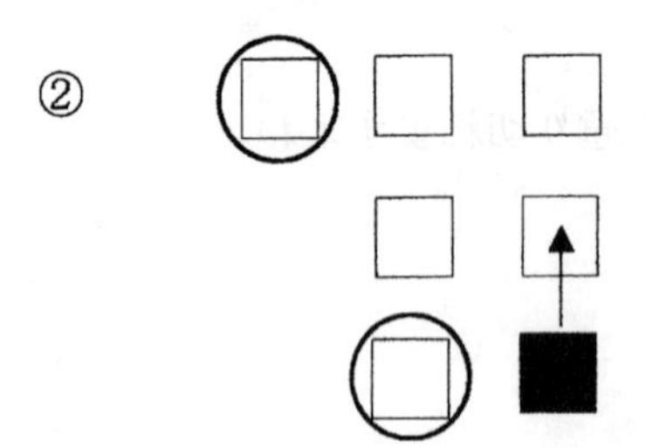

助手：この時の進み方は下のようになりますが、全部通ることはできません。

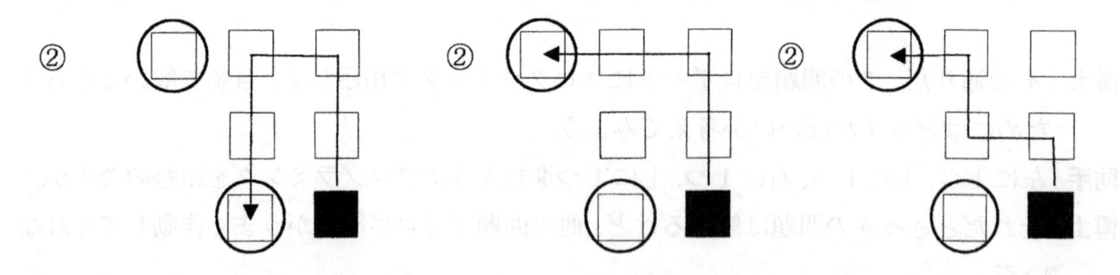

博士：そうだね。だけども、これをどう指示するかだね。角になる場所が２つという指示だと常に全部のマスの状況(きょう)をロボットが把握(はあく)していないといけないから、プログラミングとしてはもっと簡単な指示のほうがいいよね。

助手：そう簡単な指示といってもすぐ思いつかないですよ。

博士：そうだね。例えば、自分がいるマスから見て、進める候補のマスの先には何マス候補があるのか、数字を使って比較して左に進ませるといいんじゃないかな。

助手：もう少し詳しく説明してください。

博士：じゃあ、下の場面を考えよう。②のスタート位置にいたときに、上に進むか、左に進むかになるよね。

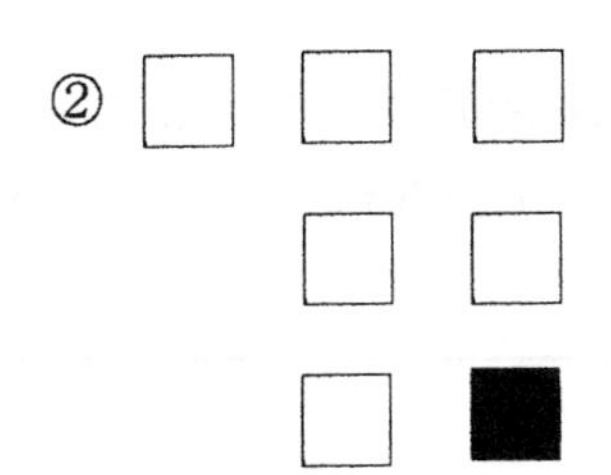

助手：そうですね。

博士：スタートマスの上と左のマスから見て、次に進める候補の数は下のようになるよ。

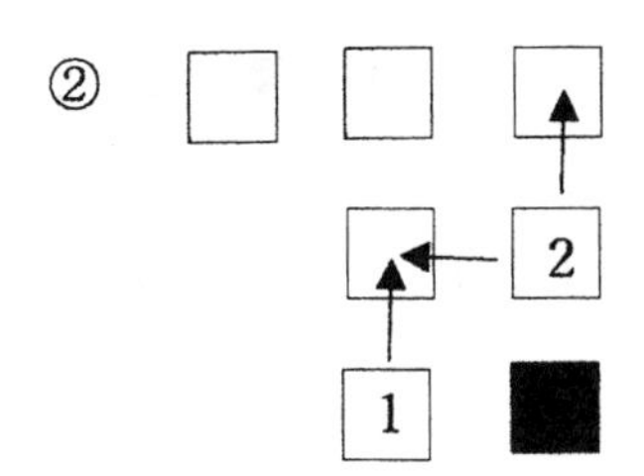

助手：たしかにスタートの左のマスから進めるマスは１つしかないですね。それにスタートの上のマスから進めるマスは２つですね。

博士：そうだね。では、正解の道を進むためには左に行かないといけないわけだから、数が少ない方に行くことになるよね。１マス進んだ後も確認してみようか。

助手：わかりました。でも、進む先が１つしかないので、その先を見るとこうですかね。

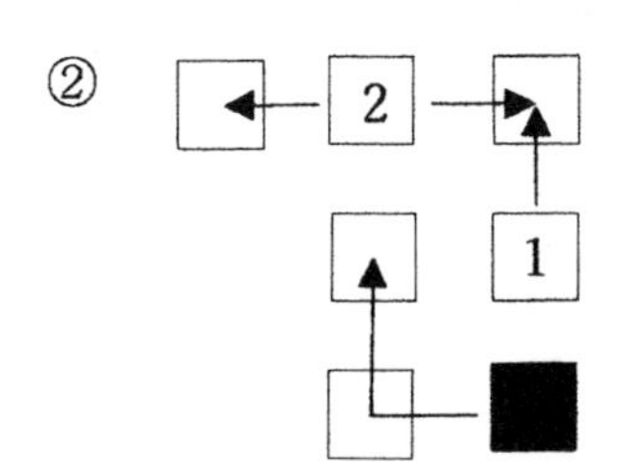

博士：その通り。正解の方に進むにはやっぱり数が少ない方だね。この後は進み方が１通りしかないから、これで終わりだね。この結果を見て何かわかった。

助手：２回とも進める先の候補のマスが少ない方に進んでますね。

博士：そうだね。少ない方に進めば、正解への道が出来上がるね。この仕組みをプログラミングすれば、同じようにできる問題は多くなるよ。

助手：これでどんな問題でも解けるようになるわけではないんですか。
博士：それはもっと難しい問題を見てみるとわかるよ。でも今回はここまでにしよう。
助手：わかりました。いろいろ教えていただきありがとうございます。

【問題２】　ロボットは現在、以下の指示がプログラミングに組み込まれています。この指示で自動でゴールまで進むことができるのはア〜エのうちどれか選びなさい。

<指示>
・ゴールの１マス前は、ゴールのマスを除いて全部通らないと通ることができない。
・進む先が複数あるとき、そのマスから進める候補のマスの数が少ない方に進む。

ア
　□□□
　□□□
□□□■

イ
　□
□□□■
□□□□
　□□□

ウ
□□□
■□□
　□□□

エ
■□□□
□□　□
□□□□
　　□

【問題３】　問題２にある指示のプログラミングで解けるような一筆書きの問題を、解答用紙の図の中に作りなさい。ただし、下の条件を満たすこと。

<条件>
・この問題用紙に描(か)いていない問題であること。
・マスの数は13マス以上になるようにすること。
・ゴールは１つだけになるように作ること。
・スタートマスは黒でぬりつぶす。

□□□□□
□□□□□
□□□□□
□□□□□

〔**問題2**〕 それがきっと、清瀬の言う強さだ。とありますが、走の考える「強さ」とは何ですか。十五字以内で説明しなさい。

〔**問題3**〕 「話す」と「書く」はどんな関係の上に成り立っているのでしょうか。とありますが、その解答になるように **文章2** の中の言葉を使い、解答らんに合わせて書きなさい。

〔**問題4**〕 一枚の紙を用意して、そこに飛行機の絵を描いてみてください。もし飛行機の頭が上を向いていれば、おそらく上昇する飛行機に見えるはずです。逆に頭を下に描けば飛行機は落下しているように見えるでしょう。とありますが、なぜこのように見えるのですか。**文章2** の中の言葉を使い、解答らんに合わせて書きなさい。

〔**問題5**〕 あなたは、思いを言葉にするとどのような良い点や良くない点があると考えますか。**文章1** と **文章2** それぞれの良い点をまとめた上で、あなたの考える良くない点を書きなさい。字数は三百七十字以上四百字以内とします。ただし、〔**条件**〕と〔**きまり**〕にしたがうこと。

〔**条件**〕 次の二段落(にだんらく)にすること。
第一段落には、**文章1** と **文章2** の内容をふまえて、良い点についてまとめること。
第二段落には、良くないと思う点を、自分の経験も入れて書くこと。また、内容やまとまりに応じて、自分で構成を考えて書くこと。

〔**きまり**〕
○題名は書きません。
○最初の行から書き始めます。
○各段落最初の字は一字下げて書きます。
○行をかえるのは、段落をかえるときだけとします。会話を入れる場合は行をかえてはいけません。
○、や。」などもそれぞれ字数に数えます。これらの記号が行の先頭に来るときには、前の行の最後の文字と同じます目に書きます。(ます目の下に書いてもかまいません。)
○。と」が続く場合には、同じます目に書いてもかまいません。この場合、。」で一字と数えます。
○段落をかえたときの残りのます目は、字数として数えます。
○最後の段落の残りのます目は、字数として数えません。

えば、ほとんどの人が中央より上の部分に「秋」と書きます。ところが不思議なことに「紙の上に鉛筆を置いてください」と言えば、ほとんどの人が紙のほぼ中央に鉛筆を置きます。

　これは、いったん字を書こうとしたときに、一枚の紙きれはもはやただの紙ではなく、現実の世界をなぞった、「天」と「地」が存在する「世界」へ転化する事実を物語っています。「秋」というたった一文字を書く場合でも、人は無意識のうちに紙の上に働く「天」から「地」へと向かう重力を感じとりつつ字を書くのです。日本語の文字と文は、天と地を持つ現実の世界を写しとる表現として、天から地に向かって縦に書かれます。そして、この縦に書く歴史を通して、文字の姿も書きぶりも生まれ育ってきたのです。

　ところで東アジアの最古の文字は、亀の甲羅や牛の肩甲骨に刻みつけられたもので、「甲骨文」と呼ばれています。いわゆる象形文字で、この甲骨文は天に対する問いを刻みつけ、甲羅の裏側を熱することで生じる亀裂によって天の回答を知るという、まつりごとの中で生まれました。

字を書こうとするとき、紙はただの紙きれではなくなる。「天」と「地」が存在する世界となる。

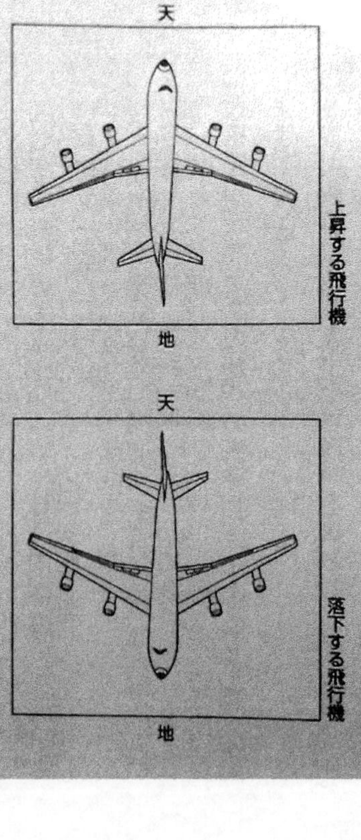

王が占いを通じて天の神と対話する中で生まれたもので、宗教的性格の文字です。これを元に、字形が少しずつ変化し、紀元前二〇〇年代に秦の始皇帝によって統一された文字、篆書体が、現在私たちが使っている漢字の基礎になっているものです。

（石川九楊『縦に書け！――横書きが日本人を壊す』）

〔注〕拡声…声をひろげて大きくすること。
渾然…すべてがとけ合って区別がないさま。
脈絡…つながり。

〔**問題１**〕彼らのもうひとつの勘違いは、勝てばいいと思っているところだとありますが、藤岡が「勝てばいい」という考えを否定しているのはなぜですか。三十字以内で説明しなさい。

耕(たがや)すことや目印を刻むことなどを通じて「かいて」いたのです。それらは言葉に対応した「文字」には至っていないものの、前段階の文字、「かかれた前文字」であったことは間違(まちが)いありません。

やがて「文字」が生まれ、「かく」ことが言葉に合流し、書き言葉が成立し、共に「かく」表現として＊渾然(こんぜん)と一体化していた中から、絵画や彫刻は「描く」「掻く」「欠く」こととして独立していき、また書き言葉の成立によって本格的な話し言葉も成立して、これまた渾然とした「はなす」表現から音楽や舞踏はそれぞれ独立していったわけです。

「文字を聞き」「文字を話す」言語

世界の文字には、漢字に代表される表意文字とアルファベットに代表される表音文字があると言われています。

漢字とアルファベットの最大の違いは、前者が書き言葉を中心とする言語世界を形成し、それとともにあるのに対して、後者は話し言葉を中心にした言語世界を形成し、それとともにあるという点です。

たとえば英語で「ａｕｔｕｍｎ」と言えば、話し言葉でも書き言葉でも「ａｕｔｕｍｎ」すなわち「秋」でしかありません。他方、日本語では「あき」と話しても、「秋」あり、「飽(あ)き」あり、「空き」ありという具合で、音を聞いただけではすぐに意味の解らぬ場合が多くあります。「あきがきた」という声だけでは、前後の＊脈絡(みゃくらく)がない限り、「秋」だろうか？　それとも「飽き」だろうか？　何の話だろうかと疑問が浮かびます。

同じようなことは、自己紹介で「ますだです」と名前を名乗られても、それを聞いただけではなんとも不安定な気分で、「増田」なのか、それとも「益田」「枡田」「升田」なのか、字を確かめずにいられないという人は少なくないでしょう。

こうしたことは英語の会話では起こりません。英語では「ａｕｔｕｍｎ」と言えば秋、「ｂｌａｎｋ」と言えば空き、「ｇｅｔ ｔｉｒｅｄ」と言えば飽きたです。

この事実は、書き言葉を中心とする東アジアの言葉、とりわけ日本語が、「文字を話し」「文字を聞く」言葉であり、アルファベットによる話し言葉が中心のヨーロッパなどは「声を書き」「声を読む」言葉であることを意味しています。

漢字と平仮名と片仮名からなる二重言語・日本語の元ができあがった西暦(せいれき)九〇〇年以降の日本語においては、話し言葉の基盤(きばん)に文字があり、私たちの生活はその言葉とともにあり続けてきました。文字をないがしろにしては成り立たないのが日本語の生活であり、文化です。

紙は天と地を持つ空間

みなさんに試してもらいたいことがあります。

一枚の紙を用意して、そこに飛行機の絵を描いてみてください。もし飛行機の頭が上を向いていれば、おそらく上昇(じょうしょう)する飛行機に見えるはずです。逆に頭を下に描けば飛行機は落下しているように見えるでしょう。

また「一枚の紙の上に『秋』という字を書いてください」と言

藤岡は強い。走りのスピードも並ではないが、それを支える精神力がすごい。俺がただがむしゃらに走っているときに、きっと藤岡は目まぐるしく脳内で自分を分析し、もっと深く高い次元で走りを追求していたのだろう。

走はうちひしがれると同時に奮い立つという、奇妙な興奮を味わった。

俺に欠けていたのは、言葉だ。もやもやを、もやもやしたまま放っておくばかりだった。でも、これからはそれじゃあだめだ。藤岡のように、いや、藤岡よりも速くなる。そのためには、走る自分を知らなければ。

それがきっと、清瀬の言う強さだ。

「俺、わかってきたような気がします」

走はぽつりと言った。

「そうか」

清瀬は満足そうだった。

（三浦しをん『風が強く吹いている』）

〔注〕昂然…自信に満ちて誇らしげなさま。
ストイック…自分で定めたことを厳守すること。
毅然とした…意志が強く、物事に動じないさま。
涅槃で待つ…あの世で待つという意味の表現。

文章２ 次の文章を読んで、あとの問題に答えなさい。

「はなす」と「かく」

ふだん、私たちは、ほとんど格別の反省もなく、話したり、書いたりしていますが、「話す」と「書く」はどんな関係の上に成り立っているのでしょうか。

文字を作り出す以前の人間は、話すための音声言語は持っていたが、文字言語は持っていなかったというのが一般的な言語学の定義です。しかし、本当にそうでしょうか。

「話す」の元である「はなす」というのは、人間が口から発する音や身振りや手振りなど自らの身体をじかに使って、一つの表現をすることです。意識を「放す」ことであり「離す」こと、そして「話す」ことです。踊りは身体動作を用いて意識を「はなす」ことであり、音楽の中の声楽や、口の前の*拡声装置である笛や喇叭（トランペット等の吹奏楽器）は、声を「はなす」ことです。話芸はもとより、舞踏など身体を使ってじかに表現するものはすべて「はなす」ことに含まれます。言うまでもなく、「はなす」表現は、人類の誕生と同時に生まれたものです。

他方、「書く」の元である「かく」は、「掻く」であり、「欠く」であり、「画く」「描く」の広がりを持っています。石や木を引っ掻けば図形や模様ができ、石や木を欠けば彫刻が生まれます。文学や書や絵画以外のこれらの表現も「かく」ことに含まれます。

このように考えれば、「はなす」ことのみならず、「かく」こともまた人類史とともにあったことが容易に想像されます。土を

入れ替わるんだ。世界で一番だと、だれが決める。そんなものではなく、変わらない理想や目標が自分のなかにあるからこそ、俺たちは走りつづけるんじゃないのか」

そうだ。走は、もやもやが晴れていくのを感じた。こういうことに、俺は引っかかり、怒りを覚えたんだ。藤岡はすごい。走の感じたこと、言いたかったことを、いともたやすく解きほぐして言葉にしてしまった。

「あいかわらずだね、藤岡」

と声がした。いつのまにか清瀬が、走とムサの背後に立っていた。

「部外者が余計なことを言った」

藤岡は*ストイックな態度で清瀬に一礼し、今度こそ去っていく。

「いいや、助かるよ」

清瀬が言うと、藤岡は肩越しに振り返り、口の端に笑みを浮かべた。

「なかなかの人材をそろえたようじゃないか」

「まあね」

「箱根で待つ」

最後まで、王者にふさわしい*毅然とした態度で、藤岡は木々のあいだに消えていった。*涅槃で待つ、みたいだなとか、ここまで来たのに結果発表は見ていかないのかな、などと走は思ったが、あわてて藤岡の背中に向けて頭を下げる。ムサも、「ありがとうございます」と言って深々とお辞儀をした。雷雲を払うような藤岡の言葉が、走とムサに活力を抱かせた。

「袋も持たずに行ってしまうから、追ってきた」

清瀬はビニール袋を掲げてみせた。走は「すみません」と受け取り、店員からもらった氷を袋に移す。清瀬はもう、脚を引きずることなく歩いている。

「藤岡さんというのですか。すごいかたですね」

とムサは感激したふうだ。

「箱根で勝ちつづけるには、精神力と本当の意味でのかしこさが必要だってことだろう」

清瀬はちょっと笑った。「まあ、あいつは昔っから、妙に落ち着いてたけどね。あだ名が『修行僧』の高校生って、ちょっといやだろ」

走とムサは顔を見合わせ、たしかに、とうなずいた。

ゴール地点近くの大きな掲示板に、見物客や選手たちが集まりはじめている。

「そろそろ発表だな」

「行きましょう」

ムサは小走りになって、寛政大の陣地へ戻る。走は清瀬のペースに合わせ、ゆっくりと芝生を踏みしめた。どんな結果が出るか気になるが、ここまで来てあがいても、もうどうにもならない。それよりもいま、走の心を占めているのは、藤岡の姿だった。

思いを言葉にかえる力。自分のなかの迷いや怒りや恐れを、冷静に分析する目。

二〇二一年度　藤村女子中学校

【適性検査Ⅰ】〈二月一日適性検査試験〉(四五分)〈満点：一〇〇点〉

《注意》答えを直すときは、きれいに消してから、新しい答えを書きなさい。

文章１

寛政大学陸上部に所属する走は、監督の清瀬やチームメイトのムサと共に、箱根駅伝の予選会に参加した。結果を待つ間に、黒人選手であるムサを非難する一般人の声を耳にして、走は怒りを抑えきれずにいた。その時、昨年の優勝校である六道大学の藤岡が走に声をかけてきた場面である。次の文章を読んで、あとの問に答えなさい。

「寛政大はずいぶん強くなったな。箱根まで出てきそうじゃないか」

藤岡には王者の余裕と貫禄があった。

「おかげさまで」

走は生来の負けん気が頭をもたげ、*昂然と答えた。藤岡は、一歩も引かぬ視線を走と激突させてから、ムサを見た。

「ああいう輩は、気にしないほうがいい。ばかげた意見だ」

「どういうところがですか」

茶を飲みながら去っていこうとする藤岡を、走は呼びとめた。見物客の、ムサへの言いぐさには腹が立つ。だが、どうして腹が立つのか、はっきりと把握できなかった。このもやもやの原因がどこにあるのか、藤岡はわかっているようだ。

「教えてください」

と走は頼んだ。藤岡は足を止め、おもしろそうに走を眺めた。

「いいだろう」と、走とムサに向き直る。

「ばかげた部分は、少なくとも二つある。ひとつは、日本人選手が太刀打ちできないから、留学生をチームに入れるのはずるい、という理屈。じゃあオリンピックはどうするんだ。俺たちがやっているのは競技であって、お手々つないでワン・ツー・フィニッシュする幼稚園の運動会じゃない。身体能力に個人差があるのは、当然のこと。しかしそのうえでなおかつ、スポーツとは平等で公正なものなんだ。彼らは同じ土俵で同じ競技を戦うとはどういうことかを、まったくわかっていない」

ムサは黙って、藤岡の言葉に聞き入っている。走は、静かに繰りだされる藤岡の分析に、ただ圧倒されていた。

「彼らのもうひとつの勘違いは、勝てばいいと思っているところだ」

と、藤岡はつづけた。「日本人選手が一位になれば、金メダルを取れば、それでいいのか？　断固としてちがうと、俺は確信している。競技の本質は、そんなところにはないはずだ。たとえ俺が一位になったとしても、自分に負けたと感じれば、それは勝利ではない。タイムや順位など、試合ごとにめまぐるしく

2021年度

藤村女子中学校

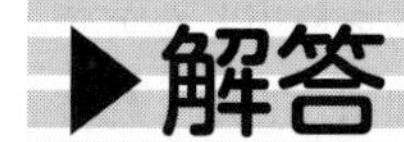

※編集上の都合により，２月１日適性検査の解説は省略させていただきました。

適性検査Ⅰ （45分）＜満点：100点＞

解答

問題１ （例） 藤岡にとって，競技の本質とは他人と競うことではないから。 **問題２** （例） 走る自分自身を分析できること。 **問題３** （例） 「はなす」ことも「かく」ことも，ともに人類の誕生と同時に生まれ，その発達によって独立していった(という関係。) **問題４** （例） 日本語では縦に文字を書くため，紙を「天」と「地」が存在する「世界」へ転化する(から。)

問題５ （例） 自分の中にある思いを言葉にするためには，その思いを知り冷静に分析することが必要である。そして，言葉にした思いは文章２で述べられているとおり，「はなす」や「かく」といった手段によって初めて相手に伝えることが可能になる。思いを言葉にすることの良い点は，文章１で藤岡が走の心のもやもやを晴らしたように，言葉にして相手に伝えることによって，相手を助けることや救うことができることだ。／しかし，逆の場合もある。私はうまくいかないことがあると，心のもやもやを整理するために，秘密のノートにそのときの正直な気持ちを書くことにしていた。頭と心の中のもやもやを言葉にし，文字としてノートに記すと，それらが目から再び私の頭と心の中に入ってくる。すると私は，もうにげ場のないような，解決策のないような思いにとらわれて，よけいに苦しくなることが多かった。このような経験は，思いを言葉にすることの良くない点だといえると思う。(398字)

適性検査Ⅱ （45分）＜満点：100点＞

解答

1 **問題１** ① （例） 熱帯地域 ② （例） ハマダラカの平均寿命が高いのは熱帯地域だから。 **問題２** （例） ラッコがいなくなると，ウニの数が増える。ウニの数が増えるとジャイアントケルプの数が減る。ジャイアントケルプが減ると，栄養分が減るので，エビやカニの数が減る。エビやカニが減ると，エビやカニを食べている魚が減り，魚を食べるアザラシの数が減る。 **問題３** ③ 殺虫剤 ④ 虫除け(③④順不同) **問題４** （例） インドの鉄道網が発達し，世界貿易が盛んになり，世界中の移動が盛んになったから。 **問題５** （例） 近年，海水温が高くなったから。 **問題６** 答え：(例) 懐中電灯 理由：(例) 夜に避難する場合，足元を照らす必要があるから。 **問題７** （例） 国立市には，大きな川が流れているから。

問題８ 地図：(例) 下の図(理由) （例） Ｘから近くて，浸水が予測されていない場所だから。 **2** **問題１** 国旗：(例) 下の図 説明：(例) 世界遺産に登録され，日本のパスポートのデザインにも使用されている富士山のモチーフを使用したデザイン。　**問題２**　日本・議院内閣制　長所（例）議院内閣制で，民主主義が徹底される。　短所（例）国民が政治に参加している感覚がうすい。　アメリカ・大統領制　長所（例）国民の信頼を得ているので思い切った政策をすることができる。　短所（例）任期が決まっているので，犯罪を犯さない限り辞めさせることができない。　**問題３**　選んだシステム　日本　理由（例）内閣は国会の意思の上にあるので，１人に権力が集中せず，より民主主義が徹底されるから。　／選んだシステム　アメリカ　理由（例）国民が主体的に関わって選出したリーダーが大統領なので，思い切った政策を行いやすいから。

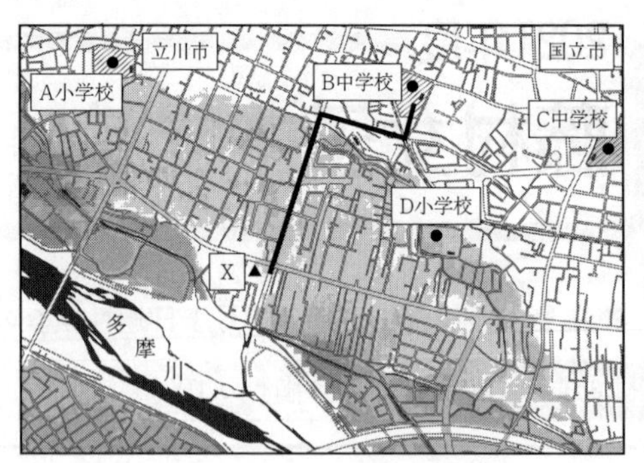

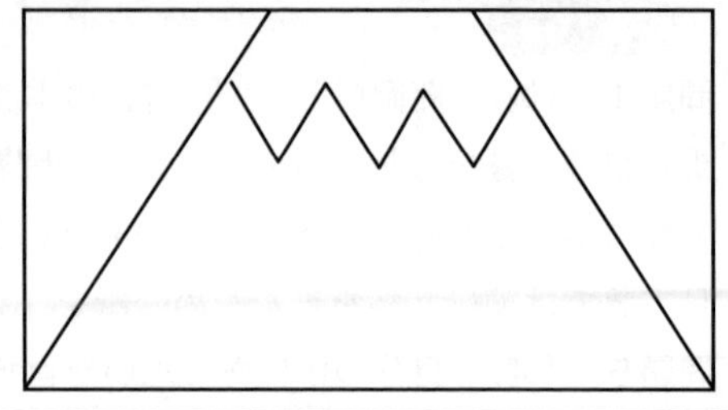

適性検査Ⅲ　(45分) ＜満点：100点＞

解　答

1　**問題１**　答え　先攻　理由（例）石の数が４の倍数か４の倍数より２または３個多いときは先攻が勝つ。先攻は４の倍数より１個多い数になるように石を取る。それ以降は後攻が取った石の数と合わせて４個になるように石を取れば先攻が勝つ。石が42個の場合は始めに１個取ればよい。　**問題２**　答え　後攻　理由（例）60÷３＝20より，お互い３個ずつ必ず取っていくとそれぞれ10回分取ることができる。先攻は３×10＝30個石を取ったのに対して，後攻は３×９＋32＝59個取ったことになるので，後攻の方が多く石を取れたことになる。よって，後攻が勝つ。　**問題３**　左側×××○○右側　**問題４**　(イ)　**問題５**　６通り　**問題６**　１位　みく　２位　ゆめ　３位　かな　**問題７**　５文字以上11文字以下　**問題８**　９回中１回の割合　**2**　**問題１**　条件１　**問題２**　ウ　**問題３**　解答省略

Memo

Memo

出題ベスト10シリーズ

①国語読解ベスト10

②漢字合格の2790題

③計算合格の820題

④図形問題ベスト10

■過去の入試問題から出題例の多い問題を選んで編集・構成。受験関係者の間でも好評です！

有名中学入試問題集

●男子校編
●女子校編

■中学入試の全容をさぐる!!
■首都圏の中学を中心に、全国有名中学の最新入試問題を収録!!

※表紙は昨年度のものです。

算数の過去問25年分

■筑波大学附属駒場
■麻布
■開成

○名門３校に絶対合格したいという気持ちに応えるため過去問実績No.1の声の教育社が出した答えです。

都立中高一貫校 適性検査問題集

■都立一貫校と同じ検査形式で学べる！

●自己採点のしにくい作文には「採点ガイド」を掲載。
●保護者向けのページも充実。
●私立中学の適性検査型・思考力試験対策にもおすすめ！

2025年度用
中学スーパー過去問

■編集人 声の教育社・編集部
■発行所 株式会社 声の教育社
〒162-0814 東京都新宿区新小川町8-15
☎03-5261-5061(代) FAX03-5261-5062
https://www.koenokyoikusha.co.jp

本書の内容についての一切の責任は当社にあります。内容・解説・解答・その他は当社ホームページよりお問い合わせ下さい。

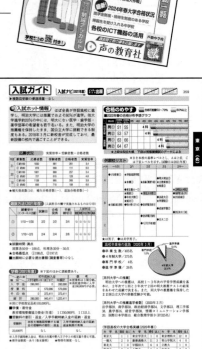

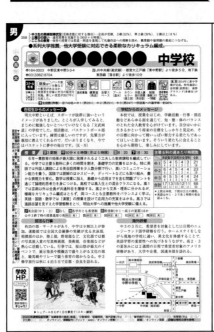

カコを追いかけ
ミライをつかめ

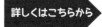

よくある解答用紙のご質問

01

実物のサイズにできない

拡大率にしたがってコピーすると，「解答欄」が実物大になります。配点などを含むため，用紙は実物よりも大きくなることがあります。

02

A3用紙に収まらない

拡大率164％以上の解答用紙は実物のサイズ（「出題傾向＆対策」をご覧ください）が大きいために，Ａ３に収まらない場合があります。

03

拡大率が書かれていない

複数ページにわたる解答用紙は，いずれかのページに拡大率を記載しています。どこにも表記がない場合は，正確な拡大率が不明です。

04

１ページに２つある

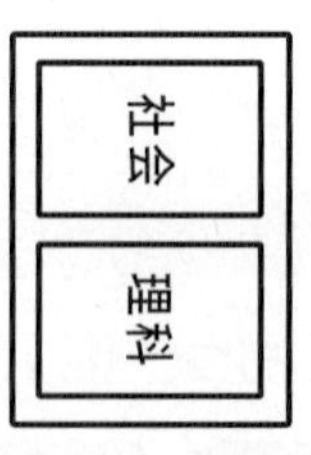

１ページに２つ解答用紙が掲載されている場合は，正確な拡大率が不明です。ほかの試験回の同じ教科をご参考になさってください。

1234

藤村女子中学校

つかいやすい書きこみ式

入試問題解答用紙編

最近４年間収録

＊解答用紙は本体と一緒にとじてありますから、ていねいに抜きとってご使用ください。

■注意

- 一部の科目の解答用紙は小社で作成しましたので、無断で転載することを禁じます。
- 収録のつごうにより、一部縮小したものもあります。
- 設問ごとの配点は、学校から公表されたものは〔学校配点〕、それ以外のものは〔推定配点〕と表記しています。

※ 実際の解答欄の大きさで練習するには、指定の倍率で拡大コピーしてください。なお、ページの上下に小社作成の見出しや配点を記載しているため、コピー後の用紙サイズが実物の解答用紙と異なる場合があります。

声の教育社

2024年度 藤村女子中学校 2月1日午前

算数解答用紙 No. 1

番号	
氏名	

評点	/100

1

(1)		【考え方･式】 答え ＿＿＿＿
(2)	①	【考え方･式】 答え ＿＿＿＿
	②	【考え方･式】 答え ＿＿＿＿
(3)		【考え方･式】 答え ＿＿＿＿
(4)		【考え方･式】 答え ＿＿＿＿
(5)		【考え方･式】 答え ＿＿＿＿

2

(1)	【考え方･式】 答え ＿＿＿＿人
(2)	【考え方･式】 答え 4の倍数 ＿＿＿＿個，4と6の公倍数 ＿＿＿＿個
(3)	【考え方･式】 答え ＿＿＿＿m
(4)	【考え方･式】 答え ＿＿＿＿円
(5)	【考え方･式】 答え 1円玉 ＿＿＿＿枚，5円玉 ＿＿＿＿枚

（注）この解答用紙は実物を縮小してあります。205%拡大コピーすると、ほぼ実物大で使用できます。（タイトルと配点表は含みません）

２０２４年度　藤村女子中学校　２月１日午前

算数解答用紙　No.2

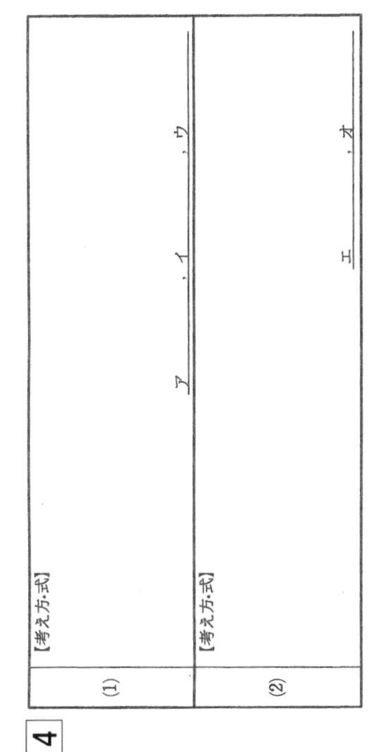

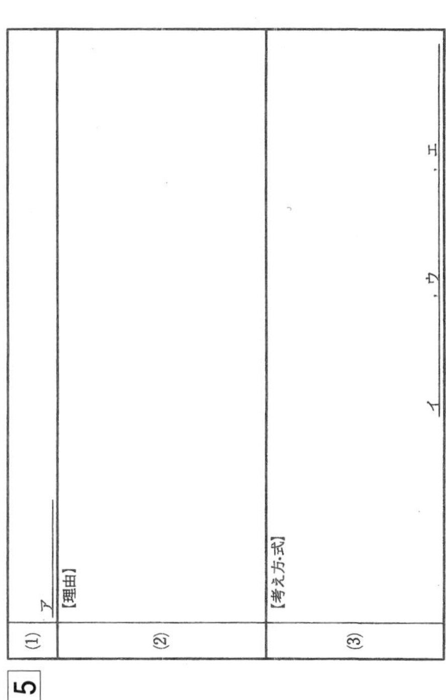

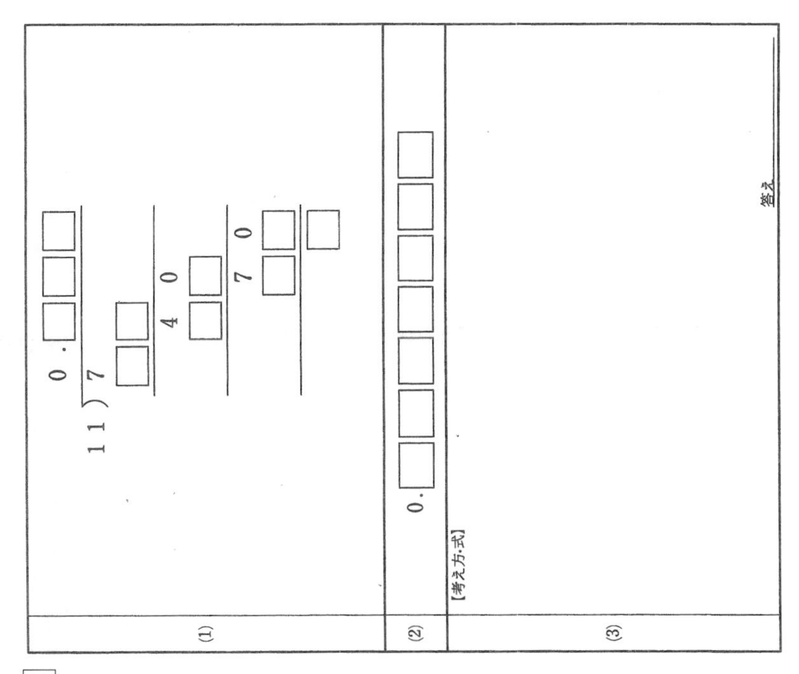

（注）この解答用紙は実物を縮小してあります。205％拡大コピーすると、ほぼ実物大で使用できます。（タイトルと配点表は含みません）

〔算　数〕100点(学校配点)

1～3　各５点×14<2の(2), (5), 3の(3)は完答>　4　(1)　各２点×３　(2)　各３点×２　5　(1)　３点　(2)　６点　(3)　各３点×３

二〇二四年度　藤村女子中学校　二月一日午前

国語解答用紙

番号		氏名		評点	/100

一　①　②　③　④　⑤　⑥　⑦　⑧　⑨　⑩

二　問一 (a) (b)　問二 (1) (2)　問三　問四　問五　問六 a b

二　問七

180

200

三　問一 a b c　問二　問三　問四　問五　問六　問七　問八

(注) この解答用紙は実物を縮小してあります。180%拡大コピーすると、ほぼ実物大で使用できます。(タイトルと配点表は含みません)

〔国　語〕100点(学校配点)

一　各2点×10　二　問1　各3点×2　問2　(1)　4点　(2)　各3点×2　問3～問5　各3点×3　問6　a 2点　b　3点　問7　10点　三　問1　各3点×3　問2～問4　各5点×3　問5　3点　問6，問7　各4点×2　問8　5点

2024年度　藤村女子中学校　特待生

算数解答用紙　No. 1

番号		氏名	

評点	/100

2

(3)	【考え方・式】 答え＿＿＿＿g
(4)	【考え方・式】 答え＿＿＿＿秒
(5)	【考え方・式】 答え　姉：＿＿＿＿個，妹：＿＿＿＿個
(6)	【考え方・式】 答え＿＿＿＿個
(7)	【考え方・式】 答え＿＿＿＿L
(8)	【考え方・式】 答え＿＿＿＿cm²

1

(1)	【考え方・式】 答え＿＿＿＿
(2)	【考え方・式】 答え＿＿＿＿
(3)	【考え方・式】 答え＿＿＿＿
(4)	【考え方・式】 答え＿＿＿＿
(5)	【考え方・式】 答え＿＿＿＿

2

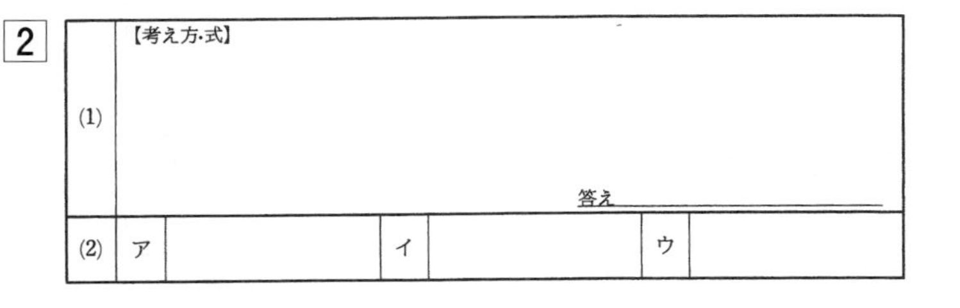

(1)	【考え方・式】 答え＿＿＿＿					
(2)	ア		イ		ウ	

（注）この解答用紙は実物を縮小してあります。197％拡大コピーすると、ほぼ実物大で使用できます。（タイトルと配点表は含みません）

2024年度　藤村女子中学校　特待生

算数解答用紙　No. 2

(14)		【考え方・式】	答え 時速　　km
(15)		【考え方・式】	答え りんご　　個，みかん　　個
(16)		【考え方・式】	答え　　円
(17)		【考え方・式】	答え　　日
(18)		【考え方・式】	答え　　脚
(19)		【考え方・式】	答え　　分

2

(9)	①	【考え方・式】	答え　　cm²
	②	【考え方・式】	答え　　cm³
(10)		【考え方・式】	答え
(11)		【考え方・式】	答え
(12)		【考え方・式】	答え　　分後
(13)		【考え方・式】	答え 時速　　km

(注) この解答用紙は実物を縮小してあります。197%拡大コピーすると、ほぼ実物大で使用できます。(タイトルと配点表は含みません)

〔算　数〕100点(学校配点)

1，2　各4点×25<2の(2)，(5)，(15)は完答>

二〇二四年度　藤村女子中学校　特待生

国語解答用紙

番号　　氏名　　評点　／100

一

問題1 〜

問題2 記号 / 理由

問題3

180

200

二

問題1 ア　イ　ウ

問題2

問題3 弱点 / 理由

問題4 違い / 理由

（注）この解答用紙は実物を縮小してあります。193%拡大コピーすると、ほぼ実物大で使用できます。（タイトルと配点表は含みません）

〔国　語〕100点（学校配点）

一 問題1　5点　問題2　記号…5点　理由…15点　問題3　15点　二 問題1　各4点×3　問題2　8点　問題3　弱点…5点　理由…15点　問題4　違い…5点　理由…15点

2024年度　藤村女子中学校　適性検査

適性検査Ⅱ解答用紙　No.1

番号	
氏名	
評点	／100

1

〔問題1〕

〔問題2〕

答え　〔　　　　　〕cm²

〔説明〕

〔問題3〕

答え　〔　　　　　〕cm²

〔説明〕

2

〔問題1〕

〔選んだ一つを○で囲みなさい。〕

下線部①　　下線部②

〔問題2〕

〔起こると考えられる問題〕

〔このような仕組みになっている理由〕

（注）この解答用紙は実物を縮小してあります。190％拡大コピーすると、ほぼ実物大で使用できます。（タイトルと配点表は含みません）

２０２４年度　藤村女子中学校　適性検査

適性検査Ⅱ解答用紙　No.２

（注）この解答用紙は実物を縮小してあります。190％拡大コピーすると、ほぼ実物大で使用できます。（タイトルと配点表は含みません）

〔適性検査Ⅱ〕100点（推定配点）

1　問題１　８点　問題２　答え…５点　求め方…８点　問題３　答え…５点　求め方…８点　2　問題１　16点　問題２　各８点×２　3　問題１　⑴　５点　⑵　８点　問題２　⑴　13点　⑵　８点

二〇二四年度　藤村女子中学校　適性検査

適性検査Ⅰ解答用紙

番号		氏名	

評点	／100

1

〔問題1〕

〔詩1〕

〔詩2〕

〔問題2〕

〔問題3〕

20

100

200

300

400

（注）この解答用紙は実物を縮小してあります。174%拡大コピーすると、ほぼ実物大で使用できます。（タイトルと配点表は含みません）

〔**適性検査Ⅰ**〕100点(推定配点)

1　問題1　各10点×2　問題2　20点　問題3　60点

２０２３年度　藤村女子中学校　２月１日午前

算数解答用紙　No. 1

番号		氏名		評点	／100

1

(1)	[考え方・途中式] 答え
(2)	[考え方・途中式] 答え
(3)	[考え方・途中式] 答え
(4)	[考え方・途中式] 答え
(5)	[考え方・途中式] 答え

2

(1)	[考え方・途中式] 答え　　cm
(2)	[考え方・途中式] 答え
(3)	[考え方・途中式] 答え　　枚
(4)	[考え方・途中式] 答え　　度
(5)	

3

(1)	[考え方・途中式] 答え　　cm^3			
(2)	記号		理由	

4

(1)	(イ) [考え方・途中式] 答え
(2)	[考え方・途中式] 答え　毎分　　L
(3)	(ア) [考え方・途中式] 答え
(4)	[考え方・途中式] 答え　　分後
(5)	[考え方・途中式] 答え　　分後

（注）この解答用紙は実物を縮小してあります。204%拡大コピーすると、ほぼ実物大で使用できます。（タイトルと配点表は含みません）

2023年度　藤村女子中学校　2月1日午前

算数解答用紙　No.2

5

(1)
- あ　［考え方・途中式］　答え
- い　［考え方・途中式］　答え
- う　［考え方・途中式］　答え

(2)　①　②　③

(3)
- え　［考え方・途中式］　答え　円
- お　［考え方・途中式］　答え　円
- か　［考え方・途中式］　答え　円

(4)
- き
- 理由

（注）この解答用紙は実物を縮小してあります。187％拡大コピーすると、ほぼ実物大で使用できます。（タイトルと配点表は含みません）

〔算　数〕100点(推定配点)

1～4　各4点×17　5　(1)　各3点×3　(2)　各2点×3　(3)　各4点×3　(4)　5点

2023年度　藤村女子中学校　２月１日午前

社会解答用紙

番号		氏名		評点	／50

1

問1		問2		問3	
問4		問5			
問6					
問7		問8			

2

問1	①		②	
問2		問3	問4	
問5	①		②	
	③			
問6	タイトル			
	理由			

3

問1					
問2				問3	
問4		問5			
問6		問7		問8	

（注）この解答用紙は実物を縮小してあります。171％拡大コピーすると、ほぼ実物大で使用できます。（タイトルと配点表は含みません）

〔社　会〕50点(推定配点)

1～3　各２点×25

2023年度　藤村女子中学校　２月１日午前

理科解答用紙

番号		氏名		評点	／50

1	問１	
	問２	

2	問１				
	問２			問３	

3	問１	
	問２	

4	問１	
	問２	

（注）この解答用紙は実物を縮小してあります。168％拡大コピーすると、ほぼ実物大で使用できます。（タイトルと配点表は含みません）

〔理　科〕50点(学校配点)

1　各５点×２　2　各５点×４　3，4　各５点×４

2023年度　藤村女子中学校　2月1日午前

英語解答用紙

番号		氏名		評点	／100

1

(1)	(2)	(3)	(4)	(5)

2

(1)	(2)	(3)	(4)	(5)

3

(1)	(2)	(3)	(4)	(5)

4

(1)	(2)	(3)	(4)	(5)
(6)	(7)	(8)	(9)	(10)

5

(1)			(2)			(3)	(4)
ア	イ	ウ	ア	イ	ウ		

6

(1)
(2)

(注) この解答用紙は実物を縮小してあります。180%拡大コピーすると、ほぼ実物大で使用できます。(タイトルと配点表は含みません)

〔英　語〕100点(学校配点)

1～4　各2点×25　5　(1), (2)　各4点×6　(3), (4)　各3点×2　6　各10点×2

二〇二三年度　藤村女子中学校　二月一日午前

国語解答用紙

番号　　氏名　　評点　／100

一　①　②　③　④　⑤　⑥　⑦　⑧　⑨　⑩

二　問一　a　b　c
問二　最初　最後
問三
問四
問五
問六
問七

二　問八　180　200

三　問一　a　b
問二
問三
問四　□肉□食
問五
問六
問七　最初　最後
問八

（注）この解答用紙は実物を縮小してあります。174％拡大コピーすると、ほぼ実物大で使用できます。（タイトルと配点表は含みません）

〔国　語〕100点（学校配点）

一　各２点×10　二　問１～問３　各３点×５　問４　５点　問５，問６　各３点×２　問７　４点　問８　10点
三　問１　各３点×２　問２　５点　問３～問７　各４点×６　問８　５点

2023年度　藤村女子中学校　2月1日午前　適性検査

適性検査Ⅱ解答用紙　No.1

番号　　氏名　　評点　／100

1

〔問題1〕

	1円	5円	10円	50円	100円	500円	合計金額
最も多い	枚	枚	枚	枚	枚	枚	円
最も少ない	枚	枚	枚	枚	枚	枚	円

〔問題2〕

答え　〔　　　　　〕通り

求め方

〔問題3〕

1円	5円	10円	50円	100円	500円
枚	枚	枚	枚	枚	枚
枚	枚	枚	枚	枚	枚
枚	枚	枚	枚	枚	枚

2

〔問題1〕

（日本とブラジルを比べたとき）

（日本とニュージーランドを比べたとき）

〔問題2〕

（注）この解答用紙は実物を縮小してあります。189%拡大コピーすると、ほぼ実物大で使用できます。（タイトルと配点表は含みません）

2023年度　藤村女子中学校　2月1日午前　適性検査

適性検査Ⅱ解答用紙　No.2

3

〔問題1〕

ものが燃えている周辺に二酸化炭素をまくと、

〔問題2〕

〔問題3〕

(注) この解答用紙は実物を縮小してあります。171%拡大コピーすると、ほぼ実物大で使用できます。(タイトルと配点表は含みません)

〔適性検査Ⅱ〕 100点(学校配点)

1 問題1　最も多い…6点　最も少ない…6点　問題2　10点　問題3　12点　2 問題1　各9点×2　問題2　14点　3 問題1　12点　問題2　10点　問題3　12点

２０２３年度　藤村女子中学校　２月１日午前　適性検査

適性検査Ⅰ解答用紙

番号		氏名		評点	／100

1

〔問題1〕

〔問題2〕

100

〔問題3〕

5　10　15　20　25

350

400

（注）この解答用紙は実物を縮小してあります。Ａ３用紙に154％拡大コピーすると、ほぼ実物大で使用できます。（タイトルと配点表は含みません）

〔適性検査Ⅰ〕100点（学校配点）

1　問題１，問題２　各20点×２　問題３　60点

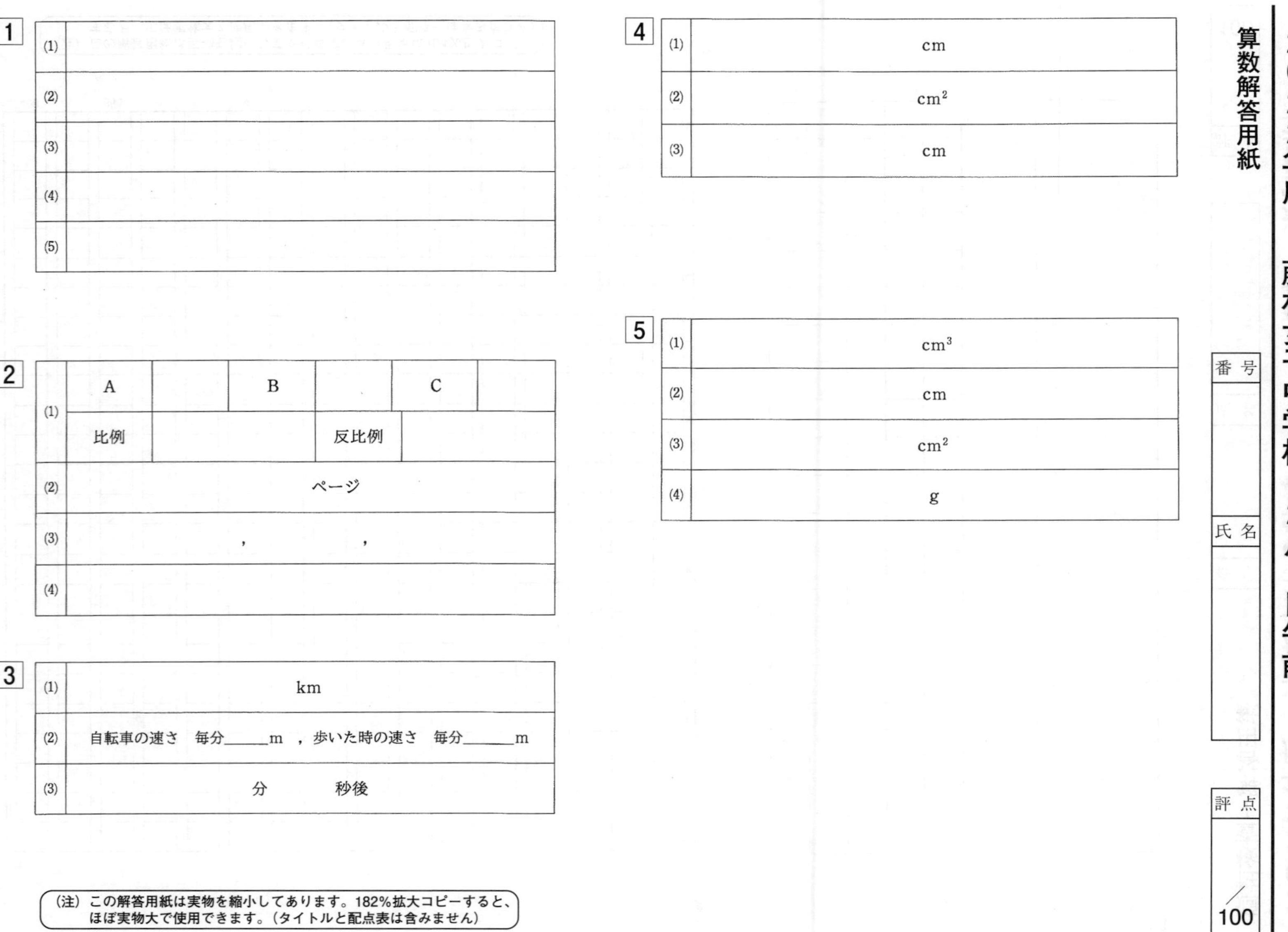

2022年度　藤村女子中学校　2月1日午前

算数解答用紙

番号　　氏名　　評点 /100

1

(1)	
(2)	
(3)	
(4)	
(5)	

2

(1)	A		B		C	
	比例		反比例			
(2)	ページ					
(3)	，　，					
(4)						

3

(1)	km
(2)	自転車の速さ　毎分＿＿m，歩いた時の速さ　毎分＿＿m
(3)	分　秒後

4

(1)	cm
(2)	cm^2
(3)	cm

5

(1)	cm^3
(2)	cm
(3)	cm^2
(4)	g

(注) この解答用紙は実物を縮小してあります。182%拡大コピーすると、ほぼ実物大で使用できます。(タイトルと配点表は含みません)

〔算　数〕100点(推定配点)

1　各5点×5　2　(1)　各2点×5　(2)〜(4)　各5点×3　3〜5　各5点×10<2　(3)完答>

2022年度　藤村女子中学校　２月１日午前

英語解答用紙

番号		氏名		評点	／100

1

(1)	(2)	(3)	(4)	(5)

2

(1)	(2)	(3)	(4)	(5)

3

(1)	(2)	(3)	(4)	(5)

4 A.

(1)	(2)	(3)	(4)	(5)

B.

(1)	(2)	(3)	(4)	(5)

5

(1)	(2)	(3)	(4)	(5)	(6)		(7)

6

(1)

(2)

（注）この解答用紙は実物を縮小してあります。172%拡大コピーすると、ほぼ実物大で使用できます。（タイトルと配点表は含みません）

〔英　語〕100点(学校配点)

1～4　各２点×25　5, 6　各５点×10

二〇二二年度　藤村女子中学校　二月一日午前

国語解答用紙

番号　　氏名　　評点 ／100

一 ①②③④⑤⑥⑦⑧⑨⑩

二
問一
問二 ＊ という気持ち
＊ という気持ち
問三 （1）（2）
問四 a b
問五
問六
問七
問八
180
200

三
問一
問二
問三 （1）（2）
問四 a b c
問五
問六 最初 最後
問七
問八
問九

（注）この解答用紙は実物を縮小してあります。A３用紙に167％拡大コピーすると、ほぼ実物大で使用できます。（タイトルと配点表は含みません）

〔国　語〕100点(学校配点)

一 各２点×10　二 問１　４点　問２　各３点×２　問３　⑴　３点　⑵　４点　問４　各３点×２　問５　３点　問６　４点　問７　５点　問８　10点　三 問１，問２　各３点×２　問３　各４点×２　問４　各２点×３　問５～問９　各３点×５

２０２２年度　藤村女子中学校　２月１日午後奨学生

算数解答用紙

番号		氏名		評点	／100

1

(1)	
(2)	
(3)	
(4)	
(5)	

2

(1)	円
(2)	時間
(3)	
(4)	個
(5)	分

3

(1)	cm^2
(2)	が　　cm^2 大きい
(3)	1cm
(4)	1cm

4

(1)	商　　余り
(2)	cm
(3)	m
(4)	m

5

(1)	O → ＿＿ → A
(2)	全部で ＿＿ 通り O → A → O → A

（注）この解答用紙は実物を縮小してあります。200％拡大コピーすると、ほぼ実物大で使用できます。（タイトルと配点表は含みません）

〔算　数〕100点(推定配点)

1～5　各５点×20

2022年度　藤村女子中学校　２月１日午後奨学生

社会解答用紙

番号		氏名	

評点	／50

1						
	問１		問２			
	問３					
	問４		問５		問６	
	問７					

2						
	問１		問２		問３	
	問４	県名	県	関係の深い文章		
	問５		問６		問７	

3						
	問１				問２	
	問３					
	問４		問５			
	問６		問７		問８	

（注）この解答用紙は実物を縮小してあります。Ａ３用紙に149％拡大コピーすると、ほぼ実物大で使用できます。（タイトルと配点表は含みません）

〔社　会〕50点（学校配点）

1　問１　３点　問２　２点　問３　３点　問４～問７　各２点×４　2　問１，問２　各３点×２　問３～問７　各２点×６　3　各２点×８

2022年度　藤村女子中学校　２月１日午後奨学生

理科解答用紙

番号		氏名		評点	／50

1

問１

問２

と

2

問１

問２

3

問１

秒後

問２

から　秒後

問３

m

4

問１

太陽　→　→

問２

（注）この解答用紙は実物を縮小してあります。175％拡大コピーすると、ほぼ実物大で使用できます。（タイトルと配点表は含みません）

〔理　科〕50点(学校配点)

1　問１　５点　問２　各５点×２　2～4　各５点×７

2022年度　藤村女子中学校　2月1日午後奨学生

英語解答用紙

番号		氏名	

評点	／100

1

(1)	(2)	(3)	(4)	(5)

2

(1)	(2)	(3)	(4)	(5)

3

(1)	(2)	(3)	(4)	(5)

4

A.

(1)	(2)	(3)	(4)	(5)

B.

(1)	(2)	(3)	(4)	(5)

5

(1)	(2)	(3)	(4)

(5)		(6)				
①	②	ア	イ	ウ	エ	オ

6

(1)

(2)

（注）この解答用紙は実物を縮小してあります。168%拡大コピーすると、ほぼ実物大で使用できます。（タイトルと配点表は含みません）

〔英　語〕100点（学校配点）

1～4　各2点×25　5　(1)～(5)　各5点×6　(6)　各2点×5　6　各5点×2

二〇二二年度　藤村女子中学校　二月一日午後選学生

国語解答用紙

番号		氏名		評点	/100

一										
	①		②		③		④		⑤	
	⑥		⑦		⑧		⑨		⑩	

二		
問一	(1)	(2)
問二		
問三		
問四		
問五		
問六		
問七		
問八		
問九		

二	
問十	

180

200

三				
問一	a	b		
問二	ア	イ	ウ	エ
問三				
問四				
問五				
問六				
問七				
問八				
問九				

（注）この解答用紙は実物を縮小してあります。A３用紙に156％拡大コピーすると、ほぼ実物大で使用できます。（タイトルと配点表は含みません）

〔国　語〕100点(学校配点)

一　各２点×10　二　問１　各３点×２　問２　５点　問３　３点　問４　５点　問５～問８　各３点×４　問９　４点　問10　10点　三　問１　各２点×２　問２　各１点×４　問３　４点　問４　６点　問５　４点　問６～問８　各３点×３　問９　４点

2021年度　藤村女子中学校　2月1日午前

算数解答用紙

番号		氏名		評点	/100

4

(1)	通り
(2)	通り
(3)	通り
(4)	通り

5

(1)	度
(2)	cm^2
(3)	cm^2

1

(1)	
(2)	
(3)	
(4)	
(5)	

2

(1)	倍			
(2)	cm			
(3)	50円切手	枚	80円切手	枚
(4)	cm^2			

3

(1)	時
(2)	km
(3)	分速　　m

(注) この解答用紙は実物を縮小してあります。182%拡大コピーすると、ほぼ実物大で使用できます。(タイトルと配点表は含みません)

〔算　数〕100点(推定配点)

1 各6点×5　2～5 各5点×14　<2 (3)完答>

2021年度　藤村女子中学校　2月1日午前

英語解答用紙

番号		氏名	

評点	／100

1

(1)	(2)	(3)	(4)	(5)

2

(1)	(2)	(3)	(4)	(5)

3

(1)	(2)	(3)	(4)	(5)

4

(1)	(2)	(3)	(4)	(5)

5

(1)	(2)	(3)	(4)	(5)	(6)

(7)　ア	(7)　イ	(7)　ウ	(7)　エ	(7)　オ

6

1
2

(注) この解答用紙は実物を縮小してあります。A３用紙に163%拡大コピーすると、ほぼ実物大で使用できます。(タイトルと配点表は含みません)

〔英　語〕100点(推定配点)

1, 2　各２点×10　3, 4　各３点×10　5　(1)～(4)　各３点×４　(5), (6)　各４点×２　(7)　各２点×５
6　各10点×２

二〇二一年度　藤村女子中学校　二月一日午前

国語解答用紙

番号		氏名		評点	／100

一
①　②　③　④　⑤
⑥　⑦　⑧　⑨　⑩

二
問一
問二 （1）（2）
問三 という気持ち。
問四
問五
問六
問七
問八
問九
問十
問十一 180 200

三
問一 A B
問二
問三
問四
問五
問六
問七
問八

（注）この解答用紙は実物を縮小してあります。172%拡大コピーすると、ほぼ実物大で使用できます。（タイトルと配点表は含みません）

〔国　語〕100点(推定配点)

一　各2点×10　二　問1〜問10　各3点×11　問11　10点　三　問1，問2　各3点×3　問3　8点　問4〜問8　各4点×5

２０２１年度　藤村女子中学校　２月１日午後

算数解答用紙

番号		氏名		評点	／100

1

(1)	
(2)	
(3)	
(4)	
(5)	

2

(1)	g
(2)	人
(3)	%

3

(1)	m
(2)	分速　　m
(3)	m

4

(1)	cm^2
(2)	cm
(3)	：
(4)	：
(5)	cm^2

5

(1)	個			
(2)	cm			
(3)	容器A	cm^2	容器B	cm^2

（注）この解答用紙は実物を縮小してあります。182%拡大コピーすると、ほぼ実物大で使用できます。（タイトルと配点表は含みません）

〔算　数〕100点（推定配点）

1～5　各５点×20

2021年度　　藤村女子中学校　２月１日午後

社会解答用紙

番号		氏名	

評点	／50

1

問1		問2		問3	
問4		問5		問6	
問7		問8		問9	
問10		問11		問12	

2

問１	
問２	
問３	
問4	(　　　　　　)主義
問5	(　　　　　　)文化振興法
問6	

（注）この解答用紙は実物を縮小してあります。Ｂ４用紙に143％拡大コピーすると、ほぼ実物大で使用できます。（タイトルと配点表は含みません）

〔社　会〕50点（推定配点）

1　各２点×12　2　問１，問２　各５点×２　問３　３点　問４，問５　各５点×２　問６　３点

2021年度　藤村女子中学校　2月1日午後

理科解答用紙

番号		氏名	

評点	／50

1

問1

問2

問3

理由

2

問1

問2

問3

%

3

問1

問2

と

4

（1）

（2）

（注）この解答用紙は実物を縮小してあります。A３用紙に159%拡大コピーすると、ほぼ実物大で使用できます。（タイトルと配点表は含みません）

〔理　科〕50点(推定配点)

1～4　各５点×10　<3　問２完答>

2021年度　藤村女子中学校　２月１日午後

英語解答用紙

番号		氏名	

評点	／100

1

(1)	(2)	(3)	(4)	(5)

2

(1)	(2)	(3)	(4)	(5)

3

(1)	(2)	(3)	(4)	(5)

4

(1)	(2)	(3)	(4)	(5)

5

(1)	(2)	(3)	(4)
(5)	(6)	(7)	(8)

6

1
2

(注) この解答用紙は実物を縮小してあります。Ａ３用紙に167%拡大コピーすると、ほぼ実物大で使用できます。(タイトルと配点表は含みません)

〔英　語〕100点(推定配点)

1～4　各２点×20　5　各５点×８　6　各10点×２

二〇二一年度　藤村女子中学校　二月一日午後

国語解答用紙

番号　　氏名　　評点　／100

一　①　②　③　④　⑤　⑥　⑦　⑧　⑨　⑩

二　問一　問二　問三　問四　問五 a b　問六　問七　問八 Ⅰ Ⅱ　問九（180・200）

三　問一 A B　問二 a b c　問三 最初　問四　問五　問六 (1)(A)(B) (2)　問七　問八

（注）この解答用紙は実物を縮小してあります。173％拡大コピーすると、ほぼ実物大で使用できます。（タイトルと配点表は含みません）

〔国　語〕100点（推定配点）

一　各2点×10　二　問1～問8　各3点×11　問9　10点　三　問1，問2　各2点×5　問3～問5　各3点×3　問6　(1)　各4点×2　(2)　3点　問7　4点　問8　3点

二〇二二年度　藤村女子中学校　二月一日適性検査Ⅰ

解答用紙

番号　　氏名　　評点　／100

【問題1】 30

【問題2】 15

【問題3】 という関係。

【問題4】 から。

【問題5】 25 100 200 300 400

(注) この解答用紙は実物を縮小してあります。A3用紙に161%拡大コピーすると、ほぼ実物大で使用できます。(タイトルと配点表は含みません)

〔適性検査Ⅰ〕100点(推定配点)

問題1～問題4　各15点×4　問題5　40点

2021年度　藤村女子中学校　2月1日適性検査Ⅱ

解答用紙　No.1

番号		氏名		評点	／100

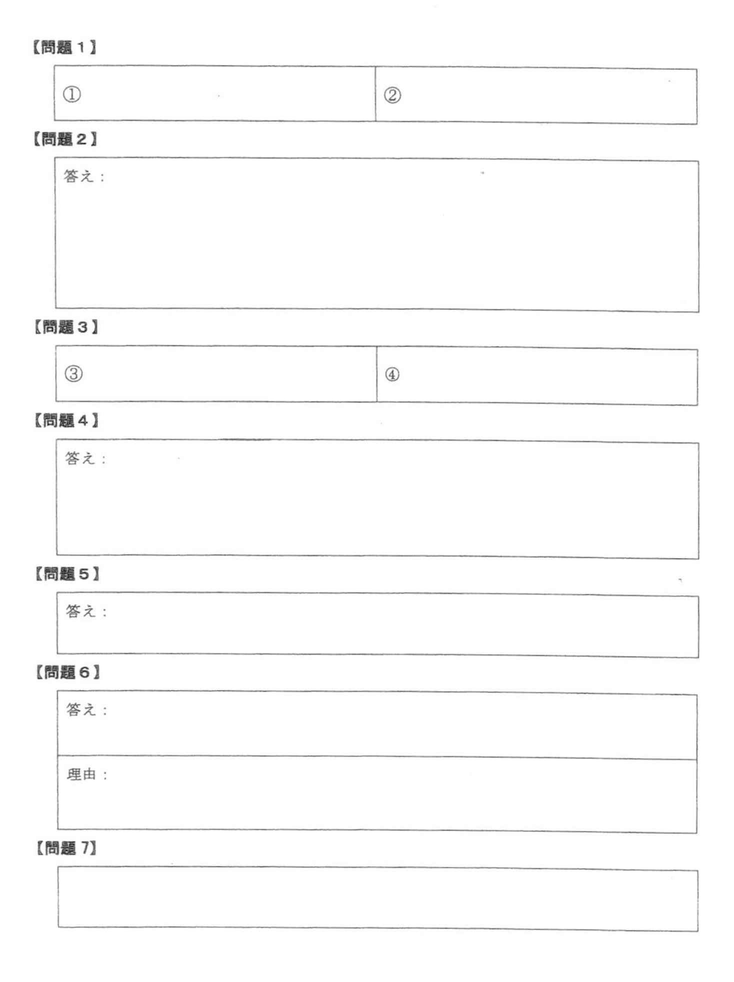

1

【問題１】

①	②

【問題２】

答え：

【問題３】

③	④

【問題４】

答え：

【問題５】

答え：

【問題６】

答え：

理由：

【問題７】

【問題８】

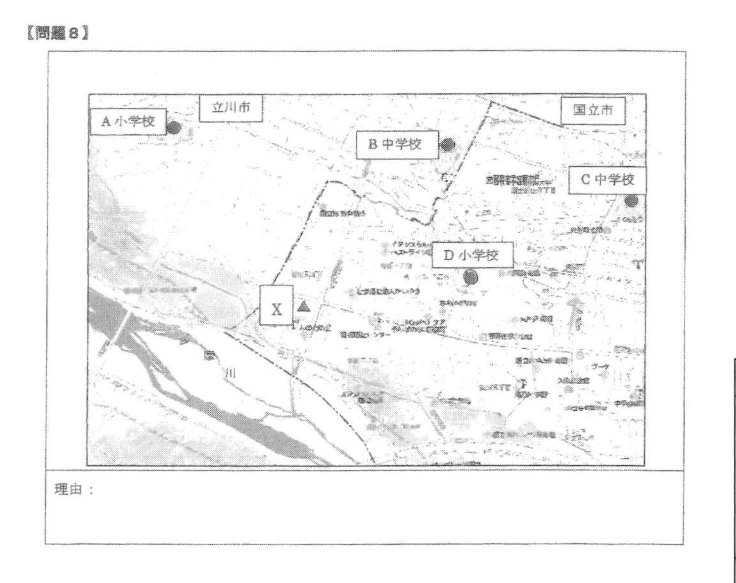

理由：

2021年度　藤村女子中学校　2月1日適性検査Ⅱ

解答用紙 No.2

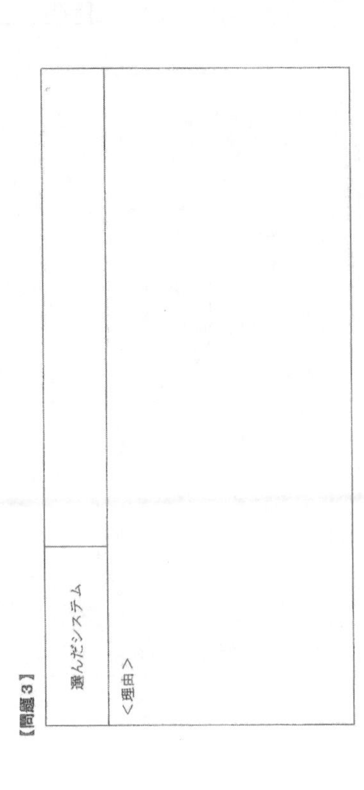

2

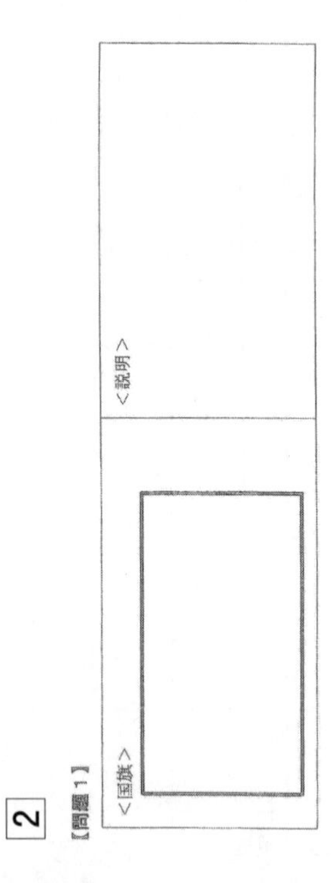

(注) この解答用紙は実物を縮小してあります。175%拡大コピーすると、ほぼ実物大で使用できます。(タイトルと配点表は含みません)

〔**適性検査Ⅱ**〕100点(学校配点)

1　問題1　各5点×2　問題2　7点　問題3　各5点×2　問題4　8点　問題5　7点　問題6　8点　問題7, 問題8　各10点×2　2　各10点×3

２０２１年度　藤村女子中学校　２月１日適性検査Ⅲ

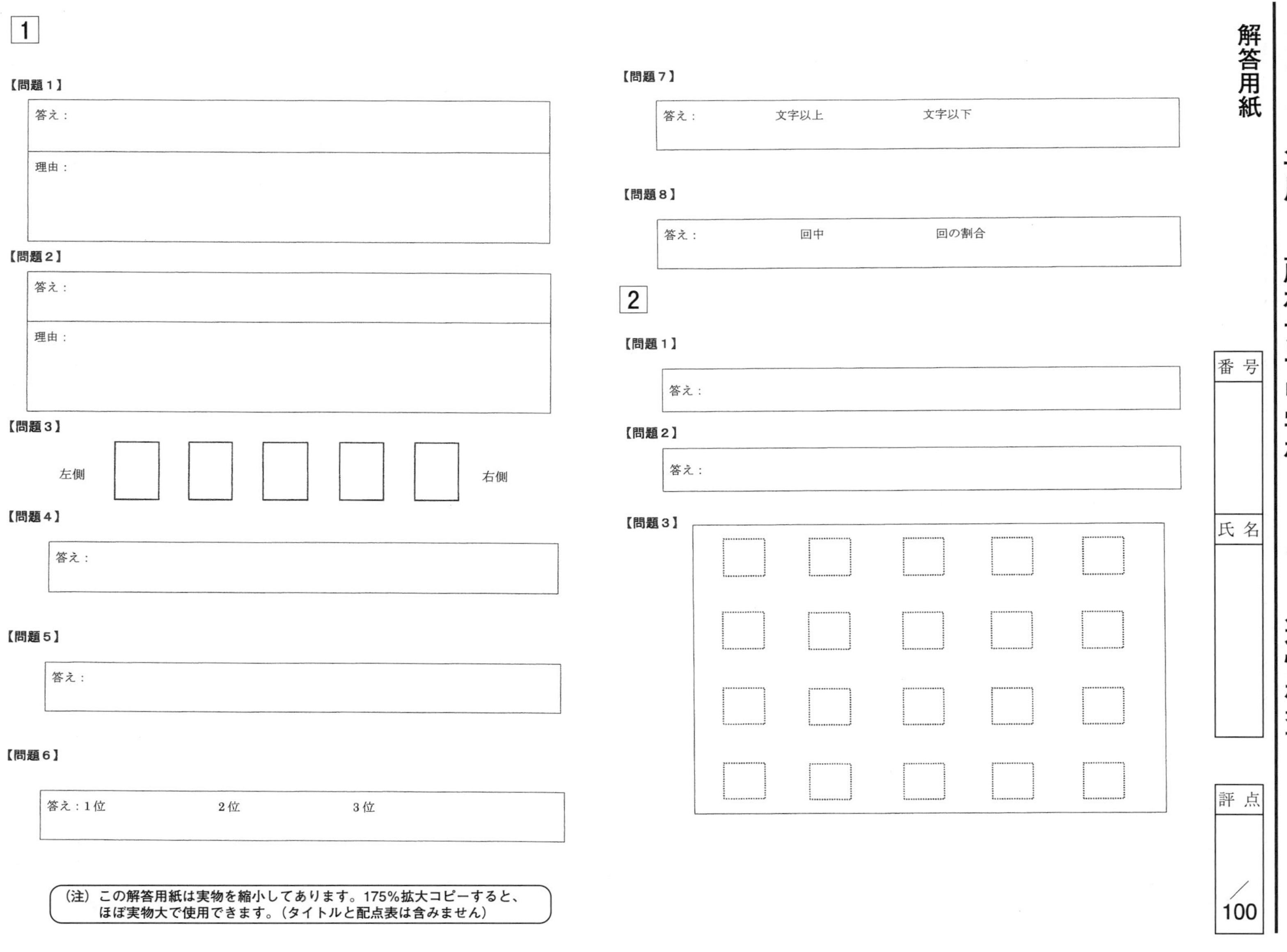
解答用紙

番号　氏名　評点 ／100

1

【問題１】
答え：
理由：

【問題２】
答え：
理由：

【問題３】
左側　右側

【問題４】
答え：

【問題５】
答え：

【問題６】
答え：１位　２位　３位

【問題７】
答え：　文字以上　文字以下

【問題８】
答え：　回中　回の割合

2

【問題１】
答え：

【問題２】
答え：

【問題３】

（注）この解答用紙は実物を縮小してあります。175％拡大コピーすると、ほぼ実物大で使用できます。（タイトルと配点表は含みません）

〔**適性検査Ⅲ**〕100点（学校配点）

1 問題１，問題２　各10点×２　問題３～問題５　各７点×３　問題６～問題８　各８点×３　2 問題１，問題２　各10点×２　問題３　15点

Memo